LE
VIEUX
HONFLEUR
SOCIÉTÉ
NORMANDE
D'ETHNOGRAPHIE ET D'ART
POPULAIRE

LE
VIEUX HONFLEUR

ET SES MARINS

BIOGRAPHIES ET RÉCITS MARITIMES

Par Ch. BRÉARD

Membre de la Société des Antiquaires et de l'Histoire de Normandie,
de la Société des Antiquaires de Picardie, etc.

———

Ouvrage orné d'une eau-forte de Fr. Courboin.

ROUEN

IMPRIMERIE CAGNIARD (LÉON GY, SUCCESSEUR)

rues Jeanne-Darc, 88, et des Basnage, 5

1897

AVANT-PROPOS

La Société normande d'Ethnographie et d'Art populaire, fondée récemment à Honfleur et aujourd'hui définitivement constituée, ouvre sa carrière en publiant une série de biographies locales et maritimes. Elle vient réveiller des noms un peu effacés mais qui parleront au cœur des nombreux et honorables adhérents qui, sans autre impulsion que le désir d'être utiles, se sont joints déjà à elle ou s'y joindront dans l'avenir. Créée pour entretenir et diriger le culte des traditions et de l'histoire, pour retremper, si on peut ainsi parler, l'amour du clocher natal, cette association a voulu tirer de l'oubli le souvenir d'un certain nombre d'hommes qui ont honoré leur berceau. C'est déjà faire quelque bien aux générations futures que de leur procurer le moyen de connaître et d'aimer ceux dont elles doivent être fières.

Le titre de ce livre a une saveur de terroir qui indique de quels hommes il s'agit. Cependant il ne faudrait pas croire que nous aurons à présenter quelques-uns de ces illustres marins qui ont laissé dans les événements de leur temps et de leur pays une trace profonde et ineffaçable. Nous ne voulons rien exagérer ; notre galerie honfleuraise sera composée de figures secondaires. Mais ces figures ont eu leur importance sur un terrain spécial ; les pilotes de la « noble ville de Honnefleur » sont nommés en première ligne dans le Routier de la Mer, publié en 1483, et qui, pendant plus d'un siècle, a été l'unique manuel du navigateur. Ils ont été mêlés à de grands événements ; leurs navires ont abordé des premiers sur les rivages inconnus des deux Amériques. Leur forte race alliait l'énergie à une rare intelligence du métier de la mer. Le foyer où ils vivaient était actif.

Nous n'avons pas le droit de revendiquer de grands hommes, mais des marins hardis, des pilotes audacieux, de vaillants officiers. Avec eux, on eut certains triomphes dans la mer de la Manche, sous Louis XI ; avec eux on alla visiter le Brésil et peut-être le cap de Bonne-Espérance sous Louis XII ; pêcher sur le banc et dans les baies de Terre-Neuve, au début du XVIe siècle ; explorer l'Amérique septentrionale, le golfe et les bouches du Saint-Laurent au temps des voyages de Jacques Cartier et de Roberval ; fonder Québec, en 1608, au cours du second voyage de Champlain. Après leurs expéditions, leurs tentatives, leurs efforts et aussi leurs épreuves, on conçoit que les Honfleurais, tout en étant restés au second rang, aient joui d'une assez grande réputation.

Lorsque le temps des voyages lointains fut passé, la renommée de nos marins ne s'éteignit pas. Le premier en date que l'on rencontre au milieu du XVIIe siècle, sur le banc de quart d'un navire, entouré d'un aventureux équipage, portait un nom aujourd'hui populaire parmi nous, c'est celui du corsaire Jean Doublet.

Si nous passons à la période de la guerre de l'Indépendance américaine, puis aux guerres de la République et de l'Empire, nos compatriotes se montrent des capitaines très appréciés et très utiles dans les guerres d'escadre et de course. Ils sont avec d'Estaing et d'Orvilliers dans les mers d'Amérique en 1778-1783; avec Truguet, La Touche-Tréville, Villaret-Joyeuse, dans la Méditerranée et l'Océan, en 1793-1795; avec Bruix, à Aboukir. Après la rupture de la paix d'Amiens, ils réunissent les divisions de la flotille sous le feu de l'ennemi à Boulogne et à Ambleteuse, et, dès que les plans d'invasion de l'Angleterre sont abandonnés, ils se dispersent sur toutes les mers en divisions légères. C'est le temps où les frégates de Motard et de Hamelin font un mal considérable au commerce anglais, c'est le temps de leur brillante campagne de l'Inde.

D'autres marins ont jeté un éclat plus vif sur leur cité natale; n'oublions pas les longues traversées que nos Honfleurais du XVIe siècle ont osé entreprendre avec des guides bien incertains et de bien faibles moyens, leur témérité a presque toujours été couronnée par quelque succès. C'est donc un dessein tout naturel que d'en raviver les souvenirs éteints : nous nous efforcerons d'y réussir dans la petite mesure de nos forces.

Octobre 1896.

LE VIEUX HONFLEUR

ET SES MARINS

BIOGRAPHIES ET RÉCITS MARITIMES

I

APPAROC, *sieurs de Sainte-Marie et de l'Espiney.* — C'est une étude quelquefois difficile, toujours longue, que d'identifier les noms des familles. Dans les chroniques et mémoires, dans les actes publics, les personnages sont désignés constamment par le titre de leur seigneurie, et souvent ce titre change à plusieurs reprises dans le cours d'une même existence, de sorte qu'on éprouve quelque embarras pour découvrir à quelles familles ils se rattachent. On rencontre cette difficulté en transcrivant le nom des Apparoc, bizarre dans sa forme et inconnu. L'histoire aurait toujours été muette pour lui si l'on ne reconnaissait, sous une autre appellation, les personnes qui l'ont porté. Il est impossible néanmoins de donner des détails étendus sur les Apparoc, mais en recueillant quelques traits épars on peut en déduire plusieurs faits, autrement ignorés, sur un des membres de cette famille, qui s'est trouvé associé à deux entreprises maritimes dont le retentissement dans leur temps fut très prolongé.

La première est l'expédition que J.-Fr. de la Rocque, seigneur de Roberval, conduisit au Canada en 1542, et au cours de laquelle il explora le golfe du Saint-Laurent. L'armement s'en fit en partie à Honfleur. Roberval avait pour chef-pilote le célèbre Jean Alfonse, pour lieutenant d'Auxilhon de Senneterre, et pour enseigne le sieur *de l'Espiney* ou *Lespinay*. Ce dernier séjourna au Canada avec Roberval au moins dix-huit mois. C'est son nom que nous retenons.

La seconde expédition est celle du capitaine Bois le Comte, au Brésil, en 1556. Comme la précédente, elle fut préparée à Honfleur avec l'aide des armateurs de ce port. Trois navires la composaient sur lesquels deux cent quatre-vingt-dix personnes s'embarquèrent. Le capitaine de l'un de ces navires était aussi un *l'Espiney*. L'historien du voyage, Jean de Léry, en fait mention dans sa *Relation*, quand il écrit : « Après donc que le sieur de Bois le Comte, neveu de Villegagnon, qui estoit auparavant nous à Honfleur, y eust faict équipper en guerre, aux despens du Roy, trois beaux vaisseaux : fournis qu'ils furent de vivres et d'autres choses nécessaires pour le voyage, le dix neuviesme de novembre nous nous embarquâmes en iceux. Le dict sieur de Bois le Comte avec environ octante personnes, tant soldats que matelots estant dans l'un des navires appelé la *Petite Roberge*, fut esleu nostre vice-admiral. Je m'embarquay en un autre vaisseau nommé la *Grand Roberge*, où nous estions six vingts en tout, et avions pour capitaine le sieur de Saincte-Marie dit l'Espine, et pour maistre un nommé Jean Humbert de Honfleur, bon pilote, et comme il monstra fort bien, expérimenté en l'art de naviga-tion (1). »

Dans cet extrait, il faut lire : de Saincte-Marie dit l'Espiné ou l'Espiney et non l'Espine, altération pure-ment fortuite. Mais ce capitaine est inconnu ; une question se présente et on se demande tout naturelle-ment : quel est donc ce marin à qui Bois le Comte avait confié le commandement du plus grand des trois navires, portant dix-huit pièces de canon et cent vingt hommes ?

Pour répondre avec précision, les éclaircissements nous manquent encore, aussi ne pouvons-nous présenter notre idée qu'à l'état d'hypothèse. On connaît l'ancien fief de *Sainte-Marie,* situé en la paroisse du Theil, à deux petites lieues de Honfleur. Une autre terre nommée *l'Espiney* en est voisine. Ces deux propriétés sont dési-gnées aujourd'hui par les mêmes dénominations. Si nous nous reportons au xvie siècle, divers témoignages histo-riques, tels que des aveux et des actes notariés, font connaître clairement que les terres de Sainte-Marie et de

---

(1) Jean de Léry, *Hist. d'un voyage en la terre du Brésil,* chap. II,

l'Espinay appartenaient à la famille Apparoc, citée dans les *Recherches* de la noblesse normande. Les membres de cette famille ont, pendant un siècle et demi, pris le titre de : sieurs de Sainte-Marie et de l'Espiney. Nous ajouterons qu'au milieu du XVIe siècle, ils faisaient profession de la religion réformée.

D'après une note manuscrite dont nous donnons le texte plus loin (1), jointe à d'autres informations, nous inclinons à penser que l'on retrouve dans la famille Apparoc l'enseigne l'Espiney qui fut le compagnon de Roberval, et le capitaine de Sainte-Marie dit l'Espiney qui commandait la *Grande Roberge*. Malheureusement, il ne nous reste aucune pièce qui permette de le distinguer par un prénom.

Quoi qu'il en soit, en suivant notre même idée, nous dirons que le capitaine de Sainte-Marie ne fut pas seulement un marin au service des armateurs de l'époque, il prit part comme soldat aux guerres civiles qui signalèrent en Normandie la seconde moitié du XVIe siècle. Tout porte à croire qu'il fut, à Honfleur, l'un des chefs des protestants. Il est inutile de rapporter comment cette ville fut pillée et incendiée en 1562, mais nous remarquerons que le sieur de Saint-Nicol, — Hélie Chaudet, — après s'en être rendu maître, y plaça comme gouverneur le sieur de Sainte-Marie, l'un de ses lieutenants, et peut-être l'un des capitaines de ses vaisseaux. C'est à tort qu'un historien (2) l'a nommé « Sainte-Marie-du-

____

(1) Voyez l'article CHAUDET.

(2) Borély, *Hist. de la ville du Havre*, II, p. 75.

Mont » ; ce capitaine calviniste était un Apparoc, sieur de Sainte-Marie et de l'Espiney ; c'était un marin.

Comme marin et comme calviniste, le capitaine de Sainte-Marie appelle donc à un double titre l'attention. Les dépôts des archives nationales de l'Angleterre possèdent de lui une lettre autographe écrite de Honfleur, le 15 avril 1563, au moment où son commandement y touchait à sa fin. La lettre est adressée au comte de Warwick qui était au Havre, tout entier aux soins de la défense de cette ville. Quelques jours après, de Sainte-Marie, dépossédé de son poste par l'ordre du maréchal de Brissac, annonçait qu'il se retirait dans sa maison et qu'il y vivrait fidèle à son parti (1). A-t-il tenu sa promesse, est-il resté l'ami et l'allié des Anglais après leur expulsion du Havre (juillet 1563)? Nous n'avons pu le savoir. Mais ce que l'on peut dire, c'est que si ce capitaine se retira dans sa maison, c'est-à-dire dans ses terres, celles-ci étaient situées à peu de distance de Honfleur, et que la maison ou le manoir « de Sainte-Marie » existe encore. La famille, connue sous cette appellation au XVIe siècle, s'est éteinte en avril 1801.

(1) De la Ferrière, *La Normandie à l'étranger*, p. 123-126.

II

Barbel *(Les)* et Pallier *(Les)*. — Armateurs et marins, dont le souvenir remonte aux premières années du XVIIᵉ siècle et qui joignaient à l'estime dont ils jouissaient parmi leurs concitoyens, la réputation d'hommes de mer. Il y aurait un livre très intéressant à faire sur les anciennes maisons de commerce honfleuraises, sur les *comptoirs* du temps passé, l'historien et l'économiste y trouveraient une ample moisson de faits les plus curieux sur les opérations du commerce colonial.

C'est au comptoir des Pallier, sieurs du Mont, des Caresme, sieurs de Beaulieu, aux navires des Auber et des Barbel, que, malgré diverses causes de décroissance, le port de Honfleur devait de pouvoir soutenir l'état florissant de sa marine vers l'année 1650. Il était notoire qu'en outre des armements pour les Antilles et Terre-Neuve, des embarquements considérables dressés et équipés pour le service du roi s'y exécutaient fréquemment. Pour en juger, on a de précieux documents qui sont les registres de l'ancienne amirauté (1). A toutes les pages, nous y relevons les noms des navires des Barbel et des Pallier : la *Marie*, le *Don-de-Dieu*, l'*Espérance*, l'*Aigle d'Or*, le *Symbole de la Paix*, la *Sainte-Anne*,

(1) Rapports de mer de 1665 à 1681. — Congés de 1636 à 1649 et de 1681 à 1688. Plumitifs des audiences de 1669 à 1671 et de 1694 à 1703.

qui, chaque année, prenaient la route du nouveau monde où s'étaient établies de fructueuses relations.

Nous n'avons à résumer ici ni les entreprises ni les opérations des armateurs honfleurais. Mais il ne sera peut-être pas sans intérêt de rappeler quelques-unes de leurs vicissitudes. On verra quels périls certains les capitaines de marine affrontaient et quelles chances incertaines présentaient leurs voyages.

En effet, la guerre amenait le long des côtes de Normandie un nombre infini de navires légers sortis d'Ostende ou de Flessingue. C'étaient autant de corsaires qui capturaient aisément les navires terre-neuviers. Vers le milieu du mois d'août 1674, un maître de barque, anglais de nation, Joseph Harris, fut pillé à une encâblure de l'embouchure de l'Orne. Quelques jours après, il déclarait aux officiers de l'amirauté qu'en venant de Londres à Honfleur il avait rencontré dix capres hollandais et qu'au moins trente de ces corsaires croisaient dans la Manche.

Le filet était tendu ; les capitaines normands y allaient venir se jeter les uns après les autres. Ce fut d'abord Pierre Pallier, maître du navire l'*Espérance*, parti de Terre-Neuve le 5 juillet. Abordé à l'entrée de la Manche par douze capres hollandais, il fut canonné et pris avec son équipage, le 12 août 1674. Les navires de Lucas Bretocq et de Guillaume Berthelot, du port de Honfleur, partagèrent le même sort. Deux autres de nos marins avaient été plus heureux : Charles Postel, maître de la *Marie-Christine*, et David Pallier, maître du *Symbole-de-la-Paix*. Le premier, après avoir fait son trafic aux côtes de l'Acadie, revenait en France ; il avait rencontré l'escadre de Hollande, dont le moyen navire était armé de quarante à cinquante canons. On échangea quelques boulets, mais il était bien évident que le salut était dans la fuite. Jetant à la mer une partie de sa cargaison pour s'alléger, le capitaine força de voiles et vint mouiller sur la rade du Havre, suivi de très près par deux frégates. Le second navire revenait du Canada avec un plein chargement, lorsqu'au large de l'île de Wight, le 22 septembre 1674, il rencontra six frégates de Hollande. David Pallier se prépara à combattre. Alors, ce fut un mouvement général dans son navire. La cloche sonna, le tambour battit, on monta sur le pont, pour s'en faire un rempart, les matelas et les sacs. Quand on en fut là, la nuit venue, notre marin en profita pour s'échapper, grâce à la connaissance qu'il avait acquise des courants, des bancs et des côtes. Le jour arrivé, David Pallier se trouvait à une portée de canon du Havre, il était à l'abri du danger.

Il n'y avait qu'un très petit nombre de marins qui se tiraient d'affaire ainsi. En vain, les navires sortaient la nuit, se mettaient en route le long des côtes et s'effaçaient, pour ainsi dire, dans l'ombre des collines ou des falaises, l'invisible armée des corsaires déployée en une sorte de fer à cheval les amarinait l'un après l'autre. Quelques-uns ne se laissaient pas capturer sans résistance. C'est ainsi que Jacques de Bellemare, capitaine de l'*Elisabeth*, de deux cents tonneaux, attaqué par une frégate de dix canons et de quatre-vingt-dix hommes d'équipage, soutint un feu de mousqueterie très vif pendant plus de cinq heures. Bien plus, Jacques de Bellemare et ses matelots repoussèrent trois abordages. On voit que partout nos marins se montraient des hommes intrépides et fermes dans le danger, et qu'il serait injuste de mettre en oubli la mémoire du plus grand nombre de nos ancêtres. Parmi les marins de ce temps, il n'y en a pas un qui ne fut contraint de lutter contre les corsaires ennemis, de beaucoup supérieurs comme armement, pendant la rude guerre maritime de 1672 à 1678. Cette époque offrirait une riche moisson à l'histoire maritime de Honfleur, mais on conçoit qu'ici elle ne peut arrêter longtemps notre attention. Nous citerons encore le fait suivant. Le 30 décembre 1676, Charles Barbel, commandant le navire le *Grand-Saint-Pierre*, tomba bord à bord avec une frégate hollandaise, à six lieues des côtes d'Angleterre. La frégate portait quarante canons et cent quatre vingt-dix hommes d'équipage. Le vent était favorable, et le *Saint-Pierre*, forcé par sa voilure, prit une allure plus vive. Mais le vent tomba. Le capitaine Barbel, prêt à livrer combat, fut rejoint par le corsaire qui lui enjoignit d'amener ses couleurs. Sur le refus de notre compatriote, son adversaire le battit de très près à coups de canon ; l'équipage français répondit par plusieurs décharges d'artillerie et de mousqueterie. Enfin, la lutte durait depuis le point du jour, lorsque le *Saint-Pierre* fut capturé à deux heures de l'après-midi. Des matelots de son équipage, six avaient été tués et dix étaient blessés grièvement.

Le promeneur ne passera donc pas indifférent dans une des rues du vieux Honfleur, la *rue Barbel*, car cette dénomination rappelle le nom de braves marins qui y ont habité pendant de longues années. Nous citerons André Barbel, qui vivait en 1564, grènetier au magasin à sel ; Jacques Barbel (1590); Pierre Barbel, maître de navires (1639); Charles Barbel, capitaine de navires (1660-1681); et un autre Charles Barbel, qui commandait la frégate la *Légère*, en juillet 1744.

Quant aux Pallier, dont le nom figure en tête du présent article, ils résidaient dans le même quartier. Le plus connu d'entre eux est Nicolas Pallier, sieur du Mont, qui fut d'abord capitaine dans la marine de commerce et devint un très riche armateur. Il faisait profession de la religion réformée. Nicolas Pallier avait une sœur et deux frères. Sa sœur, Judith Pallier, épousa Jacques Bretocq, maître de navire, décédé en 1683, à l'île de Terre-Neuve. Ses frères étaient : Pierre Pallier et David Pallier, tous les deux capitaines de navires. De 1665 à 1681, ils commandèrent le *Don-de-Dieu*, l'*Espérance*, le *Symbole-de-la-Paix*, la *Sainte-Anne* et l'*Aigle-d'Or*, bâtiments armés par la maison de leur frère pour la grande pêche et le trafic des pelleteries au Canada et à Terre-Neuve.

III

Baussard *(Jean-Baptiste)*, lieutenant de vaisseau (1), né le 24 janvier 1752, à Saint-Ouen-du-Breuil, canton de Pavilly (Seine-Inférieure), fils de Nicolas Baussard et de Marguerite Gommé.

Nous avons ici affaire à un de ces originaux que la politesse commande de désigner sous le nom d'excentriques. Notre génération n'a pu le connaître, mais ses contemporains, témoins de son exaltation et des mascarades qu'il joua avec conviction et avec sérieux, nous ont conservé les traits de sa physionomie inoubliable. Né pauvre, instruit par charité dans les écoles, Baussard était venu de bonne heure au Havre chercher fortune et il avait choisi la carrière de la marine. Pendant un quart de siècle environ, il s'y fit distinguer par son zèle, son aptitude, ses connaissances théoriques et pratiques. On a de lui plusieurs mémoires parus dans le *Journal de Physique* et l'*Encyclopédie méthodique*. Mais il semble que les événements auxquels il s'est trouvé mêlé, que le spectacle tumultueux, violent et sanguinaire d'un régime nouveau lui firent perdre la raison. Il fut hors de son assiette à

(1) Mousse, matelot, pilote, second capitaine au commerce jusqu'en 1777 ; lieutenant de frégate de 1770 à 1785 ; attaché aux classes à Honfleur de 1785 à 1791 ; lieutenant de vaisseau en 1792 jusqu'au mois d'août 1800 ; capitaine au long cours en 1824.

compter de l'année 1793, époque où il débarqua à Brest à son retour d'une courte campagne ; la tête lui avait tourné. Aussi luttera-t-il durant la seconde période de sa vie contre les fantômes de son imagination surexcitée. Caractère bizarre, d'ailleurs, dont le souvenir vit encore parmi la population honfleuraise ; existence étrange que nous allons esquisser d'après l'histoire et d'après les traditions locales.

A peine âgé de seize ans, en 1768, Baussard, décidé à suivre

Par mille et mille mers l'un et l'autre Neptune,

s'embarqua sur un sloop, l'*Aimable-Flore*, qui visitait les ports de la côte normande chaque semaine. Au mois de juin 1771, il associa sa fortune à celle du brick l'*Ajax*, bâtiment négrier armé au Havre pour la côte d'Angola. Après plusieurs expéditions de traite, l'*Ajax* fut désarmé. Alors Baussard passa successivement sur la *Comtesse-de-Virieu* et sur l'*Arago* en 1777 ; ces navires trafiquaient également à la Guinée. Il effectua ainsi, en qualité de pilote et de second capitaine, une série de voyages auxquels ne manquaient ni les dangers, ni les risques, ni les chances diverses. Là se bornèrent ses services au commerce. Il s'enrôla dans la marine royale à son retour en France, en 1778, au début d'une de nos plus grandes guerres maritimes.

Louis XVI venait de reconnaître l'indépendance des Etats-Unis et de signer un traité d'amitié avec la nouvelle république. D'immenses préparatifs avaient été faits depuis deux ans en vue d'une guerre qui devait entraîner des opérations compliquées et lointaines. L'Angleterre arma deux flottes, l'une à Portsmouth, à la tête de laquelle fut placé l'amiral Keppel, l'autre à Plymouth sous le commandement de l'amiral Byron. Le cabinet de Versailles, de son côté, fit préparer deux escadres, la première à Toulon sous les ordres du lieutenant général d'Estaing, la seconde à Brest avec le comte d'Orvilliers comme commandant en chef. Le 13 avril 1778, d'Estaing mit à la voile avec treize vaisseaux ; il avait ordre de rechercher l'escadre de l'amiral Howe et de la brûler. Mais l'ordre était tardif. Ce fut seulement le 8 juillet, après une traversée de quatre-vingt-sept jours, que nos vaisseaux laissèrent tomber l'ancre en vue des côtes du Nouveau-Monde. La flotte ennemie, instruite à temps de l'approche de d'Estaing, avait quitté l'embouchure de la Delaware. Contraints de reprendre la mer, les Français ne tentèrent aucune opération de guerre jusqu'au mois d'août 1778. Bientôt après, le marquis de Bouillé s'empara de l'île anglaise de Saint-Dominique et les Anglais se rendirent maîtres, avec la même facilité, de l'île française de Sainte-Lucie, que d'Estaing ne put parvenir à reprendre. Le combat funeste qu'il livra aux batteries anglaises et l'échec qui en fut la suite furent réparés en partie par le combat naval du 6 juillet et la prise de l'île de la Grenade. Ce dernier fait d'armes fut, avec la bataille de Fontenoy et la prise de Mahon, un des trois événements militaires qui, sous le règne de Louis XV et sous celui de Louis XVI, excitèrent le plus l'enthousiasme des Français.

La campagne fut encore signalée par l'échec que subirent nos forces devant Savannah ; par les combats du comte de Guichen et du chevalier de Ternay, les glorieux engagements du comte de Grasse contre les flottes anglaises, la prise de l'île Saint-Christophe, la bataille funeste de la Dominique et par tant d'autres événements d'une guerre dispendieuse, dont nous ne pouvons exposer les épisodes sans craindre de perdre de vue notre sujet.

Arrivons donc aux faits qui marquèrent la carrière militaire de Baussard ; ils sont peu nombreux d'ailleurs et d'une importance médiocre.

Un mois après son retour du cap Français, en 1778, il fut embarqué sur la frégate l'*Andromaque* en qualité de lieutenant auxiliaire. Ce navire armé à Brest et commandé par M. Buor de la Charoullière, avait été d'abord destiné à des croisières ; il y fit quelques prises, puis il fut expédié aux Antilles à l'heure où se déroulaient les événements dont nous avons rappelé plus haut le souvenir. Son commandant était chargé de protéger le commerce et de compenser par des captures les pertes que la marine marchande avait subies.

Après une navigation de huit mois sur les côtes de la Martinique, de Saint-Domingue, de la Guadeloupe et de Saint-Vincent, la frégate l'*Andromaque* reçut l'ordre d'escorter, concurremment avec le *Triton*, un convoi marchand à destination de Brest.

Elle appareilla et fit voile pour l'Europe. Jusqu'au large des Açores, la traversée avait été heureuse, quand le capitaine de Buor fit la rencontre d'un corsaire anglais, le *Tartare*, fort de vingt-six canons et de cent soixante hommes d'équipage. A sa vue, l'*Andromaque*, après avoir fait le signal de serrer le vent et de forcer de toile, se plaça derrière son convoi. Le combat qu'elle acceptait s'engagea aussitôt et dura plus d'une heure. Le corsaire fut entièrement démâté, criblé de boulets, pris et coulé. La frégate n'eut que deux hommes hors de combat. « Ses officiers et son équipage, écri- « vait le capitaine, s'étoient comportés en braves gens « et bons serviteurs du roy, dont il falloit plutôt « ralentir l'ardeur que l'exciter (1). » Quant au lieu- tenant Baussard, il avait couru, dit-il, les plus grands dangers. Il avait été plusieurs fois renversé dans la batterie et avait reçu de légères blessures. « Sa contenance ferme, « ajoute-t-il, remarquée par M. de Buor, lui mérita des « félicitations et le présent d'une lunette achromatique, « l'un des effets précieux de l'ennemi (2). »

Dans le courant du mois de juillet 1779, à peine débarqué à Brest, Baussard passa sur la frégate la *Belle-Poule,* dont le nom avait retenti dans toute la France au sujet du combat qu'elle avait souteuu contre l'*Aréthuse* l'année précédente. Il s'y distingua par sa hardiesse lors d'une tempête en sauvant l'équipage d'un bâtiment en perdition dans le port de Rochefort.

Au mois de mai 1780, il s'embarquait, à Brest, sur la frégate la *Junon,* commandée par M. de Kergariou-Loc-Maria, pour une nouvelle campagne aux Antilles. Les divisions du comte de Guichen, de Lamotte-Picquet et du capitaine de vaisseau Du Chilleau y combattaient

(1) Arch. de la Marine. *Campagnes.* Lettre de M. de Buor, 5 juillet 1779.

(2) Archives de la Marine. Etat des services du lieutenant de vaisseau Baussard.

avec succès les forces anglaises aux ordres de l'amiral Rodney. Chargé d'une mission secrète et porteur de paquets pour les gouverneurs et les chefs d'escadre, le capitaine de Kergariou, parti de Brest le 16 mai, arriva en vue de Saint-Pierre (île de la Martinique) le 13 juin après avoir été chassé par un corsaire. Pendant qu'il faisait route par une brise très faible et se disposait à entrer, trois grands bâtiments, dans lesquels on ne tarda pas à reconnaître des frégates anglaises, furent signalés. Les Anglais manœuvrèrent de telle sorte qu'ils se placèrent entre la terre et la *Junon* et commencèrent un feu très vif. La position était critique, mais la précision et l'habileté de la manœuvre qui semblaient promettre aux Anglais un succès certain tournèrent contre eux. En effet, M. de Kergariou, auquel les ordres du ministre défendaient d'engager aucune action, continua sa bordée au large malgré le feu de l'ennemi, et essuya ainsi sans riposter plus de cent cinquante coups de canon. Après avoir doublé les frégates anglaises il se rapprocha des batteries de terre qui le protégèrent de leur feu, et il entra dans la rade de Saint-Pierre en tirant quelques coups de canon de retraite (1). Par cette évolution savante, la mission dont la *Junon* était chargée se trouva heureusement remplie.

Pendant les trois mois qui suivirent, la *Junon* chassa les croiseurs anglais qui parcouraient les parages de la Martinique; parfois, elle poussa ses bordées jusqu'à trente lieues de terre. Elle parvint, par ses croisières hardies, à

______

(1) Arch. de la Marine. *Lettre de M. de Kergariou, 27 juin 1780.*

assurer pendant quelques temps les communications. En outre, elle captura dans ses courses plusieurs navires.

Le 25 septembre, ayant mis à la voile pour poursuivre une corvette anglaise, la *Junon* lui coupa, d'une seule volée, son mât de hune et sa drisse de pavillon; la corvette se rendit. C'était le *Rower*, armé de vingt canons et de cent vingt-cinq hommes d'équipage. Mais sa brillante croisière devait se terminer par un naufrage le mois suivant.

Sortie de Saint-Pierre le 9 octobre, ayant à sa remorque la goëlette la *Breteuse*, chargée des effets de l'hôpital de Saint-Vincent, la *Junon* touchait à cette île après deux jours d'une navigation calme, quand éclata un ouragan accompagné de pluies diluviennes et d'un tremblement de terre. Les plus anciens habitants n'avaient pas eu d'exemple d'un tel cataclysme. La frégate s'engagea sur les hauts fonds; ce fut en vain que l'on précipita les canons à la mer et que l'on coupa la mâture pour tenter de la relever. Roulée par des vagues monstrueuses, elle fut jetée à la côte et on ne songea plus qu'à sauver l'équipage. Ce fut le lieutenant Baussard qui y contribua le plus efficacement en portant un grelin à terre « au mépris des flots ». La catastrophe de la *Junon* fut regardée comme un malheur public (1). Dans ce naufrage, où il faillit périr sur les rochers de Saint-Vincent, le pauvre Baus-

---

(1) Arch. de la Marine. *Lettre de M. de Kergariou, 25 septembre 1780.* — *Procès-verbal de la perte de la* Junon, *12 octobre 1780.* — *Lettre de l'intendant de la Marine à Saint-Domingue, 1ᵉʳ décembre 1780.* — Le comte Thibaud ou Théobald-René de Kergariou, né le 17 septembre 1739, fut pris et fusillé à Quiberon.

sard perdit ses effets, ses mémoires et ses travaux nautiques auxquels il attachait le plus haut prix.

Un autre événement survenu deux mois plus tard eut des conséquences encore plus désastreuses pour lui. Il s'était tiré des flots, il ne put échapper aux griffes des Anglais.

Après la perte de la *Junon*, il avait été placé sur le *Rower*, prise qui avait été faite quelque temps auparavant et que l'on avait armée. Cette corvette tint la mer à peine deux mois ; elle était capturée par les Anglais le 15 janvier 1781, et son équipagne conduit à Saint-Christophe. Le lieutenant Baussard, prisonnier sur parole, resta dans cette île jusqu'au 18 septembre suivant.

Rendu à la liberté par un échange de prisonniers de guerre, il fut embarqué comme premier lieutenant sur la corvette le *Saint-Louis*, armée de quatorze canons et commandée par M. de Revel. C'est avec ce brick de guerre qu'il prit part à un combat livré le 8 novembre 1781 à la frégate-corsaire le *Peter-Parker*, forte de vingt-deux canons et de quatre obusiers.

Le *Saint-Louis* était en station à Saint-Domingue lorsque son commandant reçut l'ordre d'éclairer la marche d'un convoi. M. de Revel prit la mer le 23 octobre, et dès le 26 il eut connaissance de deux frégates ennemies qui se glissaient dans le convoi. Le 30 octobre, il le quitta pour rembouquer par les îles Turques. Ce fut le 8 novembre, après avoir enjoint à deux navires qui naviguaient avec lui de gagner un port français, qu'une frégate anglaise se présenta. Nous laissons M. de

Revel raconter cette rencontre et l'engagement qui s'en suivit :

« Le 8, le tems s'étant un peu éclairci, le s^r Baussard, mon second capitaine, qui avoit le quart, me prévint que nous avions au vent à nous (babord) une frégate à la portée du canon. Je fis mettre tout le monde à son poste et tins le vent tant pour la reconnaître que pour donner le tems au *Pressigny* de continuer sa route......... A 3 heures, nos vergues se rencontrèrent. Il me héla et me demanda ma couleur. Je lui répondis qu'il eût à me dire la sienne. Il me dit : Américain. Et moi : Navire du roi de France. — Amène de la voile, me dit-il. — Je lui répondis qu'il devoit savoir le respect qui était dû au pavillon de mon roi, et que je n'en amènerois jamais que si réellement il étoit américain, et que, s'il me réiteroit cette proposition, je lui enverrois toute ma volée. A cela, il me dit : Bon, mais tu amèneras tout pour la frégate du roi d'Angleterre. — Je lui répondis par toute ma bordée et engageai le combat bord à bord, nos vergues se touchant quelquefois, tenant toujours le vent pour la serrer au feu le plus près possible.

« Elle resta 4 à 5 minutes sans me riposter d'un seul coup de canon, le capitaine ne pouvant mener son équipage au combat, car j'étois si près que j'entendois par le moyen d'un interprète tout ce qu'il disoit, de manière que je prévenois toutes ses manœuvres. A la fin, elle fit un feu terrible de ses hunes, ses gaillards et beaucoup de mousqueterie. (1). »

(1) Arch. de la Marine. *Extrait du Journal de M. de Revel*, et *Lettre de M. de Lilancour, du 9 novembre 1781.*

L'engagement cessa bientôt, et le *Saint-Louis* put gagner le Cap Français sans être de nouveau inquiété. Il avait reçu dix à douze boulets en plein bois et dix-huit de ses hommes étaient blessés; au nombre de ces derniers se trouvait le lieutenant Baussard (1).

Continuant de servir sur la même corvette, Baussard prenait part, en l'année 1782, à l'expédition dirigée par le comte de Grasse sur l'île de Saint-Christophe, ainsi qu'aux combats qui précédèrent la capitulation de cette colonie (12 février 1782). Aux années suivantes, sur la *Railleuse* et sur le *Northumberland*, envoyés en croisière, il parut dans les eaux de Saint-Domingue et de l'Amérique occidentale. Ce fut durant ces dernières campagnes qu'il reçut le brevet de lieutenant de frégate entretenu en récompense de ses services, et qu'il publia sur plusieurs points de longitude certaines observations jugées dignes de trouver place dans l'*Encyclopédie méthodique* à l'article *Cartes marines*.

Débarqué à Brest au mois de juillet 1783, il vint au Havre où il se fixa momentanément, « cultivant, dit-il, les mathématiques. » Le 1ᵉʳ août 1785, il fut attaché au commissariat de la marine à Honfleur; il conserva cette position jusqu'au mois de février 1791. Le 1ᵉʳ janvier de l'année suivante, il fut promu au grade de lieutenant de vaisseau; aussitôt il sollicita le commandement d'une frégate dans la Manche, « étant las, disait-il, de contribuer au triomphe de la marine sans en partager la

---

(1) Le comte de Revel, lieutenant de frégate, commandant le brick de guerre le *Saint-Louis*, mourut de ses blessures à la suite du combat du 2 juillet 1782.

gloire (1). » Sa demande fut repoussée; mais il fut appelé au poste de premier lieutenant sur le *Léopard*, vaisseau qu'un incendie consuma dans la rade de Cagliari (2), puis sur le *Commerce-de-Bordeaux*, vaisseau de soixante-quatorze canons, lequel suivit le contre-amiral Latouche-Tréville dans la mission que cet officier général remplit auprès du roi de Naples au mois de décembre 1792. Baussard, peu de temps après, était de retour à Brest, port dans lequel il resta sans reprendre la mer jusqu'au mois de janvier 1800. A ce moment, il reçut un congé de trois mois qui fut pour lui un congé définitif. N'ayant point été compris dans la nouvelle organisation de la marine arrêtée par les Consuls, il demeura à Honfleur sans emploi. C'est ainsi qu'on lui donna le loisir de travailler à sa carte du golfe de la Seine, à laquelle, disait-il, il avait mis la première main en 1785.

Si le ministre éloignait de la flotte notre lieutenant de vaisseau, ce n'était point qu'on tînt peu de compte des services du passé; ce n'était point qu'on fît peu de cas des anciens officiers. Le nouvel état d'esprit qui s'était révélé chez Baussard expliquait suffisamment et justifiait une mesure qui n'avait peut-être été que trop tardive. Baussard n'avait-il pas troqué l'épée pour la croix; ne se flattait-il pas d'être envoyé pour faire entendre à la ville

____

(1) Arch. de la Marine. *Lettre du lieutenant Baussard au ministre,* *12 janvier 1793.*

(2) Sur l'expédition de Cagliari, voy. l'article THIRAT.

de Honfleur la voix de la trompette évangélique, à l'imitation de saint Jean-Baptiste son patron ? En présence des faits que nous allons mettre sous ses yeux, le lecteur ne pourra révoquer en doute que les singulières histoires qui ont couru sur l'ex-lieutenant ont eu leur point de départ dans des excentricités accusant ce qu'on peut appeler un désordre nerveux, pour se servir d'une expression adoucie.

Désormais Baussard consacrera son activité à quatre principaux objets : 1° à obtenir la croix de Saint-Louis ; 2° à tenter de faire le tour du monde ; 3° à rentrer en possession d'effets et d'instruments laissés par lui à Ténériffe en 1797 ou 1798 ; 4° à convertir le peuple français à la foi de l'Evangile. Quadruple tâche qu'il poursuivit pendant une trentaine d'années, l'Apocalypse à la main.

En premier lieu, faire le tour du monde après Bougainville était un des rêves que Baussard caressait. On était en l'année 1800. Précisément on équipait deux navires au Havre, le *Géographe* et le *Naturaliste*, destinés à une expédition de découvertes. Le commandement du second de ces navires venait d'être confié à Hamelin, nommé capitaine de frégate tout récemment et à qui la fortune souriait pour la première fois. Ce choix excita chez notre lieutenant une envie qui tenait du délire et qui se manifesta par des lettres au ministre de la marine (1), épîtres d'une forme extravagante où la prose et la poésie alternaient. Voici l'une des plus bizarres :

____

(1) Lettres des 3, 5 et 30 août 1800. Arch. de la Marine.

Citoyen Ministre (1),

M'obliger c'est servir notre Auguste Patrie.
Justice en me rendant vous sauvez mon honneur
Du dédain accablant de l'insigne faveur
Qui depuis huit années cherche à m'ôter la vie.

J'ai eu beau réclamer, invoquer le Génie
Qui sembloit gouverner et conduire au bonheur
Ma Patrie, ses sujets et le marin vainqueur ;
Mais partout je n'ai vu que fierté, tyrannie.

Ah ! Forfait, juste et bon, relevez mon courage ;
Envoie-moi parcourir plus d'un lointain rivage.
C'est le vœu de mon cœur de servir ma Patrie,
De chanter à jamais, en tout lieu, ton bon cœur
Que Minerve a conduit dans le champ de l'honneur
Que pour ôter des cœurs la jalousie, l'envie.

Salut et respect.

BAUSSARD.

Il existe plusieurs de ces épîtres, toutes analogues ; il est inutile de nous y arrêter.

Mais Baussard était surtout un apôtre, c'est-à-dire qu'il se croyait désigné pour régénérer le monde, pour lui annoncer l'Evangile. Comme le tenta plus tard le fondateur du nouveau culte parisien, l'abbé Châtel, il imagina de former une Société de sectateurs pour la conversion des Juifs et des Gentils. Ce fut bien mieux encore quand il se décida à prêcher la Bonne-Nouvelle à ses concitoyens et qu'il donna en plein air de véritables

(1) Lettre du 15 thermidor an VIII, adressée à Pierre-Alex.-Laurent Forfait, ingénieur des constructions navales, membre de l'Académie des sciences, ministre de la marine sous le Consulat, né à Rouen en 1752, mort le 8 novembre 1807.

séances de prédication, en ayant soin de réserver des places de faveur aux amateurs de bonne volonté. C'est sans doute aussi à partir de ce moment qu'il changea de nom. En mathématicien habile, qui jadis avait calculé la différence des méridiens, il forma une opération numérique avec les lettres de son nom de famille et il trouva qu'à l'avenir il devait s'appeler : *Jean-Baptiste 1899.* Il appliqua le même procédé au nom de Napoléon Ier, qui devint, d'après sa table numérale, le chiffre 2801. Marie-Elisabeth, mère de l'apôtre Saint-Jean, ne fut plus désignée dans les prophéties de Baussard que par le nombre 1225, et M. Lion-Dumontry, maire de Honfleur, par le nombre 1952. Tout cela a l'air d'un conte bleu ; les particularités rapportées ici n'en sont pas moins appuyées sur des documents sérieux, et nous renvoyons le lecteur au livret suivant, s'il est curieux de renseignements plus amples :

LA

BONNE NOUVELLE

ADRESSÉE

AU PEUPLE DE DIEU

PAR JEAN-BAPTISTE

(1899)

De la nouvelle Jérusalem (Honfleur), venant de J. C. mon Dieu, et imprimée au Havre de Grâce en 1802, envoyée au Sénat-Conservateur de l'Empire Français en novembre 1805, offerte à l'Institut impérial de France en décembre 1814, et remise à la main droite du roi Louis XVIII en janvier 1815.

Nous avons sous la main cet opuscule que le lieutenant Baussard distribuait à ses amis au commencement de cha-

que année en guise d'étrennes, « comme l'expression de sa
« reconnaissance pour la bonne volonté qu'ils avaient
« montrés dans le début de la Manifestation d'Elie. »
Peut-être ne sera-t-il pas hors de propos de dire en quoi
consistait la Manifestation d'Elie, mise au jour par Baussard, au lieu même de son domicile, rue Haute, à Honfleur.

L'après-dîner d'un dimanche de l'an 1817, Baussard
convoqua ses concitoyens à une véritable représentation
où devait se faire entendre le premier son de la trompette
évangélique. Sous prétexte d'annoncer la cérémonie, il
avait fait choix de quatre musiciens appartenant aux
rangs de la garde nationale, institution où ne manquaient
ni les gais compagnons ni les partisans des joyeux passe-
temps. Après leur avoir offert un breuvage récolté sur les
côteaux de Vasouy, et qu'il nommait le « vin de sa
vigne », Baussard installa sur le belvédère construit au
haut de son logis les gardes nationaux en les plaçant deux
vers l'Orient et deux vers l'Occident. Les trompettes
sonnèrent. Le public ne tarda pas à accourir.

Vêtu d'un costume blanc, d'autres disent d'habits
ecclésiastiques, l'ancien lieutenant de vaisseau commençait ses prédications où le ton des Sibylles s'alliait aux
métaphores de l'Apocalypse : « C'est le Jour du Seigneur, s'écriait-il, le roi des Rois s'est plu à m'éclairer.
Il m'a fait connaître la mesure du règne de la Constitution actuelle et la mesure du dernier des siècles. Dieu
m'a choisi pour sauver la France qui, le 14 juillet 1789,
a donné à la Bête à sept têtes et à dix cornes sa force et
sa grande puissance. Dieu va bientôt remettre l'Empire

de 2801 à ceux qu'il a fait Rois pour régner une heure après la Bête. La joie et la paix ne peuvent venir que de la Côte-de-Grâce de la ville de Honfleur, du haut de laquelle Jean-Baptiste 1899 dit : que cette montagne, dont la verticale à trois-cent-dix-huit pieds d'élévation au-dessus de la mer, est la figure de la Nouvelle-Jérusalem, et que la Chapelle qui est sur le sommet sera désormais appelée la chapelle des Trois-Grâces. »

En voilà assez pour faire connaître les imaginations de notre héros ; nous laissons la tâche de raconter la fin du spectacle à ceux qui s'en voudront occuper.

Pendant que le lieutenant Baussard poursuivait à Honfleur la conversion des Juifs et des Gentils, il continuait de solliciter à Paris une grâce qu'il présumait due à ses services : l'obtention de la croix de Saint-Louis. Dès 1791, à cet effet, il avait présenté un placet où il invoquait en sa faveur ses campagnes et ses travaux nautiques. Le ministre avait répondu qu'il n'avait pas « le temps nécessaire ». Cependant Baussard comptait vingt ans de services et quatre combats. Désolé, mais non découragé, il laissa s'écouler les années de l'Empire sans renouveler sa demande. Mais, en 1814, il s'adressa au comte Ferrand, ministre d'Etat, dans l'espoir de participer aux récompenses royales. Sa première épitre resta sans réponse. Alors, voyant que le seul moyen d'être décoré était de se décorer de sa propre main, il institua un ordre moitié militaire, moitié religieux, dont il fut à la fois le fondateur, le grand-chancelier et l'unique chevalier. L'insigne était une médaille de forme oblongue dont le centre, entouré de rayons offrait la figure d'un cœur embrasé. Sur le portrait de Baussard que nous conservons, cette décoration est représentée au côté gauche d'un uniforme de lieutenant de vaisseau. La lettre qui suit fait allusion à l'idée bizarre que nous rappelons :

« *A son Excellence le comte de Blancas, ministre du Roy,* les lundis 1er août et mercredi 2 novembre 1814 (1).·

« Trois mois se sont écoulés depuis que j'ai eu l'honneur d'écrire la lettre qui suit :

« MONSEIGNEUR,

« En conséquence de la décision du Roi, en date du 20 juin dernier, relative aux ordres étrangers : Jean-Baptiste Baussard, lieutenant de vaisseau de 1792, a l'honneur de vous adresser la demande en autorisation de porter l'ordre étranger de la Nouvelle-Jérusalem (Honfleur) joint à la décoration du Lis. (Voyez l'*Apocalypse de J.-C. selon saint Jean*, chap. XI, v. 1 et 2.)

« Cè ne peut être que la multiplicité des affaires du ministaire de la maison du Roy très-chrétien qui vous ait empêché, Monseigneur, de m'honorer d'une réponse que j'espère de la justice de votre foi, parce que la foi est la lumière du chrétien comme la raison est la lumière de l'homme mondain, qui a conduit Apollyon Bonaparte à l'île d'Elbe, (voyez l'*Epître de l'apôtre saint Paul aux Romains*, chap. I, v. 17). Son char est resté à Paris (2);

(1) Arch. de la Marine. *Personnel*.

(2) Il s'agit des quatre chevaux en bronze doré descendus du portail de Saint-Marc, à Venise, le 13 décembre 1797, partis d'Ancône le 4 mars 1798 sur la frégate la *Diane*, arrivés à Toulon et embarqués sur une allège qui prit la route d'Arles. Le lieutenant Baussard avait assisté à cette opération.

vous avez sous vos yeux ce cadril du royaume très-chrétien qui doit désormais être conduit par la foi de l'Evangile éternel de la grâce de Dieu et par la raison humaine. Ne méprisez pas ce que je vous écris, Monseigneur, c'est pour en convaincre le cœur de notre Roy très-chrétien, par votre ministère, que ce monument a été placé dans la cour des Tuileries par la quatrième dynastie napoléonnienne.

« De la Nouvelle-Jérusalem (Honfleur), qui descend du ciel et vient de mon Dieu, le mercredi 2 novembre 1814. »

L'obstination de notre lieutenant de vaisseau, déjà sensible dans les deux affaires engagées et rompues comme on l'a vu, l'est plus encore dans la suivante. Certes, il estimait à un haut prix l'ordre de Saint-Louis, mais il aurait volontiers renoncé à toutes vaines décorations s'il eût pu recouvrer certains effets laissés par lui à Sainte-Croix-de-Ténériffe, en 1798. Voilà bien le véritable, l'unique, le grand chagrin de sa vie : la perte de ses instruments, de ses cartes et de sa garde-robe ! Nous connaissons trop la vie de Baussard pour ne pas ajouter qu'il éprouva de plus graves désagréments, mais bien que ces derniers lui aient arraché des plaintes retentissantes, leur nature délicate et intime ne permet pas de les indiquer plus clairement. Contentons-nous de rapporter ses derniers efforts et la lutte suprême qu'il soutint. Pour plus de clarté, il convient de prendre l'affaire à son début.

En 1796, le capitaine Nicolas Baudin avait proposé aux directeurs du Muséum de destiner un navire à lui appartenant pour aller chercher une grande partie des objets d'histoire naturelle qu'il avait laissés à la Trinité espagnole (1). Le gouvernement s'occupant de multiplier en France les plantes exotiques, la proposition du navigateur fut accueillie avec enthousiasme. Jussieu et Geoffroy s'empressèrent d'écrire au ministre pour recommander l'expédition et déterminer le Directoire Exécutif, « protecteur constant des lettres et des arts », à prescrire les dispositions propres à en assurer le succès. Nuls, dans la circonstance, n'avaient mieux qualité que ces deux savants pour gagner le Directoire aux projets du capitaine Baudin, qui demandait seulement que la marine fît les frais de l'armement (2).

Une fois le voyage ordonné, on procéda à l'équipement, au Havre, de la flûte la *Belle-Angélique,* dont le capitaine Baudin fut autorisé, par arrêté du 13 messidor an IV, à prendre le commandement « pour aller chercher à la Trinité espagnole les plantes exotiques et les objets précieux d'histoire naturelle dont il se proposait faire hommage à la République. »

Nous revenons à Baussard. « Par l'effet de son amour constant pour le progrès des connaissances nautiques, » il fut embarqué sur la *Belle-Angélique* en qualité d'officier. Charmé de cette nomination, dans laquelle il voyait la réalisation d'un rêve longtemps caressé, Baussard se disposa à payer de sa personne ; il s'équipa en marin et en savant, se munit d'instruments, de boîtes, de poudres et, peut-être, d'onguents dont nous ne nous sentons pas de force à débrouiller les noms. Enfin, ayant embarqué

(1) Partie de l'île de Saint-Domingue.
(2) *Lettre de Jussieu, 2 messidor an IV.* Arch. de la Marine.

cinquante hommes d'équipage, s'étant muni d'un sauf-conduit du Cabinet britannique pour éviter l'atteinte des Anglais et d'une permission de la cour de Madrid d'aller à la Trinité, le commandant de l'expédition quitta le Havre le 30 septembre 1796.

Un mois était à peine écoulé qu'à la suite d'événements éprouvés à la mer, le navire la *Belle-Angélique* était forcé de relâcher à Ténériffe, où il arriva le 9 novembre, sans gouvernail, presque sans mâts, entr'ouvert devant et derrière. Les avaries étaient trop considérables pour que l'on songeât à continuer l'expédition avec le même bâtiment. En conséquence, la *Belle-Angélique* fut condamnée et désarmée.

Voir son voyage interrompu dès les premiers jours, c'était irritant pour Baussard; il se calma néanmoins en employant les trois mois qui suivirent à parcourir l'île dans toute son étendue. Mais quel ne fut pas son mécompte lorsque le commandant, ayant enfin pu se procurer un autre navire pour continuer sa mission, ne réserva de son équipage que ce qui était nécessaire pour le manœuvrer, confia le surplus à Baussard avec l'ordre de retourner en Europe et quitta Sainte-Croix. Quelque temps après, notre lieutenant, tout déconfit, arrivait à Cadix sur un bâtiment espagnol de la Compagnie des Philippines. Ainsi se termina son expédition « pour le progrès des connaissances nautiques. » Quant à Nicolas Baudin, après avoir touché à Saint-Domingue où il séjourna, il était de retour en France le 7 juin 1798 et débarquait à Fécamp (1).

(1) Arch. de la Marine. *Voyages et expéditions scientifiques.*

Maintenant on voit par quelle suite d'événements malheureux Baussard avait été empêché de courir le monde; on conçoit les motifs qui l'avaient contraint d'abandonner une partie de ses effets. Mais qui pourra peindre combien fut vive l'amertume qu'il en ressentit! A dix-sept années de là, en 1814, ce qu'il souhaitait le plus en ce bas monde, qu'il égayait de ses chants naïfs, c'était d'aller de nouveau à Sainte-Croix. C'est dans ce dessein qu'il s'adressait au comte Ferrand par une requête du 3 novembre. « En ma qualité de lieutenant de vaisseau de 1792, écrivait-il au ministre, je supplie votre Excellence de m'employer sur le bâtiment destiné à porter le consul français à Sainte-Croix-de-Ténériffe, afin que je puisse y reprendre les effets que j'y ai laissés en dépôt en 1798. » Rien, à coup sûr, de plus juste qu'une telle requête; mais la demande passa inaperçue et Baussard ne tarda pas à se convaincre que de nouvelles instances demeureraient sans effet. Il ne lui restait pour agir qu'à compter sur ses propres forces. C'est pourquoi on le vit, sept années plus tard, en 1824, vingt-sept ans après son voyage aux Canaries, acheter, armer, équiper un navire et le tenir prêt à mettre à la voile pour Sainte-Croix. Afin d'être en mesure d'en prendre le commandement et de partir sans retard, il adressa au ministre de la Marine une demande ainsi conçue :

« Monseigneur,

« Jean-Baptiste Baussard a l'honneur de vous exposer qu'il a été reçu pilote en juin 1777, lieutenant de frégate pour la campagne en 1778, lieutenant de frégate en 1782, lieutenant de vaisseau en 1792, réformé en l'an neuf de la République française, retraité en janvier 1817, a maintenant l'honneur de vous prier de lui permettre de commander le navire le *Jean-Baptiste*, qu'il a acheté pour aller à Sainte-Croix-de-Ténériffe prendre des effets qu'il a laissé en dépôt en 1798, lors de la condamnation de la *Belle-Angélique* pour avaries irréparables. Or, dans l'attente où il est de votre permission, il vous annonce, Monseigneur, qu'il fait ses dispositions pour partir du port de Honfleur du cinq au quinze février prochain pour Sainte-Croix-de-Ténériffe et d'où il reviendra à Honfleur.

« Jean-Baptiste (1899) a l'honneur de vous saluer de corps et d'esprit,

> Monseigneur,

« De Paris, le jeudi vingt-deux janvier mil huit cent vingt-quatre. »

Mieux traité en cette dernière circonstance, Baussard obtint la satisfaction qu'il désirait ; il fut nommé capitaine au long cours par décision du 28 février 1824. En revanche, il semble qu'il ne toucha au but de ses efforts que pour le voir se transformer en un obstacle qu'il ne put franchir, tant il est vrai qu'il y a souvent loin entre la coupe et les lèvres. En effet, notre lieutenant fut contraint de renoncer à voyager sur le *Jean-Baptiste*, car aucun matelot ne se soucia de s'embarquer avec lui : il resta le capitaine d'un navire sans équipage.

Baussard s'en consola en continuant à haranguer ses compatriotes avec un bonheur particulier. Il perdit le souvenir de ses épreuves en dictant des oracles. De cet

oubli, il y a quelque certitude à conclure que les instruments nautiques, les cartes et les effets de l'infortuné
lieutenant sont encore en dépôt à Ténériffe.

Baussard est décédé à Honfleur le 14 février 1833; il
avait dépassé quatre-vingts ans.

IV

Berthelot (*Le V. Pierre*), en religion P. Denis de la Nativité. Pilote-major et cosmographe du roi de Portugal, religieux de l'ordre de Notre-Dame du Mont-Carmel, il naquit à Honfleur où il fut baptisé le 12 décembre 1600 en l'église de Sainte-Catherine. Cette date est fournie par son biographe, le P. Philippe de la Très-Sainte-Trinité (1), mais nous n'avons pu en vérifier l'exactitude; les anciens registres baptistaires de la paroisse de Sainte-Catherine ne sont pas antérieurs à l'année 1659. On peut cependant, d'après d'autres documents, regarder cette date comme très précise.

La famille de Pierre Berthelot vivait à Honfleur au milieu du xvie siècle. Elle portait le nom de *Berthelot*, dit *Dupeyral* ou *Dupéral*. Était-elle originaire de la Normandie? On en doute, sans pourtant se sentir assez autorisé pour rien affirmer (2). Ce qui est assuré, c'est qu'elle y comptait des alliances dans la noblesse et dans la riche bourgeoisie. En 1577, un François Berthelot dit Dupéral, maître en chirurgie, était établi à Honfleur, près de la fontaine bouillante, c'est-à-dire sur la place de nos

(1) *Voyage d'Orient*, liv. VIII, chap. VI, p. 435.

(2) Dans un acte du 16 mars 1607, un Etienne Berthelot, oncle du pilote dont nous parlons, est dit : « natif de Charente, pays de Saintonge ».

jours appelée place Hamelin. Il se qualifiait de lieutenant du premier barbier du roi. C'était le grand-oncle de Berthelot.

Son père était Pierre Berthelot dit Dupéral, d'abord maître chirurgien, puis capitaine de navire. Il avait épousé, suivant contrat du 21 juillet 1598, Fleurie Morin, fille de Guillaume Morin, sieur de Chamelonde. De cette union devaient sortir dix enfants. Le pilote Berthelot était l'aîné de ces dix enfants, dont deux autres, François et Jean, furent aussi des gens de mer. La postérité de ces derniers était encore représentée au commencement du siècle par Denis-François-Guillaume Berthelot, né en 1732, mort en 1818, chapelain de Notre-Dame-de-Grâce.

Son père servait sur des navires terre-neuviers en qualité de maître-chirurgien. Il l'embarqua avec lui sur l'*Aigle* et lui fit pour la première fois visiter les pêcheries de lointains pays. L'apprentissage de Berthelot se continua sur d'autres navires armés et conduits par son père, car ce dernier, comme la plupart des chirurgiens de mer de son temps, pratiquait l'art de naviguer.

En 1619, une compagnie de marchands de Paris et de Rouen, formée depuis quelques années pour le commerce de l'Orient, avait décidé d'envoyer une seconde expédition aux Indes orientales, au pays des épices. Dans ce dessein, trois navires furent équipés : le *Montmorency*, l'*Espérance* et l'*Ermitage*. Beaulieu arma le *Montmorency* à Dieppe; il recruta à Honfleur les équipages des deux autres navires. Il vint les rejoindre sur la rade de ce port, le 2 octobre 1619, et mit à la voile le même jour.

Beaulieu emmenait avec lui deux cent soixante-treize marins, soldats et volontaires, parmi lesquels se trouvait Pierre Berthelot sur l'*Espérance*, de quatre cents tonneaux, que commandait Robert Gravé, fils de Dupont-Gravé, bien connu pour ses voyages au Canada.

Les trois navires naviguèrent de conserve pendant plusieurs mois. Ils se séparèrent en vue de l'île de Madagascar, le 1er mai 1620. L'*Espérance* reçut l'ordre de se diriger sur Bantam, port de l'île de Java. Des bruits de guerre obligèrent son capitaine à modifier sa route ; l'*Espérance* aborda sur la côte occidentale de Sumatra, au nord de Benkoolen. Ce fut dans ces parages que le navire fut pris et pillé par des pirates hollandais. Quelques jours après, il fut incendié.

Pierre Berthelot resta dans les Indes avec une vingtaine d'autres matelots, ses compagnons d'infortune. Il prit du service, pendant plusieurs années, sur des navires marchands qui trafiquaient sur les marchés orientaux. Puis il vint à Malacca, chez les Portugais, en l'année 1626. A cette époque, dans son pays natal, on le croyait mort ; un acte du 26 avril 1625 ne laisse aucun doute à cet égard.

Il fut reçu merveilleusement par les autorités portugaises. Sa connaissance des rivages, des fonds, des chenaux de l'archipel indien en fit un précieux auxiliaire des gouverneurs. Il eut toutes les occasions de se produire comme pilote dans plusieurs expéditions, où il commandait les galères de quarante rameurs dont les Portugais usaient pour combattre les chefs malais sur les côtes et sur les fleuves. Ses services comme hydrographe n'étaient pas moins appréciés du vice-roi des Indes portugaises, pour lequel il dressa des cartes marines (1). Berthelot possédait donc les qualités et les connaissances exigées d'un très bon pilote hauturier.

Au mois de janvier 1629, il quitta Malacca et vint dans la capitale portugaise, à Goa. Dans ce moment, on y armait une escadre de trente navires; Pierre Berthelot en fut le premier pilote. Il prit part à un combat naval livré en vue de Malacca et à d'autres brillants faits d'armes. Pour prix de son courage et de son habileté, le gouverneur portugais lui promit l'habit de l'ordre du Christ, et, pour montrer toute la considération qu'il avait pour son caractère et son mérite, il l'anoblit. Quelque temps après, on lui donna en propriété l'office de pilote et de cosmographe royal, qui correspondait sans doute à l'emploi de pilote-major des Indes. Pierre Berthelot l'exerça six années environ, durant lesquelles il dirigea plusieurs expéditions navales.

Mais un profond changement s'était produit dans l'existence de notre pilote royal. Berthelot avait pris l'habit du

(1) On a la preuve que Pierre Berthelot a dressé des cartes nautiques et que par conséquent il s'était adonné à l'étude de la cosmographie. En effet, dans le *Catalogue of the manuscript, maps, charts and plans in the British Museum*, on trouve les deux indications suivantes :

« Madagascar.

« A chart of part of the south eastern coast of Africa, from the Cape to « Sofala with part of the coast of Madagascar. It is inscribed : « Petrus « Berthelot, primum cosmagraphicum Indianorum Imperium faciebat (*sic*) « Anno Domini 1635. » 15 in. X 12 in. — (*Mss. Sloane*, 197, fol. 74.)

« A chart of part of the south eastern coast of Africa, with the Mozambique Channel and the Island of Madagascar. It is inscribed : « Petrus « Berthelot (ut sup.) 15 in. X 12 in. » — (*Mss. Sloane*, 197, fol. 90.)

46

Carmel, le 24 décembre 1634, et il avait reçu la prêtrise,
le 24 août 1638, par les mains du patriarche d'Éthiopie.
Pierre Berthelot se nommera désormais Frère Denis de
la Nativité.

Une importante ambassade portugaise se préparait
alors à se rendre à Achem pour y traiter avec le roi
indien. L'ambassadeur insista pour que sa flottille, qui se
composait de trois galères, fût placée sous les ordres du
pilote devenu moine. Il l'obtint à force d'instances.

En route pour Sumatra, les galères rencontrèrent deux
navires hollandais auxquels il fallut livrer bataille. La
victoire resta aux Portugais; mais le vaillant P. Denis
reçut une grave blessure. Il conduisit cependant la mission à Achem, où le roi accueillit l'ambassade avec les
plus grands égards. Mais, par une insigne mauvaise foi,
ce prince attaqua l'ambassadeur et s'empara de sa personne, de sa suite, de ses équipages, dont une partie fut
massacrée et le reste jeté en prison. Pierre Berthelot,
désigné par son habit religieux à la haine des infidèles,
fut particulièrement en butte aux plus odieux traitements.
Mis en demeure d'apostasier sa foi, il la confessa au contraire avec le plus grand courage jusqu'à ce qu'il mourût
assassiné par un renégat furieux (27 novembre 1638).

Les historiens de son Ordre assurent que de grands
miracles accompagnèrent et suivirent son martyre, si bien
que l'on introduisit à Rome la cause de canonisation du
bienheureux P. Denis. On ne sait si le procès a suivi
son cours.

Toutefois le nom du P. Denis de la Nativité (Pierre
Berthelot) demeura en vénération dans la province de

Normandie ; on en a la preuve certaine par la publication d'une brochure très répandue jadis et qui est devenue d'une extrême rareté. On y rapporte les faits merveilleux dus à l'intercession du carme-pilote, du martyr que ses compatriotes se complurent, pendant plus d'un siècle, à honorer à l'égal d'un saint. Voici le titre de cet opuscule :

« *Abrégé de la Vie, du Martyre et des Miracles du V. P. Denis de la Nativité, natif d'Honfleur, religieux de l'Ordre de Notre-Dame du Mont-Carmel en la réforme de Sainte-Thérèse dans le couvent de Goa aux Indes Orientales, augmenté de quelques lumières que l'Auteur a découvertes en son voyage qu'il a fait à Honfleur après la fête de Tous les Saints, l'an* 1681. Au Havre de Grace, chez la veuve de Guillaume Gruchet, 1733, avec aprobation, in-12 de 16 pages. »

Ce petit livret, propre à inspirer des pensées édifiantes, nous a révélé l'origine d'un adage qui se rapporte à Pierre Berthelot. On y raconte qu'au milieu du XVIIe siècle, la population de Honfleur, pour obtenir la pluie, se rendit en processions à l'abbaye de Notre-Dame de Grestain, puis au Breuil, à Notre-Dame de la Pitié. Le narrateur ajoute : « Et comme ces processions retournoient, elles furent toutes trempées, à la réserve de la mère de notre martyr sur qui il n'en tomba une goutte ni en l'une ni en l'autre procession. » Ce prodige a très vraisemblablement donné naissance à la locution qui occupe encore un rang honorable parmi les dictons honfleurais : *Il est de la famille de saint Berthelot, quand il pleut il ne reçoit pas d'eau.*

On connaît plusieurs portraits du P. Denis. L'un se

trouve dans le *Voyage d'Orient du R. P. Philippe de la Très-Saincte Trinité* (Lyon, 1652). Avant la Révolution, le couvent des Carmes, à Rouen, possédait un autre portrait du même religieux ; depuis, ce portrait a appartenu au Musée de peinture de cette ville, mais on ne sait aujourd'hui ce qu'il est devenu. En outre, on nous a assuré que l'on voyait un portrait du P. Denis dans un couvent d'Italie, situé près Plaisance. Enfin le seul portrait que nous ayons pu examiner est conservé, à Honfleur, par les héritiers de la famille Berthelot. C'est ce dernier portrait qui a été gravé à l'eau-forte par Fr. Courboin, bibliothécaire au département des Estampes de la Bibliothèque nationale.

V

Chaudet (*Hélie* ou *Elie*), sieur de Saint-Nicol, du Bocage et de Manneville-Daubeuf, capitaine en la marine, est malheureusement un personnage peu connu. On ignore dans quelle localité de Normandie il prit naissance au commencement du xvie siècle ; mais il s'était fixé à Honfleur, il s'y maria, et pendant plus de vingt ans il y poursuivit des armements maritimes. C'est lui que les historiens locaux font connaître à propos du pillage et du saccagement de la ville, en 1562. Les documents que l'on peut réunir sont extrêmement sobres de détails sur la vie de ce capitaine, et c'est vraiment fâcheux, car son existence est d'un intérêt et d'une originalité très tranchés. Plusieurs indices donnent à supposer que Chaudet a été un hardi marin et un intrépide armateur ; il y a lieu de croire que nous avons affaire à un de ces navigateurs normands à qui les expéditions au Brésil et au Canada étaient familières dès avant le milieu du xvie siècle. Ses voyages sont restés dans l'ombre ; si son nom a été conservé, c'est que Chaudet appartenait à la religion réformée et qu'il en était le sectateur le plus ardent. Les historiens ne savent de lui qu'un trait d'audace : le coup de main qui le rendit maître de Honfleur. Nous voudrions essayer de diriger un mouvement d'attention sur ce marin oublié depuis trois siècles ; Chaudet se rattache à la filiation des capitaines de mer qui, à partir de l'époque où Gonneville en 1503, et Jean Denis vers 1519, conduisaient leurs équipages vers les terres du Brésil, jusqu'à la fin du xviᵉ siècle, s'en allèrent chercher fortune sur des rivages inconnus. Chaudet paraît y avoir réussi à souhait, si l'on en croit le curieux passage d'un mémoire rédigé par un de ses descendants :

« Jean de Brèvedent (1), sieur du Bosc, mon grand père, espousa damoiselle Jeanne Chaudet, fille d'Elie Chaudet, capitaine de marine, laquelle estoit heritière (2) dudict Chaudet et possédoit les terres de Sainct-Nicol, le Boscage, le Mont-Chaudet, le Valbrun, avec plus de quinze cents livres de rente hypothèque. Mais avant d'entrer plus avant dans ladicte famille, il est à propos de dire ce que c'estoit que ledict Chaudet.

« Elie Chaudet estoit de la religion prétendue réformée, d'une famille du pays de Caux, de laquelle n'ay point cognoissance, qui vint s'habituer à Honfleur où il espouza Marie Le Do, fille de Pierre Le Do, sieur du Val, une des plus riches familles du pays qui est venue comme bien d'autres par mauvois ménage en totale décadence. Ledict Chaudet estoit fils de Jean, lequel eust esté extrêmement riche si le malheur de la condition ne l'eust engagé dans les hérésies du temps, ayant perdu à Honfleur, où il fut pillé par l'ordre de M. de Pierrecourt lors gouverneur d'icelle ville du temps de la Sainct-Barthélemy (3), plus de cent mille livres tant en vaisseaux que

(1) Conseiller du roi au bailliage de Rouen.
(2) Et fille unique.
(3) La date est indiquée vaguement. Jacques de Mouy, sieur de Pierre-

richesses qu'il avoit aportées des Canadas où il avoit esté
un des premiers. Il avoit esté gouverneur de Honfleur
ainsy que faict foy plusieurs pièces que mondict ayeul
avoit produites au procès qu'il avoit contre Olivier
Athinas, maréchal de clousterie et autres. On le nom-
moit *le roy Chaudet*, à cause de son authorité et de ses
richesses. La ville de Honfleur de laquelle il s'estoit em-
paré s'estant rebellée contre luy, il l'assiégea et fit venir
du canon de Bernay et de Lisieux et la prist, ayant auparavant brûlé une rue toutte entière qui se nomme encore
à présent la rue Bruslée (1). Les habitants de la parroisse
Sainct-Léonard s'estant reffugiés dans ladicte esglise, il
les contraignit de se rendre ayant fait mettre le feu à
toutes les maisons d'autour d'icelle. [Il] posa dans ledit
Honfleur, à sondit nom, un nommé Apparoc (2) pour
gouverneur pendant qu'il alloit piller de tous les costés
sur les [catholiques] en vengeance de ce qu'ils luy avoient
faict, et fist beaucoup de mal dans tout le pays (3). Enfin
Dieu lui fist cette grâce, peu de temps avant sa mort,
l'an 1572, de détester son hérésie (4). »

Ce qui rend la note qui précède doublement précieuse,

---

court, dévoué aux Guises, était capitaine-gouverneur de Honfleur avant
1562; le pillage des navires de Chaudet est antérieur à cette année-là.

(1) C'est une erreur. La dénomination de « rue Bruslée » se rencontre
dans des pièces datées de 1556.

(2) Voyez ce nom.

(3) Il y a confusion dans les faits relatés ici, empruntés d'ailleurs à une
sorte de chronique publiée plusieurs fois déjà. — Thomas, *Hist. de Honfleur*,
p. 71.

(4) Le fragment ci-dessus est extrait d'un mémoire généalogique en la
possession de M. de Brévedent du Plessis.

c'est qu'en premier lieu elle fournit des indications sur la carrière de Chaudet, que nous pouvons nous représenter les voyages qu'il entreprit, les circonstances qui les lui commandèrent, les événements qu'il eut à y traverser. En second lieu, la note nous révèle le nom de l'un de ses lieutenants, sur lequel il ne sera pas superflu de porter notre attention.

Quant à Chaudet, on est obligé de reconnaître qu'il n'y a dans les renseignements recueillis ni suite ni matière à développement pour une biographie.

Les archives municipales de Honfleur conservent cinquante-quatre pièces où le nom d'Hélie Chaudet est mentionné, ce sont des aveux à lui rendus à cause de son fief de Saint-Nicol.

En 1550, au mois de septembre, les échevins de Honfleur, informés par l'amiral d'Annebaut que le roi Henri II se rendrait le mois suivant du Havre à Honfleur, firent choix de deux galions pour transporter le roi, la reine et leur suite. L'un de ces navires appartenait à un ancien vice-amiral de Bretagne, Esmery Despoix, l'autre était le galion Chaudet. Notre marin tenait donc en équipage et mouillé dans le port de Honfleur au moins un bâtiment de guerre.

Le 17 juin 1554, sur une ordonnance des échevins, on paya à Hélie Chaudet la somme de quarante-sept livres pour la livraison de trois guenons offertes en présent. On peut présumer que ses navires avaient rapporté du Brésil une cargaison de singes, « destinés à égayer le château féodal du gentilhomme campagnard. »

Il est acquis historiquement que Chaudet avait réalisé

une grande fortune, puisque l'on sait qu'il fit l'acquisition de trois fiefs situés aux environs de Honfleur. Il la devait, selon nous, à son trafic avec les Indiens des deux Amériques, tant au Brésil qu'au Canada, où il était allé un des premiers, c'est-à-dire avant l'année 1545, au plus tard.

Il n'y a pas lieu non plus de douter qu'étant protestant il n'ait eu de grandes relations avec ses coreligionnaires, car il en était le chef à Honfleur; c'est à leur tête qu'il se rendit maître de la ville; il y plaça pour gouverneur un de ses lieutenants. La note citée plus haut nomme ce lieutenant « Apparoc »; d'après une chronique anonyme (1), il se nommait « de Sainte-Marie » : ce sont les variantes d'un nom de famille qui se trouve appliqué à la même personne (2). Ce qui rend intéressant ce nom, c'est qu'il est également porté par le capitaine de la *Grande-Roberge*, navire qui transporta de Honfleur au Brésil, en 1556, Bois le Comte et les ministres genevois. Jean de Léry parle en effet du « sieur de Saincte-Marie dit l'Espine » ou plutôt l'*Espiné*, l'*Espiney*. C'est d'ailleurs un des rares noms des compagnons de Bois le Comte qui soient parvenus jusqu'à nous.

Sans trop donner aux conjectures et aux combinaisons qui se tirent de loin, il nous semble y voir assez clair dans les annales honfleuraises pour croire qu'il y a identité entre le capitaine de la *Grande-Roberge*, — de Sainte-Marie dit l'Espiney, — et le capitaine de Sainte-Marie

(1) Thomas, *Hist. de Honfleur*, p. 74.
(2) Voyez l'art. APPAROC.

qui devint temporairement gouverneur de Honfleur en avril 1562.

Un fait à rapprocher aussi, c'est que, comme nous l'avons dit, Chaudet était protestant, et qu'il est remarquable que ce soit précisément à Honfleur que ses coreligionnaires, venus de Genève, aient été invités à se rendre pour s'embarquer sur des navires montés par beaucoup de Normands appartenant à la religion réformée. Il est plus que probable que l'amiral de Coligny fut pour quelque chose dans le choix du port d'embarquement, et qu'en relations suivies avec les armateurs et négociants calvinistes il aura rencontré en Hélie Chaudet, connu pour son expérience des choses de la mer, un capitaine de marine disposé à prêter à l'expédition de Bois le Comte l'appui de sa fortune et peut-être le concours de ses navires. Le fait reste incertain, mais il y a de grandes présomptions.

Nous dirons encore que les minces détails réunis dans cette notice prouvent, une fois de plus, l'intérêt qui s'attache aux marins du port de Honfleur, au XVIᵉ siècle, dont les noms sont éteints dans tous les souvenirs.

Le capitaine Hélie Chaudet est décédé en 1572 ou 1573 ; la date précise ne nous est pas connue. Le 14 mars 1572, Chaudet donnait aveu d'un fief ou aînesse sur la paroisse de Tourville, en bordure de la forêt de Touques ; le 29 mai 1573, ce fut sa veuve qui s'acquitta du même devoir. L'époque de son décès tient donc entre ces deux dates. Il ne laissa qu'une fille nommée Jeanne Chaudet, dame du Bocage, qui se maria, en 1574, avec Jean de Brèvedent, sieur du Bosc, conseiller du roi au bailliage et siège présidial de Rouen.

VI

Chauvin (*Pierre de*), écuyer, sieur de Tonnetuit, capitaine pour le roi en la marine, capitaine de deux compagnies puis mestre-de-camp d'un régiment de gens de pied, gentilhomme ordinaire de la chambre, lieutenant pour le roi au Canada, vivait à Honfleur durant les quinze dernières années du xvie siècle. Cette ville ne peut cependant pas le réclamer comme un de ses enfants. Chauvin était originaire de Dieppe, et il appartenait à la religion réformée. Si différentes pièces ne laissent aucun doute sur son origine dieppoise, nous n'avons pu en rencontrer aucune qui prouve nettement sa parenté avec la famille du même nom désignée dans l'information de 1666 (Bibl. nat., fr. 16898, fol. 41) et à laquelle on a supposé qu'il appartenait. (*La France protestante*, III, 430.) Divers actes notariés font précéder le nom de Chauvin de la particule; d'autres lui donnent la qualité d'écuyer; quoique la preuve résultant de cette mention n'ait force que de présomption, nous inclinons néanmoins à penser qu'il était noble, toutefois sans pouvoir dire s'il était noble de race où s'il avait reçu de Henri IV des lettres d'anoblissement, comme beaucoup d'autres à cette époque, en récompense de services rendus à la cause royale.

Quoi qu'il en soit, c'est en l'année 1589 que l'on trouve son nom cité pour la première fois dans nos archives municipales. Les comptes des deniers arrêtés à cette date portent certaines sommes destinées à l'entretien de la garnison de Honfleur, composée alors d'une compagnie de soldats d'infanterie sous les ordres de Pierre de Chauvin. La même dépense, pour le même objet, est reproduite dans les comptes de l'année 1590. Selon toute apparence, Chauvin et ses gens de pied avaient été envoyés par le duc de Montpensier en vue de s'assurer de Honfleur et de conserver la place au roi. On conçoit que, dans les circonstances critiques où Honfleur se trouva à ce moment, Chauvin put rendre à ses coreligionnaires et à Henri IV les signalés services que plusieurs écrivains ont rappelés.

Champlain a écrit : « Le sieur Chauvin de Normandie, capitaine pour le roi en la marine, homme très-expert et entendu au faict de la navigation avoit servi Sa Majesté aux guerres passées » Le fait rapporté ci-dessus confirme l'information de Champlain. Il semble toutefois que l'action de Chauvin ne se borna pas à la « garde et conservation » d'une ville, mais que ce marin prit part avec les soldats qu'il commandait à la campagne de Henri IV dans le pays de Caux. C'est du moins ce que donne à penser une quittance d'Antoine Hermann, « capitaine-enseigne de la compagnie du sieur Chauvin », laquelle indique que la compagnie et son capitaine avaient quitté Honfleur en 1591, passé la Seine et gagné Dieppe. On peut présumer qu'ils se joignirent, l'année suivante, aux contingents amenés au roi et dirigés contre le duc de Parme (1).

____

(1) Une somme de 900 livres fut payée par Antoine Duverger, receveur

Dans le même temps, Pierre du Guast, sieur de Monts, qui fut le compagnon de Chauvin au Canada, neuf ou dix ans plus tard, était également à la tête d'une troupe de gens de guerre qui guerroyait dans le pays de Caux. De Monts et sa troupe tenaient Tancarville dans les derniers mois de l'année 1587 ; ils occupaient Honfleur en 1588, époque où de Monts était pourvu de la lieutenance de cette ville. En 1589 et 1590, on retrouve le même officier en garnison à Dieppe où commandait M. de Chastes. C'est ainsi qu'à la même époque on voit dans les mêmes localités, unis pour la même cause et servant sous la même bannière, Pierre de Chauvin, le sieur de Monts et le commandeur de Chastes, trois hommes dont les entreprises devaient se succéder dans l'œuvre de colonisation de la Nouvelle-France.

Nous voyons donc Chauvin à Honfleur comme soldat en 1589, on l'y remarque ensuite comme armateur et comme marin de 1595 à 1603. C'est durant cette dernière période que, tournant son activité vers les voyages lointains, il ne tarda pas à s'y distinguer par son énergie, son esprit ouvert, entreprenant et pratique. Alors il suivit aux pêcheries du Canada les autres marins de nos côtes, et comme il fut sans doute heureux dans ses voyages, il acquit une certaine fortune, il devint armateur ; il eut bientôt à son service les meilleurs capitaines du port de Honfleur, pour lesquels les bancs de Terre-Neuve, les attérages de l'embouchure du Saint-Laurent, le trafic

des tailles à Pont-l'Evéque, à la compagnie du capitaine Chauvin, quand on la licencia après la prise de Fécamp. — Arch. de la Seine-Inf., C. 1235.

avec les Indiens, la traite des pelleteries étaient autant d'objets familiers. De sorte qu'au temps où s'écroula l'entreprise du marquis de La Roche, dont il avait pu suivre les apprêts, il était préparé à diriger une expédition vers le Canada en marchand et en marin.

L'occasion s'en présenta en 1599. Vers la fin de cette année-là, au mois de novembre, dit le P. Fournier, Chauvin obtint de Henri IV, à la sollicitation d'un habitant de Saint-Malo, nommé Dupont-Gravé, et selon toute apparence, en récompense de ses services, une commission de lieutenant pour le roi, « au pays de Canada, coste de l'Acadie et autres de la Nouvelle-France, » avec le privilège exclusif du trafic, à la seule condition d'y former un établissement. Le 3 janvier 1600, les marchands de Saint-Malo qui avaient eu jusqu'à ce jour l'habitude de jouir paisiblement de leur commerce avec le Canada, formèrent opposition au monopole accordé. Il fut néanmoins maintenu, et Chauvin organisa l'expédition qui, au dire de Champlain, avait pour but de mener cinq cents hommes au Canada pour s'y fortifier et défendre le pays. A ce moment, Chauvin possédait quatre navires : le *Don-de-Dieu*, l'*Espérance*, le *Bon-Espoir* et le *Saint-Jehan*. Le plus grand des quatre, le *Don-de-Dieu*, ne jaugeait que deux cents tonneaux, et les trois autres seulement deux cent trente tonneaux à eux trois. Le *Don-de-Dieu*, que commandait ordinairement Chauvin, avait pour maître Henri Couillart, issu d'une vieillle famille de marins, à laquelle peut-être appartenait Guillaume Couillart qui épousa, à Québec, Guillemette Hébert, et vit son clos érigé en fief noble, en 1626.

Après des soins indispensables donnés à l'armement, ce fut avec ces quatre navires et avec Dupont-Gravé pour lieutenant que Chauvin entreprit le premier voyage au cours duquel il tenta de fonder un établissement à Tadoussac, sans obtenir de résultat. Tadoussac est sur la rivière de Saguenai, à quatre-vingt-dix lieues de l'embouchure du Saint-Laurent. Cette tentative eut lieu non point en 1599 comme on l'a écrit, mais au printemps de l'année 1600. L'année suivante, Chauvin ne se porta pas de sa personne au Canada ; on a néanmoins la preuve qu'il y expédia son navire l'*Espérance*, sous la conduite de Guyon Dières.

Au mois de mars 1602, le *Don-de-Dieu* et l'*Espérance*, armés et équipés, étaient de nouveau prêts à faire voile pour le Canada, sous le commandement de Chauvin. Nous avons noté trois actes qui ont rapport à ce second voyage, et par lesquels les capitaines des deux navires empruntaient à trente-cinq pour cent sur l'expédition qu'ils espéraient faire. Ces contrats portent la date des 16 mars, 18 mars et 2 avril 1602. Il n'y a aucune observation à présenter sur le taux du prêt, c'est le profit ordinaire pour les voyages au Canada. Mais il est peut-être utile de relever certaine particularité dans les dispositions de ces actes ; ceux-ci, en effet, concordent en ce qui touche le port d'où partent les navires et la côte où ils iront aborder, ils diffèrent sur le lieu où se fera le retour. Tandis que le premier indique l'Espagne et que le second nomme le Portugal, le troisième fixe La Rochelle ou Bordeaux. C'est très peu de jours avant son départ que Chauvin, décidé tout d'abord à faire son retour en pays étranger, modifia son dessein. Chauvin partit de Honfleur au mois d'avril 1602. On sait que cette seconde tentative fut aussi infructueuse que la précédente, au point de vue de la colonisation. Après un séjour de quatre mois environ à Tadoussac, Chauvin revint en France, où il arriva à la fin du mois d'octobre de la même année. Sur son navire le *Don-de-Dieu* se trouvaient trois malheureux colons qui avaient été abandonnés par un capitaine de Saint-Malo. Leur rapatriement coûta dix-huit livres à chacun d'eux, suivant l'acte qui suit : « Henry Couillart, maistre du navire le *Don-de-Dieu* de 200 tonneaux, bourgeois demeurant à Honnefleur, a confessé avoir receu de Jehan Bibes, Jacques Oulquin et Jehan Hérizon, demeurantz à Sainct-Malo, présentz, la somme de cinquante quatre livres tournoiz pour avoir aporté et rapasé par led. Couillart dans sond. navire de l'isle de Canada en ce lieu de Honnefleur lesd. Bibes, Oulquin et Hérizon qui avoient esté délaissez aud. lieu de Canada par le capitaine Soynard dud. lieu de Sainct-Malo, ainsy qu'ilz l'ont présentement juré et affirmé. » (Tabell. d'Auge, 2 novembre 1602.)

Le 20 janvier 1603, Pierre de Chauvin donnait une procuration générale et spéciale à sa sœur Madeleine Chauvin, veuve de Jehan Plastrier. Cet acte est de bien peu antérieur à son décès, dont nous ne pouvons d'ailleurs préciser la date. Il faudrait selon nous la fixer aux premiers jours du mois de février suivant.

Au mois de mars 1603, la commission de Chauvin ayant passé au commandeur de Chastes, gouverneur de Dieppe, une expédition fut de suite formée sous les auspices de ce dernier. Le commandement en fut donné à Dupont-Gravé. Deux navires mirent à la voile de Honfleur pour Tadoussac dans la première quinzaine d'avril 1603 : c'étaient la *Bonne-Renommée,* que montait Dupont-Gravé et la *Françoise,* capitaine Jehan Girot. La *Françoise,* du port de cent tonneaux, était l'un des navires qui avait porté à l'île de Sable, en 1598, le marquis de La Roche et « ses gens. » Sur la *Bonne-Renommée* se trouvait Samuel Champlain qui entreprenait son premier voyage au Canada. Après avoir remonté le fleuve Saint-Laurent jusqu'au saut Saint-Louis, Dupont-Gravé et Champlain revinrent à Honfleur où ils étaient de retour avant le 27 octobre 1603.

Quant à Chauvin, on serait tenté au premier abord de croire qu'il avait amassé une grosse fortune, sans qu'on puisse indiquer dans quelles proportions le monopole des pelleteries y avait contribué. Nous savons qu'il avait fait l'acquisition de la terre de Tonnetuit, dont il prenait le nom. Ce fief, situé à trois petites lieues de Honfleur, avait été formé d'anciens essarts de la forêt de Touque. Suivant règlement du 1er janvier 1597, et à la suite d'une adjudication du 11 février suivant, la duchesse de Longueville en avait vendu et aliéné, à Pierre de Chauvin, les rentes seigneuriales et les droits de patronage (Arch. nat., R⁴ 1102, fol. 323). Chauvin possédait plusieurs maisons, quatre navires et des barques. On sait de plus qu'il avait réuni un opulent mobilier, ce qui permet de supposer qu'il tenait un certain train de maison. Ce fut de la demeure « de deffunct Chauvin » que l'on tira des « cuirs dorez » et des tapisseries pour décorer l'hôtel

62

royal de Honfleur, quand Henri IV séjourna dans cette ville au mois de septembre 1603. On peut cependant assurer que le sieur de Tonnetuit laissa une fortune fort obérée. Sa veuve renonça à sa succession, et son fils, ne voulant pas se charger des dettes dont elle était grevée, ne l'accepta que sous bénéfice d'inventaire. A regarder de près, on arrive ainsi à penser que Chauvin ne retira point un grand profit du privilège de 1599 dont il n'avait joui d'ailleurs que trois années.

Pierre de Chauvin demeurait habituellement à Honfleur dans une maison située rue Haute, à cent cinquante pas du quai Rancey et de la porte de Caen. C'était chez lui que les « gens de la religion réformée » se retiraient pour tenir leurs assemblées, et ils conservèrent jusqu'en l'année 1634 l'usage de s'y réunir. Le nom de *cour du prêche* sert encore de nos jours pour désigner la cour intérieure d'une maison située rue Haute, mais nous n'avons malheureusement pas pu savoir s'il s'agit de l'ancienne habitation de Chauvin.

Il épousa : 1° Jeanne de Mallemouche, de laquelle il eut un fils ; 2° Marie de Brinon, veuve de Jean Fréard, lieutenant général en la vicomté d'Auge. Après la mort de son second mari, Marie de Brinon épousa en troisièmes noces Pierre du Sausay (1), sieur de Sienne, en 1606.

Le fils qu'il laissa du premier lit se nommait François de Chauvin, écuyer, sieur de Tonnetuit, capitaine entretenu pour le roi en la marine. Né vers l'année 1588, il

____

(1) Nous suivons l'orthographe de la signature, mais on le trouve nommé du Saucey et du Saulcey, ainsi que ses parents Josué du Saulcey, sieur de Montchaton et Jacques du Saulcey, sieur de Reux, en 1600.

prit alliance avec Anne Desson, fille de Jean Desson, sieur du Torp. Il mourut en 1661 ou 1662, à Rouen très probablement.

Nous ajouterons qu'une ressemblance de noms a fait naître une confusion entre Pierre de Chauvin, sieur de Tonnetuit, dont on vient de parler, et un autre marin son parent, peut-être son frère. Ce dernier, nommé Pierre de Chauvin, écuyer, sieur de la Pierre, était aussi capitaine en la marine, et il est qualifié bourgeois de Dieppe dans plusieurs actes. En 1598, c'est à lui, Pierre de Chauvin, sieur de la Pierre, et à Pierre de Chauvin, sieur de Tonnetuit, que l'aliénation d'une pièce de terre fut consentie le 30 octobre : il est fait mention plus loin de cette vente. Son nom figure de nouveau dans des contrats passés devant les tabellions de Honfleur en 1603. C'est enfin Pierre de Chauvin, sieur de la Pierre, qui, cette même année, prit sa part à l'expédition que Dupont-Gravé conduisit au Canada. Il faut encore rappeler que c'est lui qui fut le représentant de Champlain et de Dupont-Gravé, à Québec, pendant l'année 1610.

Après cet exposé rapide, nous allons indiquer les actes où le nom de Pierre de Chauvin et celui de François de Chauvin, son fils, se rencontrent, de l'année 1596 à l'année 1631. La nomenclature de ces pièces peut jeter quelque lumière sur un capitaine de marine dont les voyages ont une valeur historique.

1596, 31 juillet. — Vente consentie à noble homme Pierre de Chauvin, capitaine pour le roi en la marine et mestre-de-camp d'un régiment de gens de guerre, présent, d'une pièce de terre située sur la paroisse de Saint-Benoît.

1596, 4 août. — Vente à noble homme Pierre de Chauvin, d'une pièce de terre située à Tonnetuit.

1596, 3 novembre. — Pierre de Chauvin, écuyer, sieur de Tonnetuit, capitaine en la marine et de deux compagnies de gens de pied entretenues pour le service de Sa Majesté à Honfleur, présent, reconnaît avoir reçu de Jacques de Mauduit, sieur de la Rozière, bourgeois de Lisieux, pour à l'acquit de Charles Bougard, aussi capitaine en la marine, la somme de 108 escus 31 sols tournois, provenant d'un prêt fait sur le navire la *Poste*, de retour de la pêche des morues à la côte du Canada.

1597, 2 mars. — Quittance pour Martin Faride, du mestier de la mer, à Pierre de Chauvin, sieur de Tonnetuit, de la somme de 8 écus à profit de 35 pour cent, pour lui subvenir au voyage de la pêche des morues.

1597, 12 mars. — Pierre de Chauvin, écuyer, sieur de Tonnetuit, capitaine pour le roy en la marine et de deux compagnies de gens de pied, demeurant à Honfleur, reconnaît que par Heslie du Butin, sieur du lieu, absent, stipulé par noble homme Pierre du Boulley, écuyer, sieur du lieu, demeurant à Fatouville-sur-la-mer, lui a été livré quatre pièces de breteuil de fer de fonte, du poids de onze cents ou environ.

1597, 18 avril. — Vente à noble homme Pierre de Chauvin, sieur de Tonnetuit, capitaine en la marine, ledict sieur demeurant à Honfleur, présent, d'une pièce de terre située sur la paroisse de Saint-Benoist

1597, 29 juin. — Autre vente d'une pièce de terre à

noble homme Pierre de Chauvin, capitaine pour le roi en la marine.

1597, 3 juillet. — Autre vente d'une pièce de terre à noble homme Pierre de Chauvin, absent, stipulé par Jeanne de Mallemouche, son épouse.

1597, 1ᵉʳ août. — Autre vente d'une pièce de terre à Pierre de Chauvin sieur de Thonnetuit, absent, stipulé par Jeanne de Mallemouche.

1597, 22 octobre. — Autre vente d'une pièce de terre à noble homme Pierre de Chauvin, demeurant à Honfleur, présent, ladite pièce de terre située en la paroisse de Tonnetuit.

1598, 13 mars. — Quittance de Jean Vauquelin, pilote et maître du navire le *Saint-Jean*, dont est capitaine Jean Routier, à Pierre de Chauvin, sieur de Tonnetuyt, bourgeois en la totalité d'icelui navire, de la somme de 20 écus sol, à profit de 40 pour cent pour lui subvenir au voyage de la côte du Pérou. (Le remboursement fut fait le 26 janvier 1600.)

1598, 14 octobre. — Vente à Pierre de Chauvin, sieur de Tonnetuit, par Jacques de Béchard, sieur de Heuland, et Charles de Béchard, sieur de Collebosc, d'une pièce de terre avec maison située en la paroisse de Saint-Étienne, à Honfleur.

1598, 30 octobre. — Vente à noble homme Pierre de Chauvin, sieur de Tonnetuit, présent, et à Pierre de Chauvin, écuyer, sieur de la Pierre, d'une pièce de terre assise en la paroisse de Tonnetuit.

1598, 7 novembre. — Autre vente d'une pièce de terre

à Pierre de Chauvin, demeurant à Honfleur, stipulée par Isaac Béchard, son serviteur.

1599, 21 août et *4 septembre*. — Vente de deux pièces de terre, situées à Tonnetuit, à noble homme Pierre de Chauvin, capitaine en la marine.

1600, 7 décembre. — Procuration passée par Jean Brouet, chirurgien du Havre-de-Grace, aux fins de recevoir de noble homme Pierre de Chauvin, sieur de Tonnetuit, demeurant à Honnefleur, la somme de vingt-sept escuz et demi pour cinq moys et demi de ses gages, à la raison de cinq escuz par mois, à luy promis par led. sieur de Tonnethuyt pour avoir faict voyage au Canada dans l'un de ses navires nommé le *Sainct-Jehan*.

1601, 7 mars. — Vente par Pierre de Chauvin, écuyer, sieur de Thonnetuit, demeurant à Honfleur, à Richard Lamperière, demeurant en la paroisse Saint-Jehan de Trouville, d'une barque de trente tonneaux, pour le prix de cent cinquante escus.

1601, 8 mars. — Gilles Silvestre, demeurant à Dieppe, a confessé que pour lui subvenir à faire le voyage de la pêche des morues dans le navire dont est maître Jehan Routier, il lui a été fourni par noble homme Pierre de Chauvin, sieur de Thonnetuit, lieutenant pour le roi au pays de Canada, demeurant à Honfleur, la somme de onze escus, à profit de trente pour cent.

1601, 3 mai. — Pierre Deschamps et Jehan Le Roux, de la ville de Dieppe, ont reconnu que, pour leur subvenir, année présente, à faire le voyage de Canada dans le navire dont est maître Guyon Dières, bourgeois de Honfleur, ledit navire appartenant à Pierre de Chauvin, écuyer, sieur de Thonnetuit, gentilhomme ordinaire de la chambre du roi, icellui navire étant de présent en ce port et havre, il leur a été fourni et payé par Guillaume Morin la somme de seize escus valant quarante-huit livres tournois, à profit de trente-cinq pour cent.

1601, 3 mai. — Prêt par Charles Andrieu, bourgeois marchand de Honfleur, à Pierre de Chauvin, sieur de Thonnetuit, gentilhomme ordinaire de la chambre du roi, pour lui subvenir, année présente, mettre hors en mer au pays de Canada l'un de ses navires dont est maître Guyon Dières, icellui navire étant de présent en ce port et havre prêt à partir et faire le voyage de Canada dont le retour sera fait en ce lieu de Honfleur, la somme de vingt-cinq escus, à profit de trente pour cent.

1602, 8 mars. — Vincent Poullain reconnaît avoir reçu de noble homme Pierre de Chauvin, sieur de Tonnetuit, demeurant à Honfleur, la somme de cent vingt écus restant de plus forte somme, pour avoir fait le voyage de Canada dans l'un des navires dudit sieur de Tonnetuit.

1602, 8 avril. — Prêt par noble homme Pierre de Chauvin, sieur de Thonnetuit, demeurant à Honfleur, à Auguste Le Héricy, sieur de la Morinière-Pompierre, et Richard Moullin, sieur d'Angerville, demeurants audit lieu, bourgeois et victuailleurs, pour trois quarts au navire *la Françoise,* d'une pièce de canon de fonte verte du poids d'un millier de livres et estimé cent écus. (La restitution de la pièce de canon fut faite le 30 juin 1604.)

1602, 23 novembre. — Noble homme, Pierre de Chauvin, sieur de Tonnetuit, demeurant à Honfleur, passe

68

procuration à Girard Le Pillois, pour le représenter devant les présidents et conseillers de l'élection de Pont-l'Évêque, et jurer que lui, Pierre de Chauvin, avait fait voyage, « en l'année mil six centz à la terre et isles de Canadas dans un navire nommé *le Don-de-Dieu* luy appartenant, auquel navire commandoit Henry Couillart, et que ledict Couillart n'y avait aucune part ny portion, ains que ledict sieur avoit loué ledit Couillart à prix d'argent pour commander aux matelots ; duquel voyage il avait fait quelque rapport de « morues vertes et sèches, lesquelles avoient esté deschargées dans des alléges pour porter à Rouen et autres lieux amont la rivière de Seine et qu'il n'avoit esté deschargé aulcune autre chose. » (Signature, *Chauvin de Tonnetuyt*.)

1603, 20 janvier.—Procuration de Pierre de Chauvin, sieur de Tonnetuit, à Madeleine Chauvin, sa sœur.

1603, 1er janvier. — Transaction entre Guillaume Morin, receveur des nouvelles impositions à Honfleur, et Henry Couillart, capitaine de navire, au sujet du paiement du droit dudit impôt sur les morues au nombre de treize milliers, par lui rapportées dans le navire *le Don-de-Dieu*, appartenant à noble homme Pierre de Chauvin, sieur de Thonnetuit, ès années 1599 et 1600. De la sentence des président, conseillers et élus en l'élection de Pont-l'Évêque a été fait appel à la Cour des aides de Rouen. Ledit receveur renonce à sa poursuite contre Couillart ; il poursuivra le sieur de Tonnetuit pour le paiement dudit droit d'impost sans y appeler led. Couillart, lequel demeure ainsi quitte des dépens moyennant la somme de vingt-quatre livres.

1603, 22 mai. — Procuration par Étienne Chauvin, marchand du Havre-de-Grace, Thomas Chauvin, marchand de Rouen, et Jehan-Baptiste Madeleine, bourgeois de Paris, afin de recueillir les deniers qui leur sont dus par deffunt Pierre de Chauvin, sieur de Tonnetuit.

1603. — A été payé à Henri Couillart, maître de navire, et à douze hommes avec lui, la somme de quatorze livres pour par eux avoir travaillé deux jours à descendre à terre du navire nommé le *Don-de-Dieu*, le nombre de sept pièces de canon de fonte de fer avec leurs affûts, et iceux monter de force sur le ravelin au dehors de la muraille de la porte de Caen, suivant le commandement du sieur gouverneur et des échevins. (Comptes des deniers pour 1603.)

1603. — A six porteurs, pour leur payne d'avoir apporté de la maison du sieur Chauvin des cuirs dorez et autres tapisseryes qu'il avoit prestez affin de tendre et décorer la salle royalle dudict lieu et chambre d'icelle pour y recepvoir le Roy sy sa volonté eust esté d'y loger, cy..... xij solz. (Compte des deniers pour 1603.) — Auxdits porteurs, douze solz, pour avoir rapporté en la maison dudict deffunct Chauvin iceulx cuirs dorez et tapisseryes.

1606, 10 juin. — Contrat de mariage de Marie de Brinon, veuve de Pierre de Chauvin, sieur de Tonnetuit. — « Pour parvenir au mariage qui au plaisir de Dieu sera faict et accomply entre noble homme Pierre du Sausay, sieur de Syenne, d'une part, et damoiselle Marie de Brinon veuve en dernières nopces de feu noble homme Pierre Chauvin sieur de Tontuit, d'une autre part, ont esté faictz entre eux les accords qui ensuyvent : c'est ascavoir que led. sieur de Syenne a accordé à lad. de Brinon sa future espouze dès à présent son douaire coustumier sur tous ses héritages son décez advenant sans en faire autre pétition ny demande, et qu'elle remporte tous ses habitz, bagues et joyaulx en exemption de toute debtes. Aussi en faveur dudict mariage qui aultrement n'eust esté faict ny accomply, led. sieur de Syenne a donné et donne en pur don et irrévocable à lad. sa future espouze la tierce partie de tous ses biens héréditaulx dont il est à présent propriétaire pour en jouir par elle pendant son vivant et les enfans qui pourront sortir de leur mariage, la propriété demeurante perpétuellement auxd. enfans ; et en cas que lad. damoiselle allast de la vie à décez advant son futur espoulx, lad. donation retournera aud. sieur donataire pour en jouir sa vie durante, etc. Faict en présence de Mᵉ Noël Drouet, escuyer, ministre de la parolle de Dieu en l'esglise de Honfleu, de honneste homme Jehan Le Febvre, bourgeois dud. lieu, de Mᵉ Michel du Sollyer, licentié ès loix, advocat, et de Jehan du Hain, sieur de La Chapelle. Ce xᵉˢᵐᵉ juin mil six centz six. »

1608, 8 juin. — Fut présent François de Chauvin, fils et héritier par bénéfice d'inventaire de feu noble homme Pierre de Chauvin, vivant sieur de Thonnetuit, et de feue damoiselle Jehanne de Mallemouche, ses père et mère, demeurant aud. Honnefleur, lequel a accordé par ce présent à Pierre du Sausay, écuyer, sieur de Sienne, et à damoiselle Marie de Brinon pouvoir de recueillir les arrérages des rentes sieuralles deues à la sieurie de Thonnetuit qui escherront la présente année 1608, plus les fermages, etc. Transaction et accord. — Signatures : *Chauvin ; Du Sausay.*

1619, 17 avril. — Procuration passée par François Andrieu, bourgeois de Honfleur, à l'effet de recevoir du sieur Forestier, bourgeois marchand de Rouen, la somme de cent livres tournois à prendre sur François de Chauvin, sieur de Tonnetuit, ensemble sur les deniers provenant de la vente des cuirs rapportés du voyage de l'aval dernièrement fait par led. sieur de Tonnetuit.

1622, 30 septembre. — Vincent Postel, marchand bourgeois de Honfleur, s'est obligé envers François de Chauvin, écuyer, sieur de Tonnetuit, capitaine pour le roi en la marine du ponant, fournir et livrer, dans huit jours, dans le navire *le Saint-André* étant au port de la ville Françoise-de-Grace, faict armer et équiper par ledit sieur de Tonnetuit pour le service de Sa Majesté sous la charge du sieur de Pontpierre, commandant la flotte de Normandie, ce qui ensuit : vin clairet, eau-de-vie, vinaigre, beurre, fèves, huile d'olive, vin d'Espagne, etc., moyennant le prix de deux mille sept cent dix livres tournois.

1631, 27 novembre. — Cession et vente de quarante livres tournois à François de Chauvin, écuyer, sieur de Tonnetuit, capitaine pour le roi en la marine du ponant, demeurant en son domaine seigneurial de Tonnetuit, par Martin de Versoris, receveur hérédital au grenier à sel de Honfleur (1).

(1) Voy. sur Chauvin, les *Documents relatifs à la Marine normande,* publiés en 1889 par la Société de l'Histoire de Normandie.

VII

Degaulle *(Jean-Baptiste)*, ingénieur-hydrographe de la marine, professeur d'hydrographie et de navigation au Havre et à Honfleur, est un homme que la nature avait fait géomètre et chez qui le travail avait vaincu tous les obstacles qui s'opposaient au développement de ses talents. D'après son acte de décès aux registres de l'état-civil de Honfleur, Degaulle est né à Attigny (Ardennes, arr. et cant. de Vouziers), le 6 juillet 1732 ; il est mort à Honfleur le 18 avril 1810. Il était fils de Léonard Degaulle et de Marie-Marguerite Lantremeuze.

L'ingénieur Degaulle, qui enseigna non sans succès la science du pilotage, avait eu les commencements les plus modestes. Les archives du ministère de la marine nous font connaître, en effet, que Degaulle fut embarqué comme cuisinier sur les navires de commerce l'*Aimable-Marie*, l'*Indien*, la *Nouvelle-Victoire* et le *Prince-Noir*, navires armés au Havre pour la Martinique et Saint-Domingue, en 1751-1755. On lit dans une lettre du commissaire-ordonnateur au Havre, adressée au ministre le 22 août 1766 : « J'ai l'honneur de vous envoyer ci-joint, Mgr, l'état des services de ce pilote par lequel vous verrez que son premier état était d'être cuisinier. Il a appris ce métier dans une auberge de cette ville, où il a servi assez longtemps, et c'est en embarquant cuisinier qu'il s'est instruit de la navigation et qu'il a appris l'art du pilotage... On ne peut refuser à ce marin une espèce de génie et une grande application pour être parvenu au point où il est (1). »

De 1758 à 1762, Degaulle servit sur les bâtiments du roi comme pilotin, aide et second pilote. En 1763 et 1764, il servit comme lieutenant sur le navire de commerce le *Maréchal-de-Luxembourg*, armé au Havre pour Saint-Domingue. Le mauvais état de sa santé le força de quitter la navigation en 1765. C'est peu de temps après le retour de ses voyages dans les deux Indes qu'il ouvrit une école libre d'hydrographie, où il rendit de très grands services à la marine du commerce. Les travaux qu'il entreprit le firent distinguer du gouvernement qui le nomma son ingénieur de marine. Alors il fit lui-même les sondes de toute la Manche, et il construisit des cartes réduites ou plates de cette mer, en trois feuilles, sur lesquelles il demanda le jugement de l'Académie royale de marine, en 1775. Le rapport des commissaires, au nombre desquels était Bougainville, dit que l'auteur avait paru mériter les éloges de l'Académie et la reconnaissance des navigateurs. Ces cartes réduites de la Manche de Bretagne et des Sorlingues furent publiées en 1778, au Havre, avec un mémoire explicatif.

Ensuite, Degaulle se livra avec passion à son goût des inventions, et il se fit remarquer par son ingéniosité et son habileté. En 1775, il imagina un compas azimuthal à réflexion. Sa découverte lui valut une gratification de

---

(1) Voy. Didier Neuville, *Les Etablissements scientifiques de l'ancienne marine*, p. 34. (Paris 1882, in-8º).

douze cents livres et une pension de six cents livres. Plus tard, Degaulle fit connaître les diverses additions qu'il avait faites au compas de variation (1) dans deux mémoires présentés à l'Académie des sciences ; le compte rendu en fut fait le 19 juillet 1777 et le 13 janvier 1779. La description de ce compas fut insérée dans le *Recueil des Machines* signé de MM. Bezout, Bory et Lemonnier.

Non content du succès qu'il avait obtenu, Degaulle s'attacha à fabriquer un nouvel instrument propre à mesurer la marche d'un navire et en même temps à déterminer l'angle de dérive. En 1781, il soumit un *sillomètre* de son invention au jugement de l'Académie des sciences. Sur un rapport fort avantageux, rédigé par Condorcet, le ministre de la marine ordonna la construction de cet instrument pour l'usage des vaisseaux de l'Etat. Degaulle a publié sa découverte dans une brochure intitulée : *Construction et usage du sillomètre, instrument destiné à observer en mer le sillage des vaisseaux en dixièmes parties de lieue, etc.* (1782, in-8°). Les imperfections du *loch* pour mesurer la vitesse d'un navire avaient été aperçues depuis longtemps ; plusieurs savants s'étaient occupés à y suppléer par d'autres instruments. Mais de tout ce qui a paru jusqu'à ce jour, disait Dulague, il n'y a que le *sillomètre* inventé par Degaulle, dont l'usage soit facile en mer (2).

Par la nature de ses goûts, l'ingénieur distingué dont

---

(1) Le *compas de route* c'est la boussole ; quand la boussole sert à relever les objets, c'est-à-dire l'aire du vent auxquels ils répondent, on l'appelle *compas de variation.*

(2) *Leçons de navigation* (Rouen 1781), p. 241.

nous parlons, trouvait un aliment à ses inventions dans toutes les découvertes. Tout ce qui était nouveau était de son ressort. On se souvient que l'ascension du premier ballon eut lieu le 27 août 1783. De suite Degaulle s'ingénia à perfectionner et à chercher à diriger la machine aérostatique ; un an après, il fit connaître à la municipalité du Havre qu'excité par son zèle pour les sciences utiles, il se proposait d'enlever un ballon qui porterait dix personnes, « dont le sieur Degaulle serait du nombre (1). » On ne sait quel fut le résultat de cette proposition.

En 1789, Degaulle fut privé de son grade d'ingénieur et de sa pension. En 1791, il fut appelé à Honfleur comme professeur de navigation. Il y donna des leçons publiques dans lesquelles à une théorie solide se joignaient de nombreux exemples de pratique.

« Non seulement Degaulle était un savant modeste, il était encore généreux et bienfaisant. Pendant plusieurs années de la Révolution, il fit des sacrifices considérables pour l'utilité publique. La commune de Honfleur avait cessé d'entretenir le fanal qui éclairait l'entrée de son port. Sensiblement ému des dangers qui pouvaient résulter de l'espèce d'incurie de l'administration, M. Degaulle fit placer et entretint à ses frais deux reverbères à mèches fortes à l'entrée du port pour en faciliter l'arrivage aux navires venant de la Seine ou de la mer (2). »

(1) *Hist. des rues du Havre*, p. 538.

(2) *Notice sur la vie et les ouvrages de M. Degaulle*, par L.-R. Prudhomme, professeur de mathématiques à l'école de navigation de Rouen. Ms. appartenant à la *Société libre d'Emulation du commerce et de l'industrie* de la Seine-Inférieure.

C'est donc à lui que le port de Honfleur doit l'établissement des deux premiers phares qui en ont facilité l'entrée.

Degaulle fut associé correspondant à l'Académie des sciences de Paris. L'Académie de Rouen le compta au nombre de ses membres en 1774.

Indépendamment des publications que le *Bibliographe normand* fait connaître, l'ingénieur Degaulle a laissé un grand nombre de mémoires que l'on trouve aux archives du ministère de la marine et à la Chambre de commerce du Havre.

Le nom de Degaulle a été attaché à une impasse située dans le quartier de Graville, au Havre.

VIII

Denis (*Jean*). — Sans un géographe étranger qui a
écrit de 1550 à 1566, les voyages lointains du capitaine
Jean Denis auraient échappé aux historiens français, qui
n'en auraient peut-être jamais eu connaissance si
Ramusio ne les avait signalés. Selon cet écrivain (1),
Jean Denis aurait visité les côtes de l'île de Terre-Neuve
en 1506, et ce navigateur aurait, avant l'année 1519,
exploré une certaine partie des côtes du Brésil qu'il aurait
même découverte. Il y a des apparences très bien fondées
que ces voyages ont été entrepris, mais la mention qu'en
a fait Ramusio est tout ce qu'on en sait.

Nous croyons que l'on pourrait réunir des preuves de
la fréquence des expéditions honfleuraises au Brésil pendant la première moitié du xvie siècle, indépendamment
du voyage de Binot Paulmier, bien connu aujourd'hui.
Il est exact, ainsi que l'a dit Jean Crespin, que marchands
rouennais et marchands honfleurais avaient « composé
entre eux une alliance » pour envoyer leurs navires au
Brésil avant et après l'année 1525. Les dépôts d'archives
fournissent des documents qui en font foi.

Mais les mêmes archives ne nous ont pas encore donné
de pièces de nature à nous faire connaître le marin dont

(1) *Raccolta delle navigazioni e viaggi* (Venise, 1550-1566), t. III, fol. 423
et 426.

parle le récit du *Gran capitano francese* rapporté par Ramusio. Tout ce que nous pouvons dire, c'est que nous avons relevé le nom d'un Jean Denis sur le registre d'une confrérie qui avait été fondée à Honfleur au mois de juin 1457 ; il s'y trouve inscrit sur trois feuillets et l'on peut croire que le même nom se rapporte à des personnes différentes quoique appartenant à la même famille. Il est intéressant de plus de mentionner, au point de vue de l'histoire de la vieille cité de Honfleur, que le berceau de la famille Denis doit être recherché dans un quartier disparu, celui dit de la Rivière, en la paroisse de Saint-Léonard. Comme ce navigateur sera toujours une gloire locale pour Honfleur, nous donnerons les extraits du registre sur lequel les noms de sa famille sont inscrits :

Frères nouveaulx renduz durant icelle année [1482].

Jehan Denis et sa femme.
Jehan Faride.
Noffr.... D...., florentin.
Symonnet Bremont, etc.

Frères nouveaulx rendus durant
ceste présente année [1497].

Estienne du Pont.
Guillaume du Mesnil.
Jehan de Millières.
Richart le Merchier.
Guillaume Piel.
Jehan Denis.
Clément de Cretat, etc.

Enfin, sur un autre feuillet qui porte les comptes de la confrérie de la Charité de l'église de Saint-Léonard, rendus pour les années 1467-1518, on lit le paragraphe suivant :

La Rivière.

Guillaume Denys, doibt pour douze années.. lij solz.
Jehan Denys, l'aisné, doibt............. vj den.
Jehan Denys, le jeune, doibt........... vj den.
Jehan Denys, fils de Jehan, doibt........ vj den.

En résumé, on n'a pu retrouver que le nom de Jean Denis ; ce capitaine a laissé peu de traces dans l'histoire. Cependant l'érudition n'élève pas de doutes sur les explorations qui lui sont attribuées, mais elle ne saurait s'associer à l'opinion des biographes d'Ango qui présente Jean Denis comme un des capitaines qui s'enrôlèrent au service du célèbre armateur dieppois. Cette assertion n'est pas fondée. Ce qui se passait à Dieppe, au xvie siècle, n'était pas un fait isolé. C'était un fait général sur les côtes et dans les ports de Normandie et de Bretagne. La prospérité du commerce maritime, à cette époque, ne fut point l'œuvre exclusive des Dieppois.

Revenons à Jean Denis. On relève son nom de nouveau dans un acte en forme de délibération des bourgeois de Honfleur. L'autre est daté du 17 mai 1502. Jean Denis est au nombre des notables habitants qui se réunissent devant le vice-amiral René de Clermont, capitaine de Honfleur. A ses côtés se présente Richard de Rufosse, dont la famille vivait à Honfleur sur la paroisse Saint-

Etienne dès l'année 1459 (1), et dont le nom est à signaler : on cite, en effet, vers le même temps que l'expédition de Jean Denis, le voyage à Terre-Neuve du navire la *Bonne-Aventure*, capitaine Jacques de Rufosse, effectué en 1508 (2).

Un autre document fait connaître Jean Denis. C'est une lettre des officiers royaux en Cotentin, en date du lundi 18 juin 1492, qui fait mention des « *deux navires de Jehan Denis et Jehan Le Danoys de Honnefleu* qui sont venus nouvellement de Maxine et de Naples chargez de bonnes et riches marchandises et en grand valleur » et se sont réfugiés à Barfleur de crainte des Anglais (3).

Nous n'avons rien à ajouter à cette indication, mais puisque depuis quelques années les investigations des érudits se portent avec une attention marquée sur les marins du xve siècle, nous pouvons dire quelques mots de *Jean Le Danois*.

Des pièces de 1491, 1499 et 1502, aux archives municipales de Honfleur, mentionnent comme de notables bourgeois Charles Le Danois et Jean Le Danois : c'étaient les deux frères. Leur famille très riche pour le temps, et qui, selon toute probabilité, avait fait fortune dans le

(1) Arch. dép. du Calvados, A. 209. Reconnaissance donnée par Guy, chevalier, seigneur de la Roche-Guyon et vicomte de Roncheville, à Richard de Rufosse, de la somme de 90 liv. par lui payée en outre de la rente de 6 liv. de cens, pour deux places de terre et maison situées dans l'enclos de la ville de Honfleur, paroisse de Saint-Etienne (5 juin 1459).

(2) Gosselin, *Docum. sur la marine normande et le commerce rouennais* (1876), p. 12.

(3) Le document a été publié par A. Spont, *La Marine française sous le règne de Charles VIII (1483-1493)*, p. 43.

trafic et le négoce maritimes (1), possédait une propriété rurale située sur le chemin de Honfleur à Gonneville. C'est la ferme dite le *Désert*, où s'élève encore un ancien manoir bien conservé, avec fenêtres à meneaux, tour en pierre et une gracieuse porte en arc surbaissé. Les Le Danois, qui avaient créé ce domaine dans des essarts de forêt, en joignirent la dénomination à leur nom patronymique, de sorte que tous les actes notariés les nommèrent : Le Danois, sieur du Désert. La famille nous paraît s'être éteinte au xviiᵉ siècle.

Qu'on nous permette un dernier mot à ce sujet. Il y a des coins de terre qui sont particulièrement remarquables par leurs souvenirs. Le *Désert*, où l'on rencontre un marin contemporain de Jean Denis, s'élevait non loin du manoir du *Bucquet*, et l'on sait qu'à ce dernier reste attachée la mémoire durable de Binot Paulmier de Gonneville. On voit donc vivre, à la fin du xvᵉ siècle, sur des terres pour ainsi dire contiguës, deux familles de marins dont on s'applique à rechercher les noms pour leur restituer la place à laquelle ils ont droit dans l'histoire de nos navigations, nos découvertes et nos colonisations.

En ce qui concerne Jean Denis, l'obscurité persiste, malgré les efforts faits pour la pénétrer. Il existe cependant, dans un manuscrit de la Bibliothèque nationale, un court fragment d'origine assez reculée qui fait mention de Jean Denis (2). La note doit être lue ainsi : « Soit

---

(1) Un Jean Le Danois fut le victuailleur des navires de guerre réunis à Honfleur en 1512-1513, sous les ordres de René de Clermont.

(2) Ms. fr. 24269, fol. 55. La note a été signalée par M. Ed. Le Cor-

faict mémoire de la mercque de mes basteaux et barques que je laisse en la Terre Noeufve au havre de Jehan Denis dict Rongnoust : premiérement, ilz y en a six qui sont tout au cul du sac, et quattre aultres qui sont à une anse à main destre comme on entre au destroict, la prochaine anse du cul de sac ; et plus oultre je laisse une barcque et ung basteau à l'entrée du destroict auprès, etc. »

Le capitaine honfleurais Jean Denis avait donc transmis son nom à l'un des attérages de l'île de Terre-Neuve, dont il est difficile de préciser la situation par la rajson qu'il n'est indiqué sur aucune carte connue.

La famille de Jean Denis a subsisté obscurément jusqu'à la fin du XVIIe siècle.

beiller dans une communication faite à la Société de Géographie de Paris. *Bulletin de la Soc. de Géographie*, 1889, p. 344-349.

IX

Desgarceaux (*Georges*). Fils de Jean Desgarceaux et de Jeanne Picquenot, né à Honfleur le 14 décembre 1747. Mousse, dès l'âge de huit ans, puis matelot sur les bâtiments du commerce, il embarqua, de 1766 à 1773, sur la *Foi*, capitaine Grenguet ; sur le *La Michodière*, capitaine Louvet ; l'*Union*, capitaine Loisel ; le *Neptune*, capitaine Motard ; le *Gracieux*, capitaine Le Court. Timonier sur l'*Écureuil* et sur la *Sensible*, en 1775 et 1776. Capitaine au long cours, le 3 décembre 1776. Second pilote sur le *Diadème*, du 24 juin 1777 au 31 janvier 1779. Sur ce vaisseau, qui faisait partie de la seconde escadre destinée à combattre dans la Manche la flotte de l'amiral Keppel, Desgarceaux prit part au combat d'Ouessant, le 27 juillet 1778, dont le retentissement fut très grand en France et en Angleterre. Embarqué sur le *Saint-Esprit*, du 29 janvier au 11 février 1780 ; sur le *Duc-de-Bourgogne*, du 12 février au 31 mars 1780 ; sur l'*Actif*, du 17 mai 1780 au 23 mars 1781 ; sur le *Hardi*, du 24 mars au 13 septembre 1781 et du 24 septembre au 29 novembre même année. Officier auxiliaire en 1782, il avait précédemment été embarqué sur la *Gloire* (15 décembre 1781), commandée par M. de Vallongne et destinée à escorter des transports chargés d'effets et de munitions expédiés en Amérique à l'armée du comte de

84

Rochambeau. En même temps que Desgarceaux, plusieurs officiers d'un nom illustre étaient embarqués sur
la frégate. C'étaient : le duc de Lauzun, le comte de
Ségur, le prince de Broglie, le prince Victor de Rohan,
MM. de Loménie, de Lameth, de Montesquiou, de
Vaudreuil, le comte de Polereski, le colonel comte de
Dillon, le Suédois de Scheldon, colonel de hussards, le
lieutenant d'artillerie de Pracomtal, brillante noblesse
pleine de grâce et de courage mais frivole, imbue des
maximes humanitaires et qui brûlait du désir de sauver
l'Amérique. « Les impressions qu'éprouvait alors cette
jeunesse belliqueuse, dit M. de Ségur, étaient dignes
d'observation et auraient pu annoncer aux esprits clair-
voyants les changements grands et prochains qui devaient
s'opérer en Europe (1). » Le 5 septembre 1782, la *Gloire*
soutint un combat très vif contre l'*Hector,* de soixante-
quatorze canons. Dans cette action si inégale, Desgarceaux s'était fait remarquer. M. de Vallongne le signala
comme ayant des droits particuliers aux grâces du roi ; il
demanda en sa faveur un brevet d'officier à demeure (2).

De 1783 à 1786, capitaine commandant au commerce le trois-mâts *La-Pointe-à-Pitre,* armé à Honfleur
pour la Guadeloupe et construit dans ce port. Fait sous-
lieutenant de vaisseau, le 7 octobre 1787. Embarqué sur
la *Bretonne,* du 29 février 1788 au 8 mars 1789 ; sur
l'aviso le *Perin,* du 7 juin 1790 au 10 mai 1791 ; sur le
Goeland, du 7 juin au 13 septembre 1791 ; sur la *Bretonne,* du 16 septembre au 14 novembre 1791. Croisières

(1) *Œuvres complètes,* t. I, p. 320.
(2) Lettre du 21 septembre 1782, *Campagnes,* 1780-1782.

aux Antilles. Nommé lieutenant de vaisseau, le 1er janvier 1792 et embarqué sur le *Brave*, la *Félicité*, et le *Républicain*, portant pavillon du contre-amiral Morard de Galles. Lieutenant de vaisseau commandant le *Furet;* le 2 février 1793, livra, avec l'*Espiègle*, à une frégate anglaise de vingt-quatre canons, un combat à la suite duquel il reçut les féliciations du ministre de la marine (lettre du 8 mai 1793). Promu au grade de capitaine de vaisseau, le 19 janvier 1794, on lui confia le commandement d'une division composée des frégates l'*Engageante*, la *Pomone*, la *Résolue* et de la corvette la *Babet*. Le 4 floréal an II (23 avril 1794), Desgarceaux, commandant cette division, rencontra dans la Manche la division anglaise aux ordres de John Bartas Warens et forte de deux cent trois bouches à feu. Un combat acharné s'engagea, durant lequel Desgarceaux, debout sur le banc de quart de l'*Engageante*, eut la tête emportée par un boulet.

De son mariage avec Marie-Marguerite Michaud, née à Honfleur, paroisse Saint-Léonard, le 25 juin 1759, fille de Jean et de Marie-Anne Angot, le capitaine Desgarceaux laissa quatre enfants. L'aîné, Georges-Alexandre, né à Honfleur, le 15 mars 1784, était aspirant sur le *Berwick*, en l'an VI. Il passa aux mouvements du port de Brest, en l'an X. Le troisième, Prudent-Jean-François, né à Brest, le 27 août 1788, embarqué comme mousse sur la *Bellone* en l'an IV, était aspirant sur l'*Alexandre* en l'an XII.

X

Doublet (*François*), fils d'autre François Doublet, bourgeois marchand, et de Marguerite Auber (1), naquit à Honfleur en 1619 ou 1620, et il exerçait dans cette ville la profession d'apothicaire. Il faisait son domicile ordinaire en la rue Brûlée. Mais à l'art de composer des électuaires et d'édulcorer des potions, il joignait le goût et la pratique du commerce maritime. Aux années 1659 et 1660, il était le représentant d'un armateur de Dieppe, Pierre Gellée, pour le compte duquel il opérait l'achat et la vente des morues, huiles de baleine, peaux d'ours et de castor, importés du Canada. Lorsqu'en 1662, il songea à devenir, à son tour, armateur, il comptait quarante ans bien sonnés. C'est alors qu'il conçut le projet de coloniser quelques îlots du golfe de Saint-Laurent et de les défricher à l'aide du travail de colons normands mi-paysans, mi-marins. Voici en quels termes son fils a parlé de l'entreprise : « Je ne doute pas que vous n'ayez souvent entendu parler que feu mon père, que Dieu aye à sa gloire, se voyant un grand nombre d'enfants, restant encore saize bien vivants, et en état avec son épouse d'augmenter, n'ayant ensemble que médiocrement de biens en fonds et sa profession pour pouvoir élever une aussy

(1) Leur contrat de mariage est daté du 13 mai 1618.

nombreuse famille, mon père se détermina de s'intéresser dans une grande entreprise d'une société avec des messieurs de Paris et de Rouen, dans le dessein d'établir une colónie aux îles de Brion et de Saint-Jean dans la baie de l'Acadie, coste de Canadas. Et pour y parvenir on obtint du Conseil les concessions et patentes du Roy, avec des privilèges accordés et de porter dans l'écusson de leurs armes ayant pour suports deux sauvages avec leurs massues et ledit écusson rempli de testes de griffon. Et il fut permis à mon père de changer les noms des isles Brion en celui de la Madeleine, comme se nommait ma mère (1). »

En effet, la Compagnie de la Nouvelle-France, par acte du 19 janvier 1663, concéda à François Doublet, les îles de la Madeleine, de Saint-Jean, des Oiseaux et de Brion en toute propriété, à la charge d'une simple redevance de cinquante livres par an, « pour y faire colonie, y faire toutes sortes de pesches aux environs, desfricher et cultiver lesdites terres sans pourtant que ledit sieur puisse traiter aucunes peaux ni pelleteries dans l'estendue desdits lieux ni ailleurs. »

Cet abandon souleva l'opposition d'armateurs bayonnais. Un sieur Pierre de Peyrelongue, bourgeois de Bayonne, adressa une vive protestation à Messieurs de la Compagnie des Indes Occidentales. Il y exposait qu'en l'année 1659, ayant envoyé à l'île de la Madeleine un navire équipé de dix-huit hommes pour hyverner et faire la pêche des loups, chiens et vaches de mer, il avait bâti des maisons dans ladite île et qu'il en avait joui paisible-

---

(1) Voy. *Journal du corsaire Jean Doublet,* p. 27.

ment jusqu'en 1663, époque où Doublet se préparait à en prendre possession. Il réclamait en conséquence le remboursement de ses frais, mais il n'obtint point satisfaction.

Suivons donc François Doublet au moment où il entreprend un voyage au long cours en vue d'explorer ses domaines d'outre-mer. D'abord il passa en Hollande afin d'y faire l'achat d'un navire de trois cents à quatre cents tonneaux qui fut nommé le *Saint-Michel*. Quelques mois après il jugea nécessaire de faire l'acquisition d'un second navire nommé le *Grenadin*. L'armement, commencé en 1662, fut poussé très activement. Dans l'intervalle, François Doublet avait converti à ses projets plusieurs de ses parents et de ses amis. Il s'était en outre assuré d'un lieutenant qui devait demeurer trois années consécutives aux îles de la Madeleine, c'était Philippe Gaignard, chirurgien à Honfleur. « Je confesse, dit Doublet, dans un acte du 23 avril 1663, avoir pacté avec Me Philippes Gaignard (1), auquel j'ay donné pouvoir de commander et faire travailler les habitantz desdites isles à moy appartenant aux choses nécessaires pour l'utillité et accroissement de l'habitation, et pour faire en temps et saison la pesche des loups marins aux lieux où il jugera à propos et iceux estre réduictz en huilles, mesme aussy la pesche des morues et icelles apprester soit en vert ou en sec comme et autant que faire se pourra, etc. (2). »

(1) Suivant un rôle de la taille pour 1683, Philippe Gaignard, chirurgien, occupait à Honfleur, rue Brûlée, une maison voisine de l'habitation de François Doublet. — Arch. munic. de Honfleur.

(2) Minutes du tabellionage d'Auge.

Les derniers préparatifs de l'expédition étant réglés, François Doublet mit à la voile du port de Honfleur au printemps de l'année 1663. La flotille se composait de trois navires : le *Saint-Michel,* le *Saint-Jean,* le *Saint-Pierre,* sur lesquels, en outre des équipages, étaient embarqués vingt-cinq hommes, premiers colons du futur établissement. Après une longue traversée, nos marins abordèrent à la grande île Brion, où ils trouvèrent installés dans une cabane en bois une vingtaine de Basques. Doublet fit planter une grande croix sur le plus haut cap de l'entrée de la baie. L'on chanta un *Te Deum* et par trois salves d'artillerie on salua la prise de possession. Les jours suivants, on bâtit des logements, des magasins en un lieu commode, abondant en gibier et situé à deux lieues du rivage. La pêche des morues occupa les nouveaux colons jusqu'à l'hiver de 1663. L'établissement commençait à prendre figure quand Doublet revint en France pour y préparer un nouvel armement. Entre temps, il s'était adjoint deux associés, Claude de Landemare et François Gon, sieur de Quincé, négociants rouennais. Il remit à la voile le 1er avril 1664. Mais étant arrivé à l'île de la Madeleine, il trouva en ruines les loges construites l'année précédente ; l'île et l'établissement avaient été abandonnés. De retour à Honfleur, Doublet fut obligé de rompre l'association et de vendre les deux navires.

La fâcheuse issue de l'expédition ne le rebuta cependant pas ; il devint l'un des agents d'une Société récemment formée : un édit du 28 mai 1664 avait réorganisé la Compagnie de la Terre-Ferme d'Amérique sous le nom

de Compagnie des Indes Occidentales (1), et les intéressés se disposaient à expédier quelques navires au
Canada. De ces navires, deux étaient déjà partis de La
Rochelle au mois de février précédent, avec le marquis
de Tracy, lieutenant général, et quatre compagnies du
régiment de Carignan. Un troisième navire était en armement au Havre. Ce fut sur ce dernier que François Doublet s'embarqua en qualité de commissaire « pour faire
creuser une mine de plomb que l'on avait descouverte
depuis peu dans les costes de Gaspée. » Sur le même
bâtiment que commandait un marin de Dieppe, le capitaine Poulet, se trouvaient dix-huit cavales, deux étalons,
cent trente hommes de travail et quatre-vingt-deux filles,
dont cinquante venaient d'une maison de charité de
Paris. Le 2 octobre 1664, le navire arrivait à Québec.
M. de Tracy et M. Talon, intendants pour le roi, accueillirent fort bien nos Normands, lesquels mirent à terre une
cargaison d'outils, de machines, de provisions qui fut
reçue avec enthousiasme. Mais ce qui causa surtout une
grande admiration parmi les Canadiens, ce fut le débarquement des chevaux. A l'exception d'un cheval donné
près de vingt ans auparavant à M. de Montmagny,
c'étaient les premiers qu'ils voyaient. Aussi les sauvages
les examinèrent-ils attentivement : ils s'étonnaient que
les orignaux de France fussent si traitables et si soumis
aux volontés de l'homme. Quelques semaines plus tard,

(1) Le roi accordait à cette nouvelle Société tout le commerce dans
l'étendue des pays de la Terre-Ferme de l'Amérique, depuis la rivière des
Amazones jusqu'à l'Orénoque, dans les Antilles françaises, le Canada,
l'Acadie, l'île de Terre-Neuve et les autres îles du Nord, etc., etc.

une barque de soixante-dix à quatre-vingts tonneaux transportait à Gaspée un atelier d'environ quarante ouvriers, dont François Doublet paraît avoir été le contre-maître.

La recherche et l'exploitation des mines du Canada alors attirait particulièrement l'attention de M. Talon. « J'ay eu, écrivait-il de Québec, avec le fondeur envoyé par MM. de la Compagnie, plusieurs conférences sur tout ce que j'avois ramassé en remontant le fleuve de Saint-Laurent... Si le jugement qu'il porte sur ce qu'il a veu est d'un homme expérimenté, il y a de l'or et de l'argent dans les lieux qui produisent ces marcassites. » Il ajoutait qu'il entendait faire de la découverte des minéraux « un point essentiel aux affaires du roi et à l'établissement de la colonie. » Malheureusement là, comme dans d'autres branches de l'administration coloniale, les aptitudes spéciales faisaient défaut. Pendant trois mois, l'atelier de mineurs que Doublet dirigeait, tenta à la côte de Gaspée (1) une exploitation dont on s'était flatté de tirer un grand profit et qu'il fallut abandonner ; la mine ne fournit pas plus de huit à neuf mille livres pesant de plomb. Ce faible produit découragea les mineurs et l'intendant.

L'esprit résolu et persévérant de François Doublet résista néanmoins à ces déboires. Il séjourna encore deux

______

(1) Aujourd'hui comtés de Gaspé et de Bonaventure, bornés par le golfe Saint-Laurent, au nord, et par la baie des Chaleurs, au sud. Vu de la mer, le littoral de la Gaspésie offre à l'œil une série continue de paysages magnifiques. Le sol de la région est montagneux, mais offre néanmoins une quantité considérable de terres fertiles.

années au Canada et il y remplit différentes missions en compagnie des Jésuites, entre autres du P. Chaumonot, puis il revint en France. En 1668, on le voit de nouveau associé d'une compagnie de marchands qui exploitaient le commerce de la côte d'Afrique ; il effectua divers voyages pour le compte de cette Société et s'y employa durant les dernières années de sa carrière.

Nous ne pouvons dire quand celle-ci prit fin. D'après un acte de l'état-civil d'une commune rurale du canton de Honfleur, François Doublet serait décédé avant le 18 mars 1676. Un autre acte ajoute : « aux païs estrangers où il estoit employé au service du roy. » Comme on le voit, ces détails manquent de précision.

François Doublet avait épousé Madeleine Fontaine, suivant accord de mariage consenti le 1er fevrier 1643. Il en eut seize enfants, parmi lesquels on remarque Jean-François Doublet, corsaire et lieutenant de frégate, qui tient une place distinguée dans l'histoire maritime de la Normandie.

XI

Doublet (*Jean-François*), corsaire et lieutenant de frégate, né à Honfleur en 1656 (1), est mort, à Barneville-la-Bertran, le 20 décembre 1728 ; il est inhumé dans l'église de cette paroisse. Il était fils de François Doublet (dont l'article précède) et de Madeleine Fontaine.

En 1663, à l'âge de sept ans et trois mois, il suivit la première expédition organisée par son père, séjourna au Canada pendant deux ans et fut mis au collège des Jésuites à Québec. Il fit ensuite plusieurs voyages à Terre-Neuve, à Santiago, au cap Vert et à l'île Saint-Christophe. Pourvu déjà de solides connaissances nautiques, il entra au service et fut embarqué sur la *Vipère* en 1673, puis sur l'*Alcion*, frégate que commandait le célèbre Jean Bart. En 1675, après avoir suivi les leçons de l'abbé Denis, professeur d'hydrographie à Dieppe, il fut reçu pilote.

L'année suivante, naviguant sur la frégate la *Diligente*, de quatorze canons, Doublet fit plusieurs prises et il se

(1) Au mois de février très probablement, si l'on s'en rapporte à son âge lors de son premier embarquement. Il prit la mer, non point au mois de *février* 1663, ainsi qu'il l'a dit par erreur, mais en *avril* 1663. Il y a lieu de rectifier en ce sens les indications présentées dans le *Journal* de Doublet publié en 1883.

montra un marin consommé. De la paix de Nimègue (1679), à la reprise des hostilités contre la Hollande (1688), il s'adonna au commerce, visita Bilbao, Cadix, les Açores, les Canaries, la côte de Barbarie. Ses voyages, marqués par maintes aventures, prirent fin par le désarmement de son navire à Dunkerque, au mois d'août 1688. Quelques mois plus tard, des armements considérables étaient poursuivis dans ce port, en vue de la lutte depuis longtemps projetée contre la Hollande et l'Angleterre. Alors Doublet commanda la corvette la *Princesse-de-Conti*, puis deux barques longues la *Sans-Peur* et l'*Utile*, avec lesquels il fit plusieurs prises dans la Manche.

Nommé lieutenant de frégate, par brevet du 1er janvier 1693, il reçut, au même moment, le commandement de deux frégates : la *Sorcière* et la *Serpente*. En vue d'Ostende, il captura trois navires anglais, enleva à l'abordage une frégate ou corvette de cent soixante tonneaux, sous le feu des forts de Scarborough, se rendit maître d'une galiote richement chargée, d'une grosse flûte hollandaise et de deux autres navires. Successivement capitaine de la flûte le *Profond* et du corsaire le *Comte-de-Revel* de plus de deux cents hommes d'équipage, Doublet resta en croisière sur les côtes anglaises. Au mois de novembre 1693 et en juillet 1695, il prit part à la défense de Saint-Malo, bombardé par les flottes anglaises. Les années suivantes, on le retrouve en Irlande et sur la côte du Maroc, où il trafique avec les marchands maures, juifs, portugais et espagnols. Au commencement de mars 1698, il partit pour le Canada, en expédition de commerce et de pêche, et, en 1702, pour Saint-Domingue. De retour des Antilles, on l'honora, dit-il, de lui donner le commandement, sur une escadre de quatre vaisseaux de la compagnie royale à destination de la côte de Guinée et de Saint-Domingue. Au cours de cette expédition de traite, Doublet séjourna à la Grenade, au cap Français et à la Havane, en 1704, 1705 et 1706.

Sa carrière de marin se termina par un voyage dans les mers du Sud, lequel dura quarante-deux mois. Parti de Marseille, sur le navire le *Saint-Jean-Baptiste*, le 19 novembre 1707, Doublet, au mois de mai suivant, touchait à l'île de Lancerote (archipel des Canaries), reconnaissait, au mois de mai 1708, les îles de l'Ascension, et relevait l'île Sainte-Catherine (côte du Brésil) en juillet. Après avoir passé à une cinquantaine de lieues du cap Horn, il jetait l'ancre dans la baie de la Conception (Chili), le 20 janvier 1709. Deux ans plus tard, le 22 avril 1711, il était de retour au Port-Louis : son voyage avait duré quarante-deux mois, « sans rencontre d'ennemis et mesme n'avoir couru danger d'écueils qu'une seule fois proche la terre des Patagons 'ny eu aucune grosse tempête. »

Après cette dernière expédition, Doublet résolut de ne plus retourner à la mer. Il passa le reste de sa vie au milieu des douceurs de la famille, tantôt à Honfleur, tantôt dans son petit domaine de Barneville-la-Bertran. C'est sur cette propriété, qu'il tenait de la succession de sa mère et qui, de nos jours, porte encore le nom de *Lieu-Doublet*, que la mort le surprit en 1728. Comme nous l'avons dit plus haut, son corps fut inhumé dans l'église de Barneville.

Jean Doublet avait épousé, en 1692 (1), Françoise Fossart, fille d'un armateur de Saint-Malo ; il en eut plusieurs enfants. Il a laissé de ses voyages des souvenirs dont nous avons donné au public une édition en 1883 ; nous ne connaissons pas de récits plus riches en aventures de toute espèce, à la fois intéressants et amusants, honnêtes et dignes de foi. Doublet, qui fut pour ainsi dire, dès son berceau, un homme de mer intrépide et éclairé, était également doué d'un esprit où à un grand bon sens naturel se joignait une agréable dose d'humour.

(1) Contrat de mariage du 9 octobre 1692, passé à Saint-Malo entre Jean-François Doublet et Françoise Fossart, damoiselle du Pont.

XII

Dupont-Gravé (*François*) figure à la première page de l'histoire du Canada aux côtés de Champlain, et comme personne n'ignore que Champlain fonda l'établissement de Québec au cours d'un voyage préparé à Honfleur, tout ce qui touche sa personne ou celle de ses associés nous intéresse vivement.

François Gravé, sieur du Pont, dit Dupont-Gravé, marin et armateur, naquit à Saint-Malo, dans la seconde moitié du XVIe siècle, vers l'année 1554; il commença dans ce port ses premiers voyages. Il était capitaine pour le roi en la marine du ponant. Nous ne saurions pas surpris quand des opérations commerciales combinées avec Pierre de Chauvin l'auraient attiré à Honfleur dès 1598; il est du moins bien certain qu'il l'accompagna dans la première expédition que celui-ci conduisit au Canada en qualité de lieutenant du roi. On juge que ce fut pour se mettre en état d'étendre ses armements que Dupont-Gravé vint se fixer à Honfleur, où l'on le trouve à demeure avec sa famille depuis l'année 1600 jusqu'en 1628. Son habitation était située dans la Grande-Rue (aujourd'hui dite rue de la Ville), paroisse de Saint-Étienne.

En 1599, Dupont-Gravé obtint d'Henri IV des lettres-patentes qui lui accordaient, — et à son associé Pierre

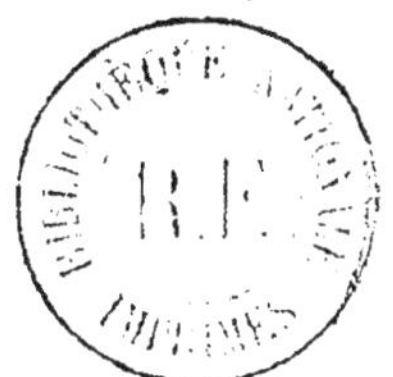

Chauvin, — le privilège en règle de la traite des pelle-teries au Canada. L'année suivante, au printemps de l'année 1600, il fit partie de l'expédition que Chauvin conduisit à Tadoussac en vertu de ce privilège. En 1603, il reçut commission du roi pour diriger la traite de Tadoussac, puis explorer le pays jusqu'au sault Saint-Louis au-dessus de Montréal. La traite, la conversion des sauvages, l'établissement de colons français était la raison des armements qui se poursuivirent alors à Honfleur. On adjoignit Champlain à Dupont-Gravé pour cette expédition, qui mit à la voile le 15 mars. A partir de ce moment, la réunion de deux marins comme Champlain et Dupont-Gravé fut un bonheur pour le Canada; ils consacrèrent leur existence à la fondation d'une colonie sur les rivages de l'Atlantique, puis dans l'intérieur des terres, à Québec.

Dupont-Gravé fit une vingtaine de fois le voyage de Honfleur à Tadoussac, rendez-vous annuel des sauvages et des traitants français. De 1608 à 1627, il parcourut pour ainsi dire chaque année le Saint-Laurent entre les rapides de Montréal et Tadoussac. C'est sur le navire de Dupont-Gravé que les premiers Récollets vinrent au Canada en 1615 ; ces missionnaires partirent de Honfleur sur le *Saint-Etienne*, le 24 avril. Par la suite, Dupont-Gravé paraît avoir séjourné plusieurs années consécutives dans l'habitation de Québec et dirigé la colonie en l'absence de Champlain. Il y commandait durant les hivers de 1616-1617 et de 1619-1620. C'est alors qu'il se créa des sympathies nombreuses parmi les Indiens du haut fleuve. Il était encore à Québec comme principal commis de la traite lorsque Champlain fut obligé de rendre le fort aux Anglais en 1629. L'acte de capitulation porte sa signature. Il fut ramené sur la côte d'Europe par des navires anglais sur lesquels il était prisonnier avec cinquante malheureux colons ; il laissait derrière lui trente années de travaux.

Nous n'avons pu apprendre ni le lieu ni la date du décès de Dupont-Gravé. Mais il suffit de lire les œuvres de Champlain pour voir quel cas il faisait de l'expérience, de l'honorabilité, des conseils de ce marin. Le P. Biard en parle également en termes élogieux. En effet, ce chercheur d'aventures lointaines fut avec Champlain le fondateur de Québec, et en traçant le nom de cette ville on se sent porté à dire que c'est elle qui a été le berceau de la colonisation de la Nouvelle-France et que l'élan imprimé à ce pays par les colons français de l'ancienne France, de la France de Louis XIII, de Louis XIV, de Richelieu et de Colbert, fit surgir par toute la terre d'Amérique de semblables entreprises destinées à porter à travers cette vaste contrée la civilisation, le commerce, l'agriculture et l'industrie.

Après Québec, la cité des Trois-Rivières est la plus ancienne du Canada. Elle est située au confluent du fleuve Saint-Laurent et de la rivière Saint-Maurice, au pied d'un coteau couvert de pins. Elle est le siège d'un évêché catholique. Elle possède une cathédrale très belle, un couvent d'Ursulines, un hôpital, un orphelinat, un séminaire, une académie protestante, etc. Sa population est de cent mille âmes. C'est en ce lieu, sur lequel trois siècles environ ont passé, que s'élevaient les huttes des

Indiens que Dupont-Gravé allait visiter. C'est là qu'il fixa une des premières habitations de la colonie. Les habitants des Trois-Rivières ont donc pensé, non sans raison, qu'ils devaient à sa mémoire une marque de respect, et ils ont donné son nom à l'une de leurs rues.

Dupont-Gravé avait épousé demoiselle Christine Martin, dont le nom figure dans plusieurs actes de l'état-civil de Honfleur, en 1616 et 1618. Il en eut plusieurs enfants : 1° Robert Gravé, capitaine entretenu en la marine, qui effectua plusieurs voyages à la Nouvelle-France et, plus tard, commanda l'un des navires qui fit voile vers les îles de la Sonde avec le capitaine Augustin Beaulieu ; il mourut en mer le 9 novembre 1621 ; 2° Jeanne Gravé, qui épousa Claude Godet des Maretz, officier d'infanterie, capitaine garde-côte en résidence à Honfleur ; il s'embarqua à diverses reprises dans ce port pour suivre son beau-père à Tadoussac, aux Trois-Rivières et à Montréal ; il est le grand-père de Paul de Godet des Marais (ou Maretz), évêque de Chartres ; il décéda avant le 18 décembre 1628 ; 3° une autre fille dont le nom et l'alliance nous sont restés inconnus.

XIII

Férey *(Michel)*, dit Vauchouquet, est le maître des ouvrages du roi, ou en d'autres termes, l'ingénieur maritime qui a, en partie, construit les quais et les jetées du vieux port du Havre, en 1517-1524. Il est intéressant de lui donner place ici à cause de la part qu'il a prise à la création de la ville la plus florissante des côtes normandes. Les historiens havrais ne paraissent point avoir connu sa famille, dont ils citent cependant plusieurs membres parmi les notables bourgeois de l'ancienne cité. C'est un Jean Férey, sieur du Vauchouquet, qui commandait le cortège de gala organisé pour l'entrée de Henri II au Havre, en 1550.

Le Michel Férey, dit Vauchouquet, qui a fait l'objet de nos recherches, est d'origine honfleuraise, et si sa famille est restée inconnue jusqu'à présent, c'est que les adjudications, procès-verbaux ou quittances touchant la fondation du Havre ne le désignent que par un surnom, celui de Vauchouquet (1). Cet ingénieur prenait, en effet, le nom d'un fief nommé le *Val-Chouquet* ou *Vau-Chouquet*, situé aux portes de Honfleur, sur la paroisse de Vasouy. C'est la ferme bien connue dite *Le Butin*, à laquelle une autre famille a laissé son nom (2). Il n'est

(1) Voyez *Documents relatifs à la fondation du Havre*, p. 8, 25, 27, 31, 57, 71, 85, 97, 241, 244, 320, 323, 332, 333, 340, 370, 372.

(2) Par suite du mariage de Françoise Férey, fille de Jean Férey, avec Noël du Butin (contrat reconnu le 9 juin 1586.)

pas nécessaire que nous nous étendions à donner les preuves de cette possession de la terre du Val-Chouquet, on peut consulter les aveux réunis aux archives municipales. Nous nous contenterons de remarquer qu'il fallait que le succès des travaux précédemment exécutés sous sa direction fût bien établi pour qu'on adjugeât à Michel Férey l'exécution d'une grande partie des ouvrages du port du Havre, le 4 mars 1517.

Mais, dans le même temps, Michel Férey obtenait du vice-amiral Guyon Le Roy la concession d'une certaine quantité de terre, l'une des cent quarante premières places qui furent fieffées sur le sol où devait s'élever la ville du Havre. Il se fit là un patrimoine en songeant à l'avenir. Le terrain qu'il choisit était un des plus avantageusement situés, à proximité du port, non loin de la jetée du sud. Sur cette place, il édifia une maison que font connaître plusieurs pièces se rapportant à l'année 1523. Dans ce moment même, il obtint une seconde concession, à l'ouest du port, près de la rue Saint-Michel, aujourd'hui rue de Paris. C'était en l'année 1524. Le grand quai du Havre compta bientôt une hôtellerie de plus, à l'enseigne de la *Salamandre*, ce fut celle que Michel Férey, dit Vauchouquet, fit construire pour y transporter son domicile. On a conservé le souvenir qu'en la maison du « seigneur » de Vauchouquet se logea, au mois de septembre 1532, un magistrat considérable de Rouen, le garde des sceaux René de Becdelièvre. L'emplacement de ce logis appartenait encore, en 1574, au petit-fils de Vauchouquet.

On ne peut douter que les travaux de Michel Férey ne

l'aient fait classer parmi les bons ingénieurs de son temps.

Après avoir terminé heureusemant la construction des quais et des jetées du Havre, il fut appelé à Caen par François Ier pour diriger les travaux de l'Orne, dont la navigation présentait des difficultés. Des lettres patentes du 4 juillet 1531 autorisèrent ces ouvrages d'amélioration. « Un surnommé Vauchouquet, pilote de mer, fort ingénieux, de la ville de Honnefleur, dit M. de Bras, fut conducteur de l'œuvre, que l'on commença au mois de septembre audict an 1531, et fut parfait viron la my-octobre ensuyvant. »

Michel Férey est mort avant l'année 1536 ; sa carrière de maître des œuvres du roi avait été bien remplie. Il laissa deux fils nommés René Férey et Jean Férey, qui ne nous sont connus que comme capitaines de navires ; ils firent plusieurs voyages au Brésil en 1549 et les années suivantes. Il y a lieu de croire que leurs descendants ont vécu au Havre jusqu'à la fin du xviie siècle.

XIV·

Gonneville (*Binot Paulmier* ou *Le Paulmier de*). De toutes les questions soulevées jusqu'ici par les voyages maritimes qui ont eu lieu depuis la découverte du nouvel hémisphère, il n'en est pas une seule peut-être qui ait fait naître des controverses aussi longues que la question du voyage de Binot-Paulmier, en 1503. Mais personne ne dénie la réalité de l'expédition. C'est, — ne l'oublions pas, — le premier voyage des Français au Brésil qui ait laissé des traces dans l'histoire. On peut dire que c'est le seul jusqu'à présent, car il s'est élevé des doutes très fondés contre l'authenticité du voyage du dieppois Jean Cousin, lequel ne serait même pas originaire de Dieppe, mais bien de Honfleur (1).

Quant au voyage de Paulmier de Gonneville sur le navire l'*Espoir*, du port de Honfleur, tous les épisodes en ont été étudiés plusieurs fois, notamment par le savant géographe d'Avezac, qui en a publié la relation originale à laquelle le lecteur voudra bien se reporter (2). On se bornera à faire observer que l'expédition de Binot Paulmier a cela de remarquable et de propre à exciter la curiosité qu'elle permet de présumer deux voyages : l'un,

(1) Ch. de la Roncière, *Les Navigations françaises au XV° siècle*, dans le *Bulletin de Géographie hist. et descriptive*, année 1895, n° 2, p. 196-200.

(2) *Annales des Voyages*, juin et juillet 1869.

du 24 juin 1503 au 6 janvier 1504, soit cent quatre-vingt-onze jours de navigation ; l'autre, du 3 juillet au 10 octobre 1504, soit cent autres jours de mer. L'un de ces voyages le conduisit au Brésil, c'est incontestable ; sur quelles côtes inconnues le conduisit l'autre ? Plusieurs personnes sont d'avis qu'il y a sur ce point une difficulté non encore résolue. Nous n'avons point l'intention de reprendre le récit d'une expédition célèbre dans les annales maritimes de la Normandie. Mais la chronique a toujours fait faûsse route au sujet du nom patronymique, de la qualité et de la famille de ce marin. C'est à ces erreurs et à ces lacunes que nous allons essayer de porter remède, en nous servant d'informations d'une authenticité certaine, puisées dans les registres d'état-civil, les minutes des tabellionages et les archives communales de la ville de Honfleur (1).

Binot Paulmier, dit vulgairement le capitaine Gonneville, semble n'avoir laissé aucun souvenir que la relation publiée, pour la première fois en entier, dans les *Annales des Voyages* par le savant dont nous avons cité le nom plus haut (2). C'est ce document qui a fourni à son éditeur quelques indications généalogiques ; encore intéressent-elles plutôt la descendance de Gonneville que sa filiation ou sa parenté. Le chanoine de Lisieux, Jean Paulmier de Courtonne, qui se flattait d'appartenir à la famille du navigateur normand, est lui-même à peu près

(1) L'article qui suit a paru dans le *Bull. de la Soc. de l'Histoire de Normandie,* IV, 45-54.

(2) *Annales des Voyages,* juin et juillet 1869. Voyez aussi le *Bulletin de la Société de Géographie,* t. XIV, p. 89 à 356.

muet sur cette famille. Il se contente, en effet, de dire dans l'épître dédicatoire de son *Mémoire* qu'il est le petit-fils de l'Indien ramené en France sur le navire l'*Espoir ;* remarquons au passage qu'il aurait dû dire son arrière-petit-fils. Flacourt, le colonisateur de Madagascar, est le seul écrivain qui rapporte des renseignements assez exacts pour permettre de reconnaître parmi les familles normandes, celle à laquelle Gonneville appartenait authentiquement. Cependant il convient d'ajouter que la dénomination d'un fief donnée incorrectement dans son ouvrage (1), reproduite d'une manière non moins inexacte par le président de Brosses (2), altérée même sur les cartes dans les dictionnaires modernes, a égaré nos recherches pendant quelque temps. Voici, sans autre préambule, ce que nous savons de la famille du navigateur Gonneville, à qui nous conservons le nom consacré par l'usage.

Sa famille était celle des Le Paulmier, qu'on trouve fixée à Honfleur, dans la circonscription de la paroisse Saint-Etienne, dès les premières années du xve siècle (3). La mention la plus ancienne qu'on rencontre de cette famille est dans un acte de l'année 1421, par lequel Henri V d'Angleterre déposséda de ses biens un Guillaume

(1) *Relation de la grande isle de Madagascar*, p. 465, 466.

(2) *Histoire des navigations aux terres australes*, p. 120.

(3) Son nom est indifféremment écrit avec ou sans l'article dans les documents du xvie siècle : *Le Paulmier* ou *Paulmier ;* mais toutes les pièces de l'époque antérieure reproduisent l'article.

« *Paulmiers,* dit Lacurne de Sainte-Palaye, sont pellerins jadis nommez ainsy pour les *paulmes* ou *palmes* qu'ils rapportoient en tesmoignage d'avoir esté en Judée. »

Le Paulmier, bourgeois de Honfleur, lequel avait sans doute refusé de reconnaître le nouveau maître (1). On ignore si ce Le Paulmier rentra plus tard en possession de sa maison « aboutant sur la rue qui conduisait du cimetière Notre-Dame à la porte de la ville ». Ce qui est certain, c'est que le même Guillaume Le Paulmier avait transporté son habitation dans la banlieue, sur une paroisse rurale, celle de Gonneville, et qu'il y résidait en l'année 1457. Ce fait ressort de l'inscription de son nom précédé d'une date et suivi du lieu de sa demeure dans le registre de la confrérie de Charité que l'on conserve à l'Hôtel-de-Ville de Honfleur. Le rameau des Le Paulmier qu'il représentait se trouva donc établi en la paroisse de Gonneville, de même que d'autres branches des Le Paulmier prirent leur résidence sur des paroisses circonvoisines : nous le verrons plus loin. Selon toute évidence, Binot Paulmier ou Le Paulmier appartenait à ce premier rameau, et, pour savoir exactement le fief, la terre ou la ferme possédée ou par lui ou par sa famille, il suffit de faire usage, en les rectifiant légèrement, des indications que Flacourt fournit : « Binot Paulmier dit le capitaine de Gonneville, était de la famille des seigneurs du *Buschet*, fief et seigneurie dans la paroisse de Gonneville-lez-Honfleur (2). » Or, en changeant le mot *Buschet* mal

(1) *Collection Bréquigny*, t. L, fº 210. « Willelmus Driby habet tenementum quondam Willelmi Paumier infra villam regis de Honneflieu, etc. »

(2) *Relation de la grande isle de Madagascar*, p. 465. Cette indication est la seule qui nous ait été conservée. Mais alors s'est présentée la question de déterminer authentiquement de quelle seigneurie Flacourt a entendu parler et de connaître la famille qui possédait ce fief au temps où vivait Binot-Paulmier. Nous croyons avoir apporté quelque lumière sur ces deux

orthographié en celui de *Bucquet,* qui est le nom d'un fief bien connu, situé sur la paroisse de Gonneville, on arrive sans effort à indiquer avec précision la terre et la famille d'où est sorti le navigateur normand du xvie siècle. Au lecteur que la rectification ci-dessus étonnerait nous nous permettrons de répondre que la même rectification devrait être opérée, non plus dans le livre de Flacourt paru en 1661, mais dans le *Dictionnaire topographique du département du Calvados,* publié en 1883 par le ministère de l'Instruction publique. On lit, en effet, dans cet ouvrage, à l'article Gonneville-sur-Honfleur, p. 129 : « Huitième fief du *Bousquet* tenu de la baronnie de Blangy, autrefois fief dit de *Mannetot* ». Ces lignes contiennent une double erreur : le mot *Bousquet* est la dénomination fautive du fief du *Bucquet,* dont le nom a la signification de petit bois ; quant au fief de *Mannetot,* il est situé dans le canton de Mézidon.

Il est prouvé ainsi que l'assertion de Flacourt est exacte, à savoir qu'il a existé dans la paroisse de Gonneville-sur-Honfleur un fief nommé le Bucquet. Nous pensons également pouvoir démontrer que ce domaine est sorti des mains des Paulmier ou Le Paulmier au commencement du xvie siècle.

Dans la paroisse de Bosguérard (arrondissement de Pont-Audemer), il existait dès le xiiie siècle une famille considérable qui en possédait une assez grande étendue, qui en fit sa résidence principale pendant cinq siècles au moins et ne prit que tardivement le nom de la seigneu-

points, en substituant des faits clairs et exacts à des renseignements incomplets.

rie (1). C'était la famille de Bellemare, qui posséda encore la seigneurie de Duranville (arrondissement de Bernay) et dont une branche se trouvait établie dans la vicomté d'Auge, au temps où vivait Binot Paulmier, sous le règne de Louis XII. Les documents du cabinet des titres font connaître un Jean de Bellemare, écuyer, lieutenant du bailli de Rouen en la vicomté d'Auge aux années 1489, 1493 et 1509 (2). Ce magistrat eut pour enfants : Jean, Louis, Rolland et Marie de Bellemare, mariée en 1488. On n'a rencontré nulle part le nom de sa femme, mais le premier seigneur de la famille de Bellemare que l'on trouve possédant le fief du Bucquet est un des fils de ce même Jean de Bellemare, Rolland de Bellemare, cité dans la *Recherche des nobles de la généralité de Rouen*, ainsi que sa femme, Louise Le Paulmier (3). Or, il y a lieu de supposer que c'est du chef de Louise Le Paulmier, héritière d'un Paulmier ou Le Paulmier resté inconnu, que le fief du Bucquet est parvenu aux de Bellemare, du vivant même de Binot Paulmier, le navigateur dont il est ici question. Un contrat d'échange consenti le 31 juillet 1670 par Ambroise de Bellemare fit passer ce fief à Charles Thierry, conseiller du roi, contrôleur des tailles en l'élection de Pont-l'Évêque, représentant à Honfleur les affaires des intéressés de la compagnie d'Occident (4); il appartint à ses héritiers jusqu'à la Révolution.

Si rien ne nous instruit du degré de parenté qui unis-

---

(1) A. Le Prevost, *Mém. sur le dép. de l'Eure*, t. III, p. 106.
(2) Carrés de d'Hozier, vol. 80. — Mss., fonds français, 26013, n° 951.
(3) Mss., fonds français, 16898, fol. 244 verso.
(4) Minutes du tabellionnage d'Auge, 15 mai et 14 juin 1680.

sait le Guillaume Le Paulmier, fixé à Gonneville-sur-Honfleur en l'année 1457, et Binot Paulmier ou Le Paulmier, le navigateur dont il s'agit, il est sûr que ce dernier était issu d'une famille en possession du fief désigné dans les lignes qui précèdent.

L'étude des pièces originales et l'ensemble des faits nous ont conduit à formuler la conjecture suivante. Dans le registre de la confrérie de la Charité, fondée en l'église Notre-Dame de Honfleur, en l'année 1457, et qui comptait l'année même de sa fondation plus de quatre cents membres, on lit plusieurs noms qui méritent d'être relevés, tels sont ceux de Thomas Basin, évêque de Lisieux, Guillaume Cousinot, bailli de Rouen, Louis de Bourbon, amiral de France, « madame Jehanne de France, admiralle, » Louis de Harcourt, évêque de Bayeux, etc. Mais parmi ces noms brillants, il en est un plus modeste qu'aucune qualification n'accompagne et qui ne nous en a pas moins frappé. C'est celui de *Robinet Le Paulmier*, simple frère servant de la confrérie en l'année 1468 et échevin de ladite confrérie, dix années plus tard, en 1478. Quoique ces indications soient très succinctes, elles nous permettent de dire qu'à nos yeux l'échevin de la confrérie de la Charité, *Robinet Le Paulmier* et *Binot Paulmier de Gonneville* sont la même personne. Nous fondons notre opinion sur deux raisons : la première, c'est que la confrérie de la Charité réunissait tous les membres connus de la famille Le Paulmier (1) et qu'il est naturel de pen-

_____

(1) « Cy ensuivent les frères et seurs rendus durant l'année : 1457, Guillaume Le Paulmier ; 1468, *Robinet Le Paulmier* ; 1471, Richard Le Paulmier ; 1478, *Robinet Le Paulmier*, eschevin de la confrairie ; 1489,

ser que le capitaine Gonneville avait, comme sa parenté, son rang dans l'association ; la seconde raison, c'est que le prénom *Binot* porté par notre marin est une forme populaire, analogue à *Binet*, des surnoms *Robinet* et *Robineau*.

Comme nous l'avons dit précédemment, les rameaux des Le Paulmier s'étaient répandus dans la banlieue de Honfleur. Les pièces qui ont passé devant nos yeux ne donnent ni la généalogie de ce Guillaume Le Paulmier, retiré en sa terre du Bucquet, ni celle de Binot Paulmier. Il n'en est pas de même pour les autres branches établies à demeure dans d'autres hameaux. C'est ainsi que divers documents nous apprennent que Richard Le Paulmier, qui fut contrôleur et procureur de l'amiral Louis de Graville, et vivait à Honfleur, paroisse Saint-Etienne, en l'année 1460, acheta de Robert de Prestreval, prêtre, curé de Fatouville (1), le fief de Meautrix, situé sur la paroisse de Barneville-la-Bertran, suivant le contrat de l'année 1479 (2). La descendance de Richard Le

Durant Le Paulmier, frère servant ; 1508, Anthoine Le Paulmier, fils de Durant ; 1510, Robin Le Paulmier ; 1513, Jehan Le Paulmier ; 1530, Nicolas Le Paulmier, escuier. » Parmi ces frères et sœurs, nous signalerons d'autres noms de gentilshommes et de marins, ce sont ceux de : Jacques de Chambray, écuyer ; Georges Gannyrey, contrôleur de la marine en 1508 ; Guillaume Hamelin, vivant en 1457 ; Guillaume Doublet, en 1514 ; *Jean Denis*, bourgeois de Honfleur, demeurant à la Rivière-Saint-Léonard, lequel est sans doute le marin qui a découvert une partie de l'île de Terre-Neuve.

(1) Fatouville, canton de Beuzeville, arrondissement de Pont-Audemer, département de l'Eure.

(2) Ce Richard Le Paulmier, sieur de Meautrix, était décédé avant le 1er janvier 1493, d'après des lettres de Charles VIII, aux archives municipales de Honfleur.

Paulmier se fixa sur cette terre et elle y vécut pendant deux cents ans. Elle s'y éteignit dans la personne de damoiselle Avoye Le Paulmier, épouse de Jacques de Bautot, écuyer, sieur de la Rivière, lieutenant de roi au gouvernement de Honfleur (1).

Un autre rameau de la famille Le Paulmier habitait le fief de Saint-Nicol, autrement dit de Saint-Nicolas-du-Val-de-Claire. Différents actes de l'année 1501 font connaître Artus Le Paulmier, écuyer, sieur des fief, terre et seigneurie de Saint-Nicol, comptés pour le huitième d'un fief de haubert, et qui étaient tenus de la baronnie et vicomté de Faulxguernon. Cinquante-six années après, les héritiers d'Artus Le Paulmier étaient encore en possession du fief de Saint-Nicol, mais leur lignée masculine s'éteignit vers 1560. Le fief alors passa à Hélie Chauldet, capitaine entretenu en la marine, dont la fille Jeanne Chauldet épousa, suivant contrat du 15 octobre 1574, Jean de Brèvedent, conseiller du roi au siège présidial de Rouen.

Recherchées dans les anciens titres des fiefs de la vicomté d'Auge, la filiation et la parenté du capitaine Gonneville se rattachent à trois branches d'un même arbre :

1° Branche des Le Paulmier (du Bucquet), paroisse de Gonneville-sur-Honfleur;

2° Branche des Le Paulmier (de Meautrix), éteinte dans la seconde moitié du XVIIe siècle ;

(1) Aveux de l'année 1489 à l'année 1684, trente-cinq pièces originales aux archives municipales de Honfleur.

3° Branche des Le Paulmier (de Saint-Nicol), dont on perd la trace dès l'année 1560.

Ceci dit, nous arrivons à la qualification de « sieur de Gonneville », attribuée à tort au navigateur normand par divers écrivains (1).

Les faits les plus connus, et qu'il est impossible de révoquer en doute, nous prouvent que la seigneurie de Gonneville-sur-Honfleur n'a jamais appartenu ni à Binot Paulmier ni à sa famille. Il s'en suit nécessairement l'impossibilité absolue de faire suivre son nom d'un titre qui revenait de droit aux possesseurs de la seigneurie de Gonneville ; il s'en suit d'autre part que la particule *de* qui figure dans la dénomination par laquelle il est connu, exprime un rapport de lieu, d'origine, et non de possession. Les documents abondent en effet pour montrer que, depuis les XIVe et XVe siècles, les fief, terre et sieurie de Gonneville-sur-Honfleur ont été possédés par l'abbé de Saint-Evroult, les familles de Thieuville, Féron de Prestreville et de Courseulle.

Ce fut vers l'année 1450 que la terre et la seigneurie de Gonneville furent acquises par Durand de Thieuville, dont le nom figure dans l'acte de capitulation réglant les conditions de la reddition de la ville de Honfleur à Henri V d'Angleterre, le 25 février 1418 (1419, n. s.). Ce Durand de Thieuville était contrôleur au grenier à sel en 1424, lieutenant particulier des vicomtes d'Auge

---

(1) De Brosses, *Hist. des navigations aux Terres australes*, p. 102. — De Saint-Amand, *Lettres d'un Voyageur à l'embouchure de la Seine*, p. 107. — Labutte, *Essai hist. sur Honfleur*, p. 296. — Thomas, *Hist. de Honfleur*, p. 57. — Margry, *les Navigations françaises*, etc., p. 151, 156.

et de Pont-Audemer en 1429, 1435 et 1440 (1). Après lui, on trouve, dans une donation faite à la charité de Notre-Dame et Saint-Léonard de Honfleur, noble homme Richard de Thieuville, écuyer, seigneur de Gonneville, de Crémanville et de la Haye-Bertran, vivant en 1417 (2); Jacques de Thieuville vivant en 1493.

Des de Thieuville, la terre de Gonneville passa à François Féron de Prestreville, qui bailla son état de noblesse aux Elus de Lisieux en l'année 1540 et céda ladite terre, par contrat d'échange du 17 janvier 1569 (3), à Jacques de Courseulle, qualifié de sieur de Gonneville, d'Ailly, Saint-Cristophe Crémanville, Saint-Evroult, la Haye-Bertran et Moulineaux. De ses héritiers nous connaissons : François de Courseulle, écuyer, seigneur de Gonneville et d'Ailly, marié à Diane de Ghislain; Louis de Courseulle, seigneur de Gonneville, marié à Catherine de Limoge, décédé en 1684 ; Louis Benjamin de Courseulle ; Alexandre de Courseulle ; et enfin Jean-Baptiste de Courseulle, écuyer, chevalier de l'ordre du roi, seigneur des fiefs, terres et sieuries de Gonneville-sur-Honfleur, Lépiney, la Haye-Bertran, Quetteville, Moulineaux et autres lieux.

Sans nous étendre plus longuement sur des détails un peu arides, il nous semble prouvé qu'il n'y a point place pour Binot Paulmier ni pour les siens parmi les possesseurs de la seigneurie de Gonneville. On peut faire la

(1) Bibl. nat., mss. fonds français, nᵒˢ 26053, 26059, 26067.

(2) Arch. munic. de Honfleur, carton affaires ecclésiastiques, pièces du 28 décembre 1477.

(3) Minutes du tabellionnage d'Auge; inventaire du 27 octobre 1684.

même remarque au sujet de ce pauvre baron de Gonneville qui, profitant d'une analogie de nom, tirait de soi-disant papiers de famille la généalogie bouffonne des Arosca, rois des Terres Australes, afin d'avoir sa part des gratifications et pensions royales (1). Ils se sont donc trompés les écrivains qui ont cru ramener le navigateur normand à une origine nobiliaire en le dénommant Binot Paulmier de Gonneville. La particule *de* suivie d'un nom de lieu ne signifie rien ; elle ne confère pas la noblesse ; la qualification seule peut dire si l'on figure parmi les gentilshommes. En outre, elle suppose devant, soit un titre, soit un nom de personne, de sorte que lorsque le nom est supprimé le *de* doit disparaître. C'est pour se conformer à cette règle qu'on doit dénommer le marin qui nous occupe soit Binot Le Paulmier ou Paulmier de Gonneville, soit Gonneville tout court, en souvenir du lieu d'où il tire son origine. Toute autre dénomination nous paraît vicieuse.

Nous ajouterons l'information suivante pour clore ces lignes. On sait que l'abbé Jean Paulmier Courtonne était l'arrière-petit-fils de l'indien Essomeric, amené du Brésil en France par le capitaine de Gonneville. Or, il existe à Lisieux, place Le Hennuyer, un ancien logis canonial près de la porte duquel se voit gravée dans la pierre l'inscription qui suit :

(1) Les archives de la marine possèdent cinq lettres du baron de Gonne-ville, datées des 23 mars, 30 avril et 19 mai 1783, 28 octobre 1786 ; 1ᵉʳ septembre 1789. Ce personnage était peut-être de vieille race normande, mais il n'était certainement pas issu de la famille de Binot Paulmier, à laquelle le titre « de Gonneville » n'appartenait pas. Il existe, d'ailleurs, en Normandie, sept localités du nom de *Gonneville*.

ETIAM NIGER IN PURITATE
CONSTANS CORONATUR.

Plusieurs de nos amis pensent, et nous partageons leur sentiment, que c'est le chanoine Jean Paulmier qui a rappelé dans cette sentence l'origine étrangère de sa famille.

XV

Hamelin *(Emmanuel)*, contre-amiral (1). A Honfleur, sur une place voisine de l'ancien havre des passagers, à peu de distance de la porte de Caen, une table de marbre commémorative indique la maison où Jacques-Félix-Emmanuel Hamelin naquit le 13 octobre 1768. Ce marbre a été placé le 20 septembre 1841 par les soins et aux frais d'un particulier. On a ainsi rendu un juste hommage à l'un des marins les plus importants et les meilleurs que la Normandie ait produits. Si ce vaillant et intelligent officier général a été laissé au second rang, il y a lieu d'en marquer son étonnement ; s'il est moins connu que d'autres marins de l'époque, il est tout aussi digne de l'être. On en jugera par la biographie que nous lui consacrons.

Emmanuel Hamelin était fils de Jean-Baptiste Hamelin et de Françoise-Marie-Catherine Duval. Les documents municipaux attestent l'ancienneté de sa race, qui a donné de nombreux sujets à la marine du commerce. Ainsi, sa famille est inscrite dès l'année 1457 sur les registres des

(1) Enseigne de vaisseau, le 1er juillet 1793. Lieutenant de vaisseau, le 3 septembre 1794. Capitaine de frégate, le 14 novembre 1796. Capitaine de vaisseau, le 15 septembre 1803. Contre-amiral, le 15 septembre 1811. Major général à Toulon, en 1818. Grand officier de la Légion d'honneur, le 23 août 1823. Baron de l'Empire, le 19 juillet 1811.

confréries qui ont existé sur la paroisse Notre-Dame de Honfleur : on y lit les noms de Guillaume Hamelin l'ancien et de Guillaume Hamelin le jeune. A l'époque postérieure, sous les règnes de Henri II et de Charles IX, les Hamelin siégeaient dans les assemblées communales en qualité de syndics, d'échevins et de conseillers : tels étaient Pierre Hamelin, Michel Hamelin et Henri Hamelin, bourgeois de Honfleur. Il y a donc plus de quatre siècles que le nom d'Hamelin apparaît pour la première fois.

Vers l'année 1776, le père du contre-amiral Hamelin avait acheté un office de chirurgien-barbier du roi ; son brevet est du 23 juin 1776 ; il y est qualifié de greffier en la communauté des maîtres en chirurgie. L'acquisition d'une modeste propriété voisine de la forêt de Touque lui avait permis d'arrondir son nom et de s'appeler Hamelin des Essarts. Mais il faut croire que son fils se montra de bonne heure fatigué de la préparation des simples dans l'officine paternelle, car après avoir suivi quelques études sans trop d'intérêt, il se fit marin faute de mieux. Un voisin, le capitaine Bouté, le prit à son bord, l'initia aux pratiques de la navigation, et, comme à cette époque le commerce de la traite florissait, il le conduisit aux comptoirs de la côte d'Angola durant cinq années. Entre temps il navigua au cabotage sur les côtes de Normandie et de Bretagne, avec le capitaine Julienne, issu d'une vieille souche honfleuraise. C'est peut-être à ses premiers voyages dans la Manche qu'il faut attribuer le désir qu'il manifesta plus tard d'obtenir un commandement dans cette mer, et les succès qu'il y obtint.

Passé matelot-timonier sur le *Triton* en 1788, son mérite personnel, ses goûts sérieux, son port grave, sa figure énergique et méditative, sa raison déjà mûre ne tardèrent pas à attirer l'attention de ses supérieurs. Le commandant Motard (1) qui montait le *Triton* et qui devait à ses actions d'éclat l'insigne faveur d'avoir reçu une commission d'officier, l'appela à l'honneur de donner des leçons de navigation théorique aux volontaires, aux élèves de la marine et aux pilotins de son âge placés sur le même vaisseau et subordonnés au maître d'équipage, au maître pilote et au maître canonnier. Il se trouvait ainsi, grâce à la protection du commandant, en mesure de briguer un emploi de sous-lieutenant de vaisseau ou d'obtenir le commandement d'un navire de commerce s'il préférait la carrière de la marine marchande. L'altération de sa santé fut un obstacle à la réalisation de ses espérances. Pourvu d'un congé qui se prolongea plus d'une année, Hamelin revint à la maison paternelle, puis il reprit les voyages à la Côte d'Or et au Cap Français, sur les navires la *Jeune-Mina*, l'*Aimable-Dorothée* et sur l'*Eléonore*. L'expédition qu'il fit avec ce dernier bâtiment négrier, du 2 avril 1791 au 11 juillet 1792, fut la dernière qui le conduisit aux marchés d'esclaves de la côte d'Afrique.

Vers la fin de l'année 1792, Hamelin quitta le rude apprentissage auquel il venait d'être soumis; il s'embarqua de nouveau sur les vaisseaux de l'État. Peut-être alors céda-t-il moins au désir de poursuivre sa carrière qu'aux

(1) François Motard, capitaine de vaisseau en 1792.

ordres du ministre, au moment où la République recrutait une armée de matelots pour ses deux flottes de la Méditerranée et de la Manche. Quoi qu'il en soit, nous retrouvons Hamelin timonier sur le vaisseau l'*Entreprenant* commandé par son compatriote le capitaine Thirat et mouillé sur la rade de Brest.

Il est inutile de rappeler ici les événements qui amenèrent la déclaration de guerre à la Hollande le 1er février 1793. Il suffit de savoir qu'au milieu de la conjuration générale concertée contre la France et qu'aux premiers bruits de guerre une escadre avait été rassemblée à Brest; l'*Entreprenant* en faisait partie. Ce fut sur ce vaisseau, où il figurait en premier lieu dans les rangs subalternes, puis dans l'état-major en qualité d'enseigne, qu'il assista au bombardement d'Oneille, à l'expédition de Naples, au siège de Cagliari et à l'occupation de Toulon par les Anglais. C'était là le commencement d'une terrible lutte de plus de vingt ans et le moment d'événements plus terribles encore. C'est l'époque où l'émigration laissait presque tous les vaisseaux sans officiers, où les dilapidations privaient les escadres de munitions et de vivres, où pour la marine l'anarchie était universelle. Pendant ses croisières de Brest à Toulon et son séjour sur les côtes de la Sardaigne, Hamelin put voir ce qu'étaient les nouveaux états-majors et, comme il avait connu les anciens, les juger. Il fit également connaissance avec les procédés rigoureux de la Convention, trop encline à voir des traîtres là où il n'y avait que des officiers malheureux ou inexpérimentés. A son retour à Brest, au mois d'octobre 1793, Hamelin fut jeté en prison ainsi que les autres officiers de l'*Entreprenant*. Les représentants du peuple entendaient leur demander compte de leur conduite dans le port de Toulon.

La détention d'Hamelin ne dura que quelques jours; il embarqua sur la frégate la *Proserpine* armée pour une croisière dans l'Océan. En quelques semaines cette frégate captura un grand nombre de bâtiments ennemis et s'empara de la frégate hollandaise la *Vigilante*. Au mois de mai, elle était ralliée à la flotte sortie de Brest avec l'ordre de croiser pour attendre le convoi d'Amérique. Hamelin prit part ainsi aux combats des 28 et 29 mai et 1er juin 1794, connus sous le nom de bataille du 13 prairial, combats livrés par l'armée navale de l'Océan sous les ordres de Villaret-Joyeuse. Durant cette action, « une des plus mémorables dont l'Océan ait été le témoin », Hamelin était chargé des signaux sur le vaisseau-amiral la *Montagne*, à bord duquel se trouvait le représentant Jean-Bon-Saint-André. On sait que dans le combat du 13, la ligne française ayant été coupée, la *Montagne* fut enveloppée par six vaisseaux anglais dont elle parvint à se faire abandonner après avoir ouvert contre eux un feu terrible. Au même combat se rattache le souvenir de la glorieuse défense du vaisseau le *Vengeur* (1).

Devenu lieutenant de vaisseau le 3 septembre 1794, Hamelin passa sur la *Minerve* et se distingua aux combats livrés par l'escadre du contre-amiral Martin aux vaisseaux de l'amiral Hotham. Sur la même frégate, il prit part à la

---

(1) Voir sur la bataille du 13 prairial le récit du commandant Troude (*Batailles navales*, t. II, p. 328).

capture du *Berwick* de quatre-vingt-deux canons (1), lequel, à l'approche des bâtiments français, avait tenté inutilement de se jeter à la côte le long du cap Corse et avait finalement amené son pavillon après avoir été chassé et fortement endommagé par la frégate l'*Alceste* (2). Dans cette action, Hamelin reçut une grave blessure qui l'éloigna du service pour quelque temps. Aussitôt guéri, il reçut l'ordre d'embarquer sur la prise, c'est-à-dire sur le *Berwick* déjà pourvu d'un état-major et d'un équipage français et incorporé dans l'escadre aux ordres du contre-amiral Richery. Cette escadre était destinée à une expédition contre les colonies anglaises (3).

Elle était mouillée sur la rade de Toulon lorsque parvint à l'amiral l'ordre de mettre sous voiles pour rallier la division Thévenard et opérer de conserve dans la mer des Antilles. Les instructions du Directoire exécutif traçaient le plan d'une double opération. La première consistait à attaquer les Anglais dans les parages de la Jamaïque et à dévaster cette île : « Il faut que cette colonie, écrivait le ministre, ne soit plus écrite sur le catalogue des colonies à sucre. » L'autre opération, à en croire les mêmes instructions, devait être aussi énergique.

(1) Le *Berwick* fut pris par l'*Alceste* que commandait le lieutenant de vaisseau La Joille. A la suite de cette prise, pour récompenser l'intrépidité du commandant français et l'habileté de son équipage, le lieutenant La Joille fut promu au grade de capitaine de vaisseau.

(2) Arch. de la Marine, *Campagnes,* procès-verbal du 7 mars 1795.

(3) Voici sa composition : la *Victoire,* vaisseau de quatre-vingt-six canons ; le *Jupiter,* le *Barras,* le *Berwick,* la *Révolution,* le *Duquesne,* vaisseaux de soixante-quatorze canons, et les frégates la *Félicité,* l'*Embuscade* et la *Friponne.*

Il s'agissait de détruire les pêcheries de Terre-Neuve, « et d'effacer cette île du nombre des possessions anglaises (1). »

De telles résolutions témoignaient de plus d'emportement que de raison. Les correspondances ministérielles de ce temps, lesquelles nous introduisent dans les côtés secrets des événements, nous montrent une marine en pleine décadence. Nos équipages n'étaient pas plus en mesure de dévaster les colonies anglaises que de lutter, malgré leur bravoure, contre les escadres de lord Howe, de l'amiral Hotham et de Nelson.

Mais la grande question du moment était de combattre sur mer l'Angleterre. Le Directoire n'écoutait en cela que son désir, loin de mesurer ses forces, loin de se rendre compte du désordre qui existait sur nos vaisseaux; d'ailleurs, le résultat des expéditions hardies conçues alors fut décisif.

Forte de cinq vaisseaux, trois frégates, deux corvettes et un aviso, la division Richery exécuta sans tarder l'ordre de prendre la mer. Elle mit sous voiles, quitta Toulon, longea les côtes d'Espagne sous prétexte de capturer les croiseurs ennemis et vint mouiller en rade de Cadix au lieu de gouverner vers Brest où elle était impatiemment attendue. On était au mois de février 1796, et malgré les pressantes sollicitations du ministre, le contre-amiral Richery n'avait point songé à quitter son mouillage au mois de mai suivant quoiqu'il eût l'ordre de se rendre aux Iles sous le Vent (2). Sa conduite restée sans expli-

(1) Arch. de la Marine, *Campagnes*, 1796.

(2) Parmi les contrariétés et les embarras que rencontra le contre-amiral

cations pendant quelques mois fit naître des soupçons, excita le mécontentement du Directoire, nécessita de nouvelles résolutions et força le gouvernement d'abandonner le projet d'une expédition aux Antilles. On dut s'en tenir à une campagne contre la station et les établissements de Terre-Neuve (1).

Les vaisseaux le *Jupiter*, le *Pégase*, la *Victoire*, la *Révolution*, le *Berwick*, les frégates la *Félicité*, l'*Embuscade* et le *Tartu* sortirent de Brest au mois d'août 1796. Cette division, placée sous les ordres du contre-amiral Richery, fit voile vers Terre-Neuve. Nous avons dit qu'Hamelin était embarqué sur le *Berwick* en qualité de lieutenant de vaisseau. Le 18 fructidor an IV (4 septembre 1796), elle entra dans la baie de Bull sans y trouver d'obstacles. Lorsque le commandant en chef y eut laissé tomber l'ancre, il débarqua une centaine d'hommes qui s'avancèrent l'arme au bras vers les magasins et les sécheries. L'établissement contenait deux cents maisons environ ; elles furent brûlées ainsi que les magasins, quatre bâtiments pontés et cinquante à soixante bateaux de pêche (2). Richery songea ensuite à se rendre à l'île Saint-Pierre afin d'avoir achevé son expédition avant l'hiver. Le 2 vendémiaire (24 septembre) il occupa avec sa division les rades de cette île, descendit à terre et annonça aux habitants que leurs habitations allaient être détruites. La population de Saint-Pierre n'était alors que de quarante

Richery sur la rade de Cadix, il faut noter une insurrection générale des équipages de sa division.

(1) Arch. de la Marine, *Campagnes*, 1796. Rapport du 14 messidor.

(2) Arch. de la Marine, *Campagnes*, 1796.

personnes ; les établissements consistaient en cinq grands échafauds couverts de morue, vingt-cinq maisons et cinq magasins. Sur la rade et dans les anses il se trouvait sept goëlettes et une vingtaine de pêcheurs. Richery ne perdit pas de temps ; le 4 vendémiaire, le feu fut mis partout, tant aux maisons qu'aux goëlettes et aux bâtiments (1). Ainsi l'expédition se trouvait terminée ; d'autres résultats devaient signaler son retour en Europe.

La division française avait mis à la voile aussitôt que la dernière maison de l'île Saint-Pierre avait été réduite en cendres. En traversant l'Océan, elle se portait vers les côtes d'Espagne afin d'y établir une croisière, lorsqu'à cinquante-cinq lieues à l'ouest du cap Saint-Vincent, elle fit rencontre d'un convoi de trente à quarante voiles qu'escortait le vaisseau le *Censeur*, de soixante-quatorze canons. L'amiral signala aussitôt à ses vaisseaux de chasser, et il prit avec le *Jupiter* la tête de la ligne. Mais pendant qu'il était rejeté un peu en dehors de sa route, le combat s'engagea entre le *Berwick* et le *Censeur*, embarrassé dans sa marche par le convoi qu'il traînait à sa suite. Après un combat assez vif, le *Censeur* et son convoi furent capturés ; tout l'honneur de l'action revenait au lieutenant Hamelin (2). Pour le récompenser de son habileté et de sa bravoure, le Directoire le nomma capitaine de frégate.

De retour de ses croisières, la division Richery arrivait à Rochefort le 5 novembre 1796 ; de là elle devait

(1) Procès-verbal du 26 septembre 1796. (Arch. de la Marine, *Campagnes*).

(2) Lettres du contre-amiral Richery datées de Cadix. (Arch. de la Marine, *Campagnes*, 1796.)

gagner Brest où elle jeta l'ancre le 13 décembre suivant. Dans les premiers jours de ce mois, Hamelin avait embarqué comme second capitaine sur le vaisseau la *Révolution*, placé dans la première division de l'escadre en armement et destiné à effectuer le projet d'expédition sur l'Irlande.

Ce projet était dû à Hoche « qui voyant, dit M. Thiers, les grands théâtres de la guerre occupés par Bonaparte, Moreau et Jourdan, brûlait de s'en ouvrir un en Irlande. Il s'était lié beaucoup avec l'amiral Truguet, ministre de la marine, et ministre à grandes vues. Ils s'étaient promis tous deux de donner une haute importance à la marine et de faire de grandes choses (1). » L'escadre devait transporter vingt mille hommes en Irlande ; Hoche avait choisi la légion des Francs, les 24e, 27e, 81e et 94e demi-brigades d'infanterie, sept escadrons de cavalerie, une brigade étrangère et de l'artillerie (2). Avec ces forces, le général ne doutait pas qu'il ne s'emparât de l'île, quoique toutes les côtes en eussent été couvertes de troupes.

Dès cet instant, tous les préparatifs de l'armement furent faits : le ministre mettait toutes ses espérances d'une paix glorieuse dans le succès de l'expédition et dans ceux de la marine (3). Mais la mésintelligence allumée entre Hoche et l'amiral Villaret-Joyeuse s'opposait au prompt départ de l'escadre. Pour couper court

---

(1) *Hist. de la Révolution française,* t. VIII, 391.

(2) Lettre de Hoche, 12 novembre 1796. (Arch. de la Marine, *Campagnes.*)

(3) Lettre de Truguet au général Hoche, 30 novembre 1796. (Arch. de la Marine, *Campagnes.*)

aux lenteurs qui en résultaient, on remplaça Villaret-Joyeuse par Morard de Galles. Voici la lettre confidentielle écrite au général Hoche en cette circonstance :

« Le Directoire exécutif voulant enfin, mon cher général, mettre un terme aux délais et aux entraves que le découragement et la pusillanimité ne cessent d'opposer à la glorieuse expédition qui vous est confiée, et ne voulant pas exposer les braves troupes que vous commandez aux malheurs inévitables qui résulteraient nécessairement du deffaut de zèle et d'audace et surtout du découragement de la part des officiers de mer chargés de les conduire au milieu des périls qu'il faut tantôt éviter et tantôt braver, vient d'aretter que le vice-amiral Morard de Galles, si connu par son expérience, son courage et son dévouement aux intérêts de la République, prendra le commandement des forces navales actuellement réunies à Brest, et qu'il sera chargé d'exécuter la mission qui était confiée au général Villaret. Comme il est essentiel pour le succès d'une opération également délicate et audacieuse, qu'un amiral soit secondé par des hommes dignes de toutte sa confiance, le Directoire a nommé le citoyen Bruix, chef de division, major général de l'armée. Il a également envoyé à ce vice-amiral des ordres de commandement en blanc pour nommer les capitaines de vaisseau et de frégate qu'il croira dignes de deffendre courageusement son pavillon-amiral sans jamais l'abandonner... Enfin, mon cher général, je ne vois plus rien qui puisse ralentir ou entraver votre courage et le prompt départ de l'expédition qui est l'objet de tout l'intérêt du gouvernement, puisque de son succès dépend l'humiliation et la ruine de notre implacable ennemy et une paix glorieuse (1). »

Le 15 décembre, l'escadre fut en état de mettre à la voile; elle sortit de Brest se dirigeant vers la baie de Bantry, point des côtes d'Irlande qui offrait trois mouillages où l'armée pouvait se mettre à l'abri des coups de vent et s'embosser de manière à ne pouvoir être ni doublée, ni tournée par des forces supérieures. Mais après quelques jours d'une navigation heureuse, nos vaisseaux furent assaillis par une tempête. Le 6 nivôse (26 décembre), la *Révolution*, que montait Hamelin, fut chassée d'Irlande par un coup de vent qui lui fit perdre une de ses ancres et ses câbles. Le 9 (29 décembre), ce vaisseau rencontra la *Scévola*, coulant bas d'eau et faisant des signaux de détresse. Malgré le mauvais temps et une mer affreuse on put sauver l'équipage. Mais le commandant de la *Révolution* ayant à son bord plus de deux mille deux cents hommes réduits à la demi-ration, et craignant de manquer de vivres, se décida à retourner en France. La *Révolution* mouilla sur la rade de l'île d'Aix, le 25 nivôse (14 janvier 1797), extrêment délabrée (2). En même temps, arrivaient sur la même rade, à bord de la *Fraternité*, les généraux Morard de Galles et Hoche.

Telle fut le sort de l'armée navale destinée à envahir l'Irlande : des quarante-cinq bâtiments qui transportaient les troupes (3), deux furent engloutis, quatre se jetèrent

____

(1) 5 novembre 1796. (Arch. de la Marine, *Campagnes*.)

(2) Arch. de la Marine, *Campagnes*, 1796-1797.

(3) Dix-sept vaisseaux, un vaisseau rasé, treize frégates, cinq corvettes et sept flûtes.

à la côte et sept furent pris. En racontant l'issue funeste
de cette expédition, durant laquelle la flotte dispersée
par le mauvais temps ne parvint ni à se réunir ni à rejoindre
ses chefs, un bon juge en ces matières, M. le vice-amiral
Jurien de la Gravière, assure que nous aurions certainement débarqué en Irlande si la flotte eût été mieux
exercée, si les bâtiments eussent été habitués à plus
d'activité (1); c'est-à-dire, en d'autres termes, que la
pratique des manœuvres, ainsi que l'instruction, faisait
défaut, tant dans les états-majors que parmi les équipages. La catastrophe d'Aboukir, survenue l'année suivante, fit voir de nouveau que l'on était loin d'avoir pu
remplacer les compagnons du comte d'Estaing et de
Suffren.

Ici nous nous apercevons que nous avons perdu un peu
de vue notre marin ; nous y revenons. Mais la période de
de trois années qui suit n'étant point la plus intéressante,
il suffira d'en résumer les faits principaux.

Au mois d'août 1797, un ordre du ministre appela
Hamelin au commandement de la frégate la *Fraternité.*
On lui confia un service de croisières sur les côtes de la
Vendée et de la Bretagne, service fastidieux, mais qui
n'était pas exempt de dangers. Pendant plus d'un an, il
escorta les bâtiments de commerce de Bordeaux à Nantes
et de Rochefort à Brest, croisa à l'embouchure de la
Loire, dans l'Iroise et au large de la rade de Bertheaume.
A la même époque, on mit en pratique un singulier
système, duquel on ne pouvait évidemment pas espérer

---

(1) *Guerres maritimes,* t. I, p. 145, à la note.

la restauration de la marine; il semblerait qu'on renonçât alors à tout espoir de combattre victorieusement l'Angleterre. Nos guerres maritimes étaient sans doute douloureuses, mais était-ce là un motif pour désespérer nos marins? Il y a donc lieu de s'étonner des dispositions qui furent prises et qui, faute de prévoyance, de patience et de sagesse, ne pouvaient tendre qu'à désorganiser la flotte. Tel fut l'ordre de concéder au commerce des frégates tout armées pour faire la course. En conformité de cet ordre, la *Fraternité*, que montait Hamelin, fut mise à la disposition d'un négociant de Nantes; son commandant, auquel répugnait le métier de corsaire, refusa d'en conserver le commandement. Après ce refus, au mois de novembre 1797, il passa sur la *Précieuse*. L'année suivante, nous le trouvons sur la flûte le *Cormoran*, mouillée devant Saint-Malo.

Les instructions du contre-amiral Lacrosse lui prescrivaient de veiller aux exercices des équipages, d'entreprendre de fréquentes croisières, de poursuivre les bâtiments légers qui infestaient nos côtes et dont la confiance était incroyable. On avait vu une goëlette anglaise capturer des barques de pêche à deux portées de canon des jetées de Honfleur; sur la rade du Havre, à portée de voix des stationnaires, tantôt deux, tantôt quatre frégates mouillaient l'ancre et s'y établissaient dans la plus parfaite sécurité (1).

Les succès de ces frégates, s'ils témoignaient de la hardiesse des Anglais en leurs desseins, accusaient aussi

____

(1) Arch. de la Marine, *Service général*. Lettre du 2 vendémiaire an VIII.

notre impuissance. Nos croiseurs n'avaient pu protéger les bâtiments de commerce, garantir les côtes, secourir les corsaires qui couraient les chances d'une navigation périlleuse. De même que les autres ports de la Manche, Honfleur avait profité des encouragements accordés par le Gouvernement, et il avait armé en course un certain nombre de navires. L'*Actif*, le *Benjamin*, le *Chauvelin*, le *Coureur*, l'*Élisabeth*, étaient autant de corsaires qui furent capturés au mois de mai 1794. Le malheureux sort réservé à leurs équipages n'avait pas arrêté l'ardeur des autres capitaines qui ne trouvaient que trop de facilité, d'ailleurs, pour recruter les matelots. C'est ainsi que l'on vit, les années suivantes, sortir du port les corsaires : l'*Appocrate*, de quatorze canons et de soixante-dix hommes, le *Furet*, le *Cartouche*, le *Mandrin*, l'*Hirondelle*, l'*Épervier*, le *Petit-Diable*, pris le 23 novembre 1799, le *Linx* et la *Justine-Adélaïde* qui eurent le même sort (1). « La protection que le Gouvernement accordait à ces armements irréguliers, dit l'amiral Jurien de la Gravière, fut le coup de grâce de notre marine : elle remplit les pontons anglais de nos meilleurs matelots, de telle sorte que la grande difficulté, sous la République, était moins d'armer un navire que de lui trouver un équipage, et pendant que les corsaires avaient des équipages d'élite, nos frégates s'armaient avec des bateliers, qui de leur vie n'avaient vu la mer : à défaut de marins véritables, on prenait des marins de rivière (2). »

(1) Arch. de la Marine. *Bâtiments armés en course.*
(2) *Souvenirs d'un amiral*, p. 10, 11 et 14.

Dans ce moment, à l'embouchure de la Seine, la prise successive de ces corsaires n'était pas le fait le plus fâcheux que l'on eût à déplorer. C'était un jeu d'enfant pour l'ennemi que de couler bas ou d'amariner de petits bâtiments dont quelques-uns n'étaient armés que de pierriers. Mais la lutte sur d'autres points, pour être plus sérieuse, était marquée par des revers plus cruels. Au mois de mai 1798, le port du Havre était étroitement bloqué ; les navires de guerre mouillés sur la rade ou amarrés dans les bassins n'osaient mettre sous voiles, avertis des moyens de l'ennemi qu'ils avaient à combattre. Cependant, le 29 mai, sur l'ordre du ministre, la frégate la *Confiante* et la corvette le *Vésuve,* avaient pris la mer espérant, en l'absence des croiseurs, pouvoir réussir à gagner Cherbourg sans être arrêtées dans leur traversée. Malheureusement, contre l'attente des capitaines, à la hauteur de Dives, la *Confiante* s'était trouvée en vue de trois bâtiments anglais. Aussitôt elle revire, porte toute la voile possible et prend chasse. Elle est vigoureusement poursuivie par les bâtiments. La nuit n'arrête point leur action. A la pointe du jour, ils sont en avant d'elle et le combat s'engage contre un vaisseau rasé et une frégate. La *Confiante* le soutient courageusement pendant cinq heures, puis elle vient coulant bas s'échouer sous le fort de Beuzeval. L'équipage se jette à la mer et se retire à terre malgré ce qu'on peut faire pour l'en empêcher. Le lendemain, à l'heure de la pleine mer, l'ennemi s'approche de la frégate, s'assure qu'elle est abandonnée, monte à bord et y met le feu (1). La côte

(1) Arch. de la Marine, *Campagnes,* 1798.

fut bientôt couverte des débris de l'une des frégates les plus rapides qui aient été construites au Havre.

C'était, on le voit, une nécessité tous les jours plus pressante d'assurer à notre pavillon la libre navigation sur les côtes de la Manche. Hamelin, comme nous l'avons dit, fut employé à cette mission pendant trois années, soit en qualité de commandant du *Cormoran* et du bateau canonnier n° 19, soit comme second sur le vaisseau le *Formidable*. Moins heureux que son compatriote Motard, qui, dans le même moment, prenait part à l'expédition d'Egypte, Hamelin restait attaché à des fonctions pénibles, mais sans éclat; il avait eu d'obscurs débuts ; les commandements qui lui étaient confiés ne semblaient pas de nature à illustrer son nom.

Pour sortir du service auquel il était attaché sur la rade de Saint-Malo, emploi équivalent, disait-il, à un brevet de vie, il demanda un nouveau poste. « Une grande expédition se prépare à La Hougue, écrivait-il au ministre, l'audace sera nécessaire aux chefs des bateaux. Veuillez me donner l'ordre d'aller y exposer ma vie et comptez que si un bateau descend à terre avant ma mort, ce sera celui que vous m'aurez confié. Je brûle du désir de combattre (1). » La lettre resta sans réponse, mais une autre citation permettra d'apprécier les sentiments flatteurs dont il était l'objet. Hamelin, disait le capitaine de vaisseau Lamoise, s'est toujours comporté d'une manière digne des plus grands éloges; il s'est signalé par son zèle, son activité, ses soins à maintenir la discipline; il réunit

____

(1) Lettre du 13 prairial an VI.

les talents et les connaissances qui caractérisent le bon officier. » Et le chef de division Willaumez ajoutait : « J'ai jugé par moi-même que ses services et ses talents lui donnent les plus grands droits à ce qu'il désire. En faisant droit à ma sollicitation, vous aurez un capitaine sur lequel le gouvernement pourra compter (1). »

Ce que désirait Hamelin, c'était de servir l'Etat d'une manière plus conforme à son zèle et à sa bravoure. Ce fut au moment où il désespérait peut-être d'y pouvoir parvenir que l'avenir s'ouvrit devant lui et qu'il se félicita de se voir à portée d'agir plus activement.

En 1796, le capitaine Nicolas Baudin avait été autorisé, par arrêté du Directoire, en date du 13 messidor, à prendre le commandement d'un navire, pour aller chercher à la Trinité espagnole des plantes exotiques et des objets d'histoire naturelle dont il se proposait de faire hommage au Muséum. La flûte la *Belle-Angélique* avait été en conséquence armée au Havre et mise sous voiles le 9 vendémiaire (30 septembre). A la suite d'événements malheureux éprouvés à la mer, ce navire avait relâché à Ténériffe où il avait été désarmé et vendu. Le capitaine Baudin l'avait remplacé par la flûte la *Balance* qui, en changeant de fortune, avait changé de nom et était devenue la *Belle-Angélique*. C'est sur ce dernier bâtiment que le chef de l'expédition avait continué sa mission. Il était de retour en France au mois de juin 1798, et débarquait à Fécamp, n'ayant pu entrer dans le port du Havre que bloquaient des frégates anglaises (2).

(1) Lettre du 25 messidor an VIII.

(2) Arch. de la Marine, Expéditions scientifiques, 1798 ; service général, 1797 et 1798. — *Annales maritimes et coloniales,* an VII, p. 226.

L'heureux succès du voyage du capitaine Baudin avait inspiré au ministre le plan d'une plus grande expédition. Son intention était de mettre à profit l'expérience et les talents de ce marin et de lui confier la direction d'un nouveau voyage. Il s'agissait de tirer parti de la campagne d'exploration projetée pour introduire en France des végétaux inconnus propres à la nourriture, à la médecine et aux arts, ainsi que des animaux qui pourraient peupler les basses-cours et les pâturages.

Comme on parlait beaucoup de cette entreprise, Antoine de Jussieu s'en fit le champion ; résolu à la soutenir, il profita de toute occasion pour y gagner le Directoire. Ayant appris que sur sa demande Humbold avait accepté avec joie de faire partie du voyage, il jugea qu'il n'y avait pas de temps à perdre pour s'assurer le concours précieux du savant allemand. « Nous vous prions, écrivait-il, de hâter une décision et de prévenir par ce moyen la désertion de sujets que nous remplacerions difficilement, de ce nombre est M. Humbold, scavant prussien, qui se proposait d'aller dans le Levant avec un naturaliste français et ses amis pour faire des observations physiques et des recherches, et qui est muni d'une quantité considérable d'instruments propres aux observations... Convaincu de l'utilité dont il serait dans la nouvelle expédition, nous l'avions engagé à s'embarquer sur le vaisseau du capitaine Baudin, et il avait accepté avec transport cette invitation. S'il y a un retard, nous le perdrons, parce qu'il va suivre sa première destination et qu'il craint de perdre une occasion sûre et prochaine de transport en Afrique (1). »

(1) Arch. de la Marine. Lettre de Jussieu, sans date (vendémiaire an VII).

Diverses circonstances s'opposèrent à l'exécution du plan conçu par le ministre et par la commission du Muséum. Jussieu, qui l'avait embrassé avec ardeur et qui s'y était attaché,. on pourrait dire avec patriotisme, chercha de nouveau des raisons d'intervenir. Il voulait, disait-il, enrichir la France de productions nouvelles, et rien n'était plus propre à servir son dessein. « Nous voici maintenant arrivés à cette époque où tous les travaux recommencent, disait-il dans une lettre du 3 mars 1799, où la nature invite ceux qui l'étudient à recommencer leurs excursions savantes. C'est le moment de mettre à la voile pour aller recueillir au loin les objets qui doivent servir à peupler nos forests, nos jardins et nos prairies, pour commencer d'abord les recherches depuis les rivières de La Plata jusqu'à la pointe de l'Amérique, et se mettre en état de doubler cette pointe ou de traverser les détroits dans six mois, c'est-à-dire à l'entrée de la belle saison dans ces parages. Une pareille entreprise ne peut qu'honorer une grande nation qui doit montrer l'étendue de ses vües et de ses ressources (1). »

L'expédition, au reste, était décidée; l'une des deux corvettes qui devait l'entreprendre était déjà en armement au Havre : c'était le *Naturaliste*, de quatre cents tonneaux et de douze canons de huit, lancé des chantiers de ce port le 12 septembre 1795; mais l'autre corvette, le *Géographe*, était encore en construction sur les mêmes chantiers; elle devait porter vingt-quatre canons de douze.

Sur ces entrefaites, aux instructions par lesquelles Jus-

_____

(1) Arch. de la Marine.

sieu préparait le voyage de circumnavigation du capitaine Baudin, vinrent se joindre les conseils de Bernardin de Saint-Pierre. L'auteur des *Etudes de la Nature* s'intéressait à l'entreprise ; il avait fait adopter par la classe des sciences morales et politiques diverses mesures destinées à en accroître l'intérêt. Elles étaient fort simples. Il voulait que l'expédition servît à étudier les courants de l'Océan, et dans ce but il conseillait d'abandonner de temps en temps aux flots une bouteille vide contenant la date du jour avec indication de la latitude et de la longitude. A ce propos il rappelait qu'une bouteille jetée dans la baie de Biscaye le 12 août 1786 avait été recueillie par des pêcheurs d'Arromanches le 9 mai 1787, à deux lieues de ce village ; et qu'une seconde bouteille, abandonnée à la mer le 15 juin 1797 vers le 44e de latitude nord et le 4e de longitude vint atterrir parmi les rochers du cap Prior ; elle contenait des lettres à son adresse. Enfin une troisième bouteille jetée au nord de l'île. de France, avait été portée jusqu'au cap de Bonne-Espérance. Il n'était pas douteux, disait-il, que les routes parcourues par ces trois bouteilles déterminent la direction et en partie la vitesse des courants.

En poursuivant ses instructions, Bernardin de Saint-Pierre ajoutait quelques observations sur l'hygiène des marins. Dans une navigation autour du monde qui avait précédé celle qu'Hamelin et Baudin allaient entreprendre, Bougainville n'avait perdu que sept hommes sur trois cent sept ; tandis que dans un voyage que lui, Bernardin de Saint-Pierre, avait fait à l'île de France, lequel n'avait duré que quatre mois et onze jours, on en avait perdu dix sur cent vingt. Suivant lui, plusieurs causes physiques et morales avaient concouru à la destruction de l'équipage. D'abord le manque d'eau, la mauvaise qualité des salaisons dans lesquelles on avait trouvé un pied de cheval avec son fer. Ensuite des causes morales ; la tristesse, le désœuvrement, l'ennui, avaient contribué à développer le scorbut. « On ne parlait aux matelots qu'avec dureté. Ils s'asseyaient tristement sur l'avant ou sous le vent, le long de la chaloupe, les uns à côté des autres sans se parler. Un simple biniou aurait suffi pour les tirer de leur léthargie. La musique et la danse ont l'influence la plus puissante sur les Français, mais surtout sur les mélancoliques matelots auxquels elles rappellent en pleine mer les ressouvenirs et les amusements de la patrie. Un capitaine de vaisseau de compagnie parti de Lorient trois semaines après nous, arriva à l'Ile de France trois semaines avant nous, sans avoir eu un seul malade. Il avait maintenu ses matelots en santé et en gaieté, en les faisant danser tout le long de la route au son du biniou. Je conclus qu'il importe à la santé des équipages du capitaine Baudin qu'il y ait quelques joueurs d'instruments à bord de ses vaisseaux (1) ». On le voit, le biniou paraissait à l'auteur des *Etudes sur la nature* préférable à toute une pharmacie. Mais on pense bien que la classe de l'Institut ne se borna pas à ces deux grandes découvertes : la bouteille vide pour parvenir à connaître les divers courants de l'Océan et le biniou pour préserver des atteintes du scorbut ; elle

______

(1) Arch. de la Marine. *Expéditions scientifiques.*

comptait Fleurieu et Bougainville parmi ses membres (1).

En même temps que le ministre de la marine demandait à l'Institut ses instructions, il procédait au choix des officiers. Nous avons dit que le chef de l'expédition était Nicolas Baudin, officier de grande expérience et plein de fermeté; il montait le *Géographe*. Hamelin avait obtenu le commandement de la corvette le *Naturaliste* (2); il le devait aux preuves d'activité et de savoir qu'il avait montrées. « Le compte avantageux que j'ai rendu au Premier Consul de vos talens et de votre expérience, lui avait écrit le ministre, a déterminé son choix. Je suis convaincu d'avance que vous justifierez ce témoignage de la confiance du gouvernement (3). »

Avant de rappeler les détails recueillis dans les journaux de navigation du chef de l'expédition, il importe de connaître le plan qui avait été réglé. La commission chargée par l'Institut de surveiller les préparatifs du voyage avait arrêté son choix sur l'Australie ou Nouvelle-Hollande, terre encore neuve pour les Européens. De cette grande île on ne connaissait que la côte orientale explorée par Cook, en 1770, depuis le 10ᵉ jusqu'au

(1) *Une Académie sous le Directoire.*

(2) Avec Hamelin se trouvaient sur le *Naturaliste* d'autres marins de Honfleur : Jules-Louis Davout, Jules-Alexandre Lajoie, Louis-Joseph Haranger, Charles-Félix Marie et Pierre Durand, les deux premiers officiers de timonerie, et les autres matelots.

Sur le *Géographe,* Pierre-André Morin, aspirant de 1ʳᵉ classe, Joseph-François Vivien, Jean-Philippe Exmelin et Louis Thouret, matelots; tous les quatre étaient du quartier de Honfleur.

(3) Lettre du 19 thermidor an VIII (6 août 1800).

38ᵉ degré de latitude sud, la côte sud du Van-Diemen qu'on avait pendant longtemps supposé être une partie de la Nouvelle-Hollande, tandis qu'elle en est séparée par un détroit assez large, la moitié de la côte méridionale qui avait été vue par d'Entrecasteaux et la côte sud-ouest reconnue particulièrement par les Hollandais. Il restait donc à reconnaître la moitié de la côte du sud, une partie de la côte sud-ouest, depuis la pointe sud de la terre de Leuwin, jusqu'à l'île Rottnest et toute la côte du nord-ouest. L'exploration de ces diverses parties de l'Australie devait former le principal objet du voyage du *Géographe* et du *Naturaliste*. En outre, l'expédition devait visiter l'intérieur de la terre de Van-Diemen, suivre la côte sud de l'Australie, reconnaître l'île de Rottnest, la rivière des Cignes, rechercher les ports, les mouillages, les rivières, se rendre à Timor pour se ravitailler, et de là reprendre la route de la côte de Diemen. Pour rendre son retour plus utile, elle était tenue de longer la côte de la Nouvelle-Guinée, encore très peu connue et sur la situation de laquelle les Anglais qui l'avaient relevée cinq ou six années auparavant, n'avaient encore rien publié.

Lorsque le commandant en chef eut reçu ses instructions, que les ingénieurs, zoologistes, minéralogistes, botanistes, jardiniers et peintres eurent été répartis sur les deux corvettes, Nicolas Baudin appareilla du Havre le 19 octobre 1800; le *Géographe* et le *Naturaliste* poussés par un vent de nord-est assez frais gagnèrent rapidement l'Océan. Une vingtaine de jours plus tard, les deux bâtiments arrivèrent aux Canaries, où ils séjournèrent quelques jours pour remplacer l'eau et les vivres, avant de continuer leur route vers le sud. Le 15 mars 1801, ils atteignirent l'île de France et y relâchèrent pendant quarante jours. Le 25 avril, l'ancre fut levée et les deux corvettes prirent la route de l'Australie. Elles attérirent sur la terre de Leuwin le 7 prairial an IV (27 mai 1801).

Les opérations de reconnaissance commencèrent aussitôt. Comme le récit de ces opérations forme un volumineux ouvrage orné de cartes et de dessins coloriés d'un grand intérêt (1), notre intention ne peut être de suivre nos explorateurs au jour le jour en reproduisant les informations fournies par Péron. Aussi n'insisterons-nous pas sur le côté scientifique du voyage, bien qu'il ait été très instructif, mais par cela même il s'adresse spécialement aux géographes et aux naturalistes.

Du 27 mai au 22 août 1801, le capitaine Baudin, dont nous suivrons les journaux, employa quatre-vingt-sept jours dans la reconnaissance de la côte occidentale de la Nouvelle-Hollande, et d'une partie de la côte septentrionale, environ cinq cents lieues de côtes. Un peu au nord de la pointe occidentale de la terre de Leuwin, il visita une grande baie, par le 33ᵉ degré 55 minutes de latitude australe ; il la nomma *Baie du Géographe*. Il en fit reconnaître plusieurs anses, dans l'une desquelles sa chaloupe fut perdue. Le pays n'offrait aucunes ressources ; les botanistes y avaient seulement recueilli quelques plantes inconnues en Europe. De là, le *Géographe* remonta seul la côte au nord jusqu'à la baie des Chiens-Marins, dans laquelle il passa seize jours. Cette baie était

(1) *Voyages aux Terres Australes*, publié en 1807 par le naturaliste Péron.

assez bien connue pour ne point mériter un séjour aussi prolongé. De ce point, en suivant la direction de la côte, tantôt à vue, tantôt hors de vue, jusqu'à la partie qui est opposée à l'île de Timor, la navigation du *Géographe* n'offrit aucune particularité qui doive être remarquée (1).

Dès les premiers jours de juin 1801, la corvette le *Naturaliste* s'était trouvée séparée du commandant de l'expédition, et ce n'avait été que le deuxième jour complémentaire (19 septembre 1801) qu'elle l'avait rejoint à Timor. Durant cette séparation, Hamelin avait visité la terre d'Edels et la terre d'Endracht. Après en avoir examiné les côtes, noté les écueils et les endroits propices pour jeter l'ancre, il avait envoyé l'un de ses enseignes, François Heyrisson, tenter de pénétrer dans le pays. On apercevait de la fumée qui s'élevait de différents points du rivage ; les collines étaient couvertes de bois et plusieurs naturels apparaissaient sur une petite éminence assemblés autour de cases éparses formant sans doute un de leurs villages. L'enseigne Heyrisson avait exploré la baie où était ancré le *Naturaliste* et il avait reconnu, disait-il, une belle rivière qui devait traverser toute la Nouvelle-Hollande. Mais Hamelin jugea que cette rivière n'était autre chose qu'une lagune peu considérable dont l'ouverture était fermée par une espèce de palissade, ouvrage des naturels pour empêcher la sortie des poissons. L'art avec lequel cet ouvrage était disposé, les espaces cultivés près de la côte, l'abondance des gros arbres qui couronnaient les collines, en un mot l'aspect séduisant

(1) Lettre de Fleurieu au Ministre de la Marine.

de la région firent désirer au commandant Hamelin d'entrer en relations avec les habitants. Il fit donc équiper deux embarcations, lesquelles sous son commandement se dirigèrent vers le rivage avec le dessein de descendre à terre les officiers et les naturalistes. L'un des savants, témoin de l'entrevue qui suivit, le minéralogiste Depuch, l'a rapportée en ces termes :

« Sans entrer dans les diverses circonstances qui ont précédé notre entrevue avec les habitants de ce quartier, dit-il, nous cheminions le long d'un des bords de cette rivière prétendue, lorsque des cris répétés et aigus nous ayant fait porter nos regards sur le bord opposé que nous suivions, on aperçut plusieurs naturels qui sembloient nous regarder avec curiosité. Le capitaine Hamelin, dans le canot duquel nous avions passé, fit porter sur eux, mais nous fûmes bientôt arrêtés par le manque d'eau. Les naturels, en nous observant, parcouroient le rivage en tous sens, et leurs cris étaient devenus plus multipliés et plus brusques, ce qui n'annonçoit pas des dispositions favorables. Cependant, d'après l'impossibilité de nous en approcher avec le canot, plusieurs de nous obtinrent le consentement de M. Hamelin pour traverser à gué la distance qui nous séparait du rivage des naturels. Mais en approchant, ils s'enfoncèrent dans les forêts. Deux d'entre nous se dirigèrent vers l'endroit du bois où ils étoient entrés et les autres les suivirent à peu de distance.

« A peine nous fûmes-nous un peu avancés qu'on entendit de nouveau leurs voix ; ils sembloient s'appeler entre eux et leurs cris étoient très multipliés. Le mot *vélou, vélou,* qu'ils ont répété souvent, est celui que nous avons le mieux distingué, ainsi que les aboiements d'un chien auquel il nous sembla qu'on imposoit silence. Pour faire connoître que nos intentions n'étoient point hostiles, nous déposâmes dans les lieux les plus apparents différents objets propres à fixer leur attention et nous nous retirâmes un peu à l'écart pour leur donner la facilité de venir les examiner ou les prendre. Nous ne tardâmes pas à voir paroître plusieurs naturels, armés chacun de deux sagaies et d'une espèce de massue dentelée et amaincie sur les bords, mais au lieu de se diriger vers les présents que nous leur offrions, ils s'avancèrent à grands pas de notre côté cherchant à nous couper la retraite. Heureusement que nous avions encore le temps de prévenir cet inconvénient. Néanmoins ils nous serrèrent de si près que nous étant réunis nous fûmes obligés de les tenir en joue. Leurs cris, leurs agitations et leurs menaces nous firent connoître qu'ils ignoroient la supériorité de nos armes et nous fûmes bien aise des les voir s'arrêter afin de n'être pas obligés d'en faire usage.

« Comme tous leurs gestes sembloient nous inviter à retourner sur nos pas et que même ils nous indiquoient le passage par où nous étions venus, nous prîmes ce dernier parti.

« Parvenus à l'endroit où nous avions pris terre et toujours suivis par les naturels auxquels notre conduite paraissoit avoir inspiré du courage, nous entrâmes dans l'eau jusqu'à la ceinture ayant l'intention de gagner l'autre bord de la rivière que nous savions guéable. Les naturels nous y suivirent, et c'est alors qu'ils nous ont le plus approchés.

« Notre sûreté, depuis longtemps compromise, exigeoit que nous en imposassions à ces hommes insensés et devenus furieux, car leurs gestes et leur agitation, accompagnés de cris plus bruyants, sembloient annoncer le moment du combat. M. Hamelin, qui, dans son canot, avoit observé tous les mouvements qui avoient eu lieu de part et d'autre, s'avança en toute diligence vers nous, afin d'en imposer davantage par un plus grand nombre et les obliger à la retraite en protégeant notre embarquement. Cette démarche eut l'effet qu'on en devoit attendre, et les naturels s'arrêtèrent sans cesser néanmoins de nous crier *mouye, mouye*, et nous indiquer le chemin que nous devions prendre pour nous en retourner. Comme il paroissoit qu'il n'y avoit plus à craindre d'être dans la nécessité de combattre, nous déposâmes nos armes pour commencer de nouveaux signes d'amitié et leur montrer les présents que nous leur destinions. Tout fut inutile, ils ne montrèrent pas plus de confiance pour les uns que de curiosité pour les autres.

« Après nous être assez longtemps considérés réciproquement, un d'eux, — et il nous sembla que c'étoit le plus jeune et par conséquent le plus téméraire, — s'avança tout proche de nous et, prenant une attitude guerrière, plaça derrière son dos sa massue et une de ses sagaies, brandissant ensuite l'autre de la main droite avec toute la souplesse et la force dont il étoit capable, il nous fixa avec autant d'assurance que de dédain et sembloit nous inviter à un combat particulier. Ses camarades parurent d'abord inquiets de sa démarche, mais comme on ne lui répondit qu'en lui offrant quelques présents, ils semblèrent l'approuver et finirent même par l'applaudir. Nous lui criâmes à plusieurs fois *tayo, tayo,* qu'il répéta parfaitement bien, et, se tournant vers ses compagnons, il les prononça de nouveau, ce qui les fit tous rire aux éclats. On prononça ensuite plusieurs mots françois qu'ils répétèrent également en se regardant, comme s'ils eussent cherché à deviner ce qu'on vouloit leur dire. Les mots qu'ils prononcèrent le mieux furent *oui, non, viens ici,* etc. Quelqu'un de nous leur ayant crié *poura,* mot malabar qui veut dire allez-vous-en, laissez-nous, ils ne semblèrent pas l'avoir mieux compris que les autres.

« Cependant l'homme au défi occupant toujours le même poste, sans rien perdre de son attitude guerrière, nous tentâmes un dernier moyen de réunion et de conciliation. Un de nous s'avança de quelques pas et revint ensuite pour quitter ses armes et retourna alors vers lui un rameau vert de chaque main en criant *tayo, tayo,* mot si connu des nations qui habitent la mer du sud. Tous ces mouvements furent attentivement examinés mais ils ne produisirent d'autre effet que de décider celui qui s'étoit si bien montré à se rallier à ses compagnons, et quand il les eut rejoint les menaces recommencèrent de nouveau.

« Enfin ne voyant aucune apparence de pouvoir communiquer amicalement avec eux nous déposâmes à terre de nouveaux miroirs, de la rasade, etc., et leur firent signe que nous allions nous retirer, ce qu'effectivement nous exécutâmes. La curiosité décida celui qui nous avoit défié et un autre très reconnoissable par la couleur rouge de ses cheveux et de sa barbe à s'avancer mais non sans précaution. Ils ramassèrent les objets qu'on leur avoit laissés et notamment un beau mouchoir de poche ; après les avoir considérés tout fut remis à la même place. Le naturel au poil rouge en se regardant dans un miroir le retourna promptement et ne voyant plus rien le déposa de même.

« Le capitaine Hamelin leur ayant montré une tabatière rouge, cet aspect excita en eux un mouvement de surprise bien sensible et qu'ils manifestèrent par une exclamation. Il la jeta ensuite à celui qui s'étoit le plus avancé et nous nous reculâmes un peu pour lui donner la facilité de la ramàsser. A peine l'eut-il un peu examinée qu'il la laissa tomber et soit que le présent ne fût pas agréable ou que la vue du noir qui était peint dessus lui déplût, les cris et les gestes menaçants redoublèrent et furent imités par tous les autres. Convaincu qu'il étoit impossible de pouvoir gagner leur confiance, nous leur fîmes le signe de se retirer et nous approchâmes de notre embarcation (1). »

Hamelin n'eut qu'à s'applaudir de cette détermination, car bien qu'il eût cherché par tous les moyens en son pouvoir à gagner l'amitié des naturels, un plus long séjour à terre aurait infailliblement amené quelque malheur. Voyant infructueuses ses diverses tentatives pour entrer en relations commerciales avec les indigènes, le commandant du *Naturaliste* commença les préparatifs de départ et remit à la voile pour gagner Timor, lieu de rendez-vous auquel était déjà parvenu le *Géographe*.

(1) Journal du capitaine Baudin, daté de Timor, 13 vendémiaire an IX. (Arch. de la Marine.)

Après une relâche de plusieurs mois à Timor, les corvettes reprirent la mer, gouvernèrent vers le cap sud-ouest de la terre Van-Diemen et entrèrent, le 13 janvier 1802, dans le détroit traversé pour la première fois par d'Entrecasteaux dix années auparavant et à l'entrée duquel Furneaux et Cook avaient mouillé. Des embarcations furent expédiées pour explorer les contours des magnifiques rades qui s'offraient à la vue des équipages, pour reconnaître les mouillages et s'efforcer de communiquer avec les indigènes.

Les premiers naturels qui furent aperçus ne se firent pas prier pour s'approcher, recevoir les présents et se prêter aux différentes attidudes qu'on leur fit prendre, afin de les dessiner. Ils conversèrent plus de trois heures par signes, sans manifester ni crainte ni projets hostiles. Mais, au moment où nos marins se dirigeaient vers leurs canots, ils les assaillirent d'une grêle de pierres. On ne put les tenir à distance qu'en les mettant en joue. Toutefois, les dispositions hostiles des insulaires ne se renouvelèrent pas, et les matelots ne tardèrent pas à être reçus avec cordialité.

En effet, deux hommes, sans armes apparentes, accompagnèrent le commandant Hamelin, qui se rendit au-devant d'eux le lendemain. La confiance fut si promptement établie qu'ils ne firent aucune difficulté d'échanger leurs armes contre des boutons de métal et de venir aider les matelots à jeter la seine. De tous les présents qui leur furent faits, les bouteilles parurent être celui qui leur fut le plus agréable. Ils avaient une parfaite connaissance des armes à feu et paraissaient en redouter singulièrement les effets. Nicolas Baudin nous les a peints d'une hauteur médiocre, assez mal faits, les yeux petits, la peau brun clair, enduite d'huile de poisson et d'ocre rouge, les cheveux laineux, peu épais, frisés et courts. Il a examiné leur tatouage, mais il n'a pu s'expliquer comment ils s'y prenaient « pour que les marques qu'ils s'imprimaient sur le corps fussent relevées en bosses très saillantes. » Leurs femmes n'étaient ni jolies ni bien faites ; leurs pirogues étaient formées de trois faisceaux d'écorces d'arbres ; leurs enfants, gais et doux, se plaisaient dans la société des matelots ; quant au costume des deux sexes, il consistait en une peau de kangourou jetée sur les épaules. Au demeurant, sauf quelques réserves sans importance, Nicolas Baudin a témoigné d'un sentiment favorable aux naturels des rives du canal d'Entrecasteaux et de l'île Maria.

La campagne d'exploration se continua sur la côte orientale de la terre de Diemen, dans les détroits de Banks et de Bass, en longeant les côtes tantôt arides et sablonneuses, tantôt boisées et abondamment pourvues d'eau, visitant les baies, relevant les fonds, explorant les petits archipels d'îles et d'îlots semés sur la route. C'est ainsi que le *Géographe* et le *Naturaliste* atteignirent le port Jackson au mois de juin 1802 après avoir fait une ample moisson de plantes inconnues, d'animaux rares, de cailloux aiguisés, de coquillages, d'armes, de plumes, d'insectes et d'échantillons de bois.

Depuis le départ des deux corvettes, plus de deux années s'étaient écoulées ; le temps avait été bien mis à profit par les commandants et leurs compagnons les naturalistes. Dans la crainte que les collections ne fussent perdues pour le Muséum en les conservant un plus long temps, le chef de l'expédition se décida à renvoyer le *Naturaliste* en France et à confier au capitaine Hamelin le transport des plantes vivantes et des animaux qui avaient été rassemblés. Le départ de cette corvette ayant été arrêté, Nicolas Baudin fit l'acquisition d'un bâtiment de trente tonneaux auquel il donna le nom de *Camarina*, « analogue au bois dont il étoit construit » ; le commandement en fut confié au lieutenant de Freycinet.

Quant au commandant Hamelin, il dut sans plus tarder se disposer à faire voile vers la France. On lui donna commission de rapporter les objets recueillis par l'expédition, et de rendre compte au gouvernement des découvertes géographiques mises en lumière sur une région jusqu'alors imparfaitement connue.

« Vous n'ignorez pas, lui écrivit Nicolas Baudin, que c'est à regret que je me sépare de vous, mais de quelque manière que j'aie pu considérer l'utilité de votre présence pour la suite de la campagne, la nécessité de votre retour pour le transport de tous les objets que nous avons recueillis m'a paru si indispensable que je n'ai point hésité à me charger seul de ce qui reste à faire, afin d'être sans inquiétude sur le sort de votre bâtiment et de tout ce qu'il contient. D'après ce qui vous reste à faire pour le succès de la mission que vous avez à remplir, je suis convaincu qu'il est absolument nécessaire que vous vous rendiez au Havre et par la route la plus courte, celle que font ordinairement les bâtimens anglois partant du Port Jackson ne m'a pas parue la meilleure et je regarde comme un préjugé sans fondement raisonnable l'habitude qu'ils ont pris d'aller doubler le cap Horn pour venir ensuite reconnoître le cap de Bonne-Espérance. Avant que le détroit de Baas ne fut connu, cette route pouvoit être plus avantageuse qu'une autre, mais il n'en est pas de même aujourd'hui et surtout dans la saison où nous entrons. La facilité que j'ai trouvé dans la variété des vents pour me porter au nord et à l'ouest, après avoir traversé les détroits de Banck et de Bass qui séparent la Nouvelle-Hollande de la terre de Diemen et des Isles Furneaux me fait espérer que vous ne serez pas moins favorisé que je l'ai été moi-même lorsque j'ai fait cette route pour la première fois, et je ne doute pas que le second essay que nous en allons faire ne décide pour la suite les navigateurs à suivre une direction qui diminuera d'un tiers le chemin qu'ils ont à faire avant de se rendre dans les parages du cap de Bonne-Espérance..... Au départ du port de Jackson, nous ferons route ensemble pour traverser le détroit de Bass, mais quand nous l'aurons passé, vous suivrez celle qui vous est particulière. Personne ne désire plus que moi que votre navigation soit prompte, heureuse et exempte de tout événement fâcheux. Votre arrivée au Havre, si tout ce que vous y portez arrive à bon port, sera un des plus beaux moments de votre vie, et quand j'en serai informé, il ne me restera à désirer que d'avoir le même bonheur (1). »

Hamelin se disposa donc à faire route pour la France.

(1) Lettre au capitaine Hamelin, du port Jackson, le 26 brumaire an XI. (Arch. de la Marine, *Expéditions scientifiques.*)

Il laissa le capitaine Baudin le 18 frimaire (1), sur la côte sud-ouest de la Nouvelle-Hollande, continuer sa campagne accompagné par la petite goëlette qu'il avait fait construire. Hamelin relâcha à l'île de France ; il resta huit jours pour réparer les avaries ; et en étant reparti le 21 pluviose (2), il se trouvait, le 5 prairial (3) dans les eaux de l'Angleterre, lorsque des navires de guerre l'arrêtèrent et le conduisirent à Portsmouth.

Un rapport adressé au ministre par Hamelin, le 18 prairial an XI (juin 1803), fait connaître les détails de la mésaventure.

« Le 6 prairial (26 mai), dit-il, j'ai été visité par la frégate anglaise la *Minerve*, capitaine Bullene, qui connoissant bien que j'étois porteur de passeports de son gouvernement, et quoique j'eus depuis très longtemps pavillon parlementaire à la tête du mât de mizaine, m'a tiré deux coups de canon en plein bois, en me répétant sans cesse d'amener mon pavillon, malgré que je lui aie fait toutes les remontrances possibles et que je lui aie dit en françois et en anglois que j'étois porteur de passeports de son gouvernement, et que j'étois en retour de l'expédition de découvertes aux ordres du capitaine de vaisseau Baudin, que j'allois mettre mon canot à la mer pour lui envoyer mes passeports. Malgré toutes ces remontrances et quoique mon canot fut allé à son bord, il continua toujours de tirer à boulet sur nous pour nous faire amener notre pavillon. A la demande de mon état-major, j'ai

(1) 9 décembre 1802.
(2) 10 février 1803.
(3) 25 mai 1803.

donné ordre à l'enseigne Moreau d'amener le pavillon, désirant conserver mon équipage et étant parlementaire en paix avec toutes les nations. De suite, la frégate la *Minerve* a mis son canot à la mer avec un lieutenant et deux midchipmen qui sont venus à bord pour prendre le commandement du navire. Ensuite, elle nous a envoyé un grelin et elle nous a pris à la remorque jusqu'à l'entrée de la rade de Spithead, et le lieutenant a continué de nous entrer jusque dans le port de Portsmouth (1). »

Deux jours de suite, Hamelin se vit refuser d'être conduit devant l'amiral anglais. Il écrivit aussitôt au chargé d'affaires à Londres. Mais pendant le temps que la réponse mit à lui parvenir, et les délais que demanda un jugement de l'amirauté par lequel il fut déclaré de mauvaise prise, les officiers anglais avaient visité le *Naturaliste*, fait ouvrir une caisse qui contenait des madrépores et ne s'étaient retirés que devant les représentations d'autres officiers venus à bord de la corvette. Enfin, ayant pu obtenir ses passeports, Hamelin quitta la rade de Spithead, et le 6 juin 1803, il entrait dans le port du Havre.

Il avait à bord trois prisonniers, un espagnol indien embarqué à Botany-Bay, des animaux vivants pour le Museum national, savoir : deux cignes noirs, quatre casoars, trois ombacks, deux tortues à long col, deux pigeons, deux chiens indigènes et un bélier à quatre cornes. Il rapportait en outre pour le parc de la Malmaison deux gazelles de l'Inde, deux cailles et deux autres oiseaux rares.

(1) Arch. de la Marine, *Expéditions scientifiques*.

Ainsi finit la longue campagne d'exploration du *Naturaliste*, pendant laquelle le commandant Hamelin s'était distingué par les plus remarquables qualités. « Tout ce que je pourrois vous dire de lui, écrivait le capitaine Baudin, ne vous donneroit qu'une faible idée de son mérite comme marin et de ses qualités sociales (1). » La récompense due à ses efforts et à son zèle ne se fit pas attendre. Hamelin reçut le brevet de capitaine de vaisseau au mois de septembre 1803.

Il débarqua en France à l'heure où, pour le malheur de deux nations, la paix d'Amiens venait d'être brusquement rompue par l'Angleterre, et où Napoléon préparait à Boulogne la réunion de la flottille que Nelson n'avait pu incendier. Au mois d'octobre 1804, Hamelin fut appelé à concourir à la réussite de l'entreprise que mûrissait l'Empereur, en conduisant du Havre à Boulogne plus de huit cents bâtiments, malgré les croisières anglaises. Pendant neuf mois, la lutte s'engagea sourde et violente entre lui et l'ennemi, qui songeait à détruire les forces françaises avant leur concentration à Boulogne, nous en suivrons les péripéties (2).

Le 17 janvier 1805, Hamelin reçoit l'ordre de convoyer quarante-sept bâtiments. Son pavillon flottait à bord de la corvette la *Foudre*. Il part du Havre par une journée de brume, alors qu'il était informé que les deux frégates qui bloquaient le port s'étaient écartées de plusieurs lieues. Mais le 29 il est rejoint par la division

---

(1) Lettre du 4 floréal an IX. (Arch. de la Marine.)

(2) Les détails qui suivent sont empruntés à la correspondance d'Hamelin. (Arch. de la Marine, *Campagnes*, 1805 et 1806.)

anglaise à la hauteur d'Etaples, et un des bâtiments du convoi tombe au pouvoir de l'ennemi après s'être battu pendant trois quarts d'heure.

Le 31 mars de la même année, il effectua un second départ du Havre avec quarante et un bâtiments. Le 10 juin suivant, il mit de nouveau à la voile avec vingt-neuf bâtiments. Mais, dès qu'il eut appareillé de la rade du Havre avec la division sous ses ordres, il fut suivi par une frégate, la *Chiffonne*, capitaine Charles Adam, un fort pingre, un brick et un cutter anglais, qui le joignirent sous Saint-Adrien et l'y attaquèrent. Le combat s'engagea, il devint si opiniâtre que l'ennemi fut obligé deux fois de reprendre le large. Le convoi poursuivit sa route en bon ordre et en ligne très serrée ; mais quoiqu'on eût diminué de voile, pour que les transports pussent suivre également la division, deux des bâtiments restèrent à l'arrière, et on fut obligé de les remorquer. L'ennemi, qui ne s'était éloigné le matin que pour réparer des avaries, revint vers une heure et demie attaquer la queue de la ligne, défendue par le lieutenant de vaisseau Roquebert (1) et l'enseigne de vaisseau Girette. L'engagement se renouvela et à une si petite distance, que l'on fut obligé de recourir à la mousqueterie. Son feu bien dirigé contraignit les Anglais de lâcher prise une troisième fois et de prendre le large après un engagement de deux heures. La flottille put mouiller sur la rade de Fécamp.

L'ennemi fut extrêmement maltraité dans cette journée ;

(1) Par décret du 16 messidor an XIII, il fut promu au grade de capitaine de frégate, en considération de la manœuvre brillante et courageuse dans la journée du 21 prairial.

de notre côté, on compta quatre hommes tués et vingt-deux blessés. Au nombre des premiers se trouvait l'enseigne Pierre Girette, du Havre, qui mourut à l'hôpital de Fécamp des suites de ses blessures, et parmi les autres un aide-timonier, Pierre-Louis Le Roy, de Honfleur, qui avait eu la cuisse gauche fracturée.

Le voyage suivant, qui eut lieu à la fin du mois de juillet 1805, fut signalé par un nouveau combat dont les ordres du jour de la flottille rendirent compte. Pour éviter l'attaque des croiseurs, contraint de relâcher à Fécamp, Hamelin était sorti de ce port le 23 juillet avec une division de vingt-neuf bâtiments. Au moment de son appareillage, il y avait à une lieue des jetées une frégate, deux corvettes et un cutter anglais qui se disposaient à fondre sur le convoi et qui voulurent intercepter le passage. Mais le commandant avait pris toutes les dispositions pour soutenir un engagement. Quoiqu'il ventât grand frais, le feu commença à portée de fusil ; la mousqueterie et l'artillerie des corvettes la *Foudre* et l'*Audacieuse* furent servies avec tant d'avantage que la frégate ennemie eut bientôt sa corne d'artimon coupée, et qu'elle tenta de se virer de dessous la volée de ces deux bâtiments afin de donner ensuite sur les canonnières dont elle espérait que le feu serait moins vif en raison de la force du vent. Cette manœuvre n'ayant pas réussi, le combat continua dans le même ordre, et trois chaloupes ayant mis le cap sur l'ennemi en battant en chasse, les avaries que reçut la frégate la forcèrent à regagner le large promptement; elle fut imitée par les trois autres navires anglais. Cette première action avait duré deux heures, de

sept heures à neuf heures du matin. A dix heures, l'ennemi revint canonner la division française qui continuait
sa route. Ce second engagement ne fut ni moins vif ni
moins long que le premier. La corvette montée par le
commodore eut la tête de son grand mât de hune coupée,
son grand mât endommagé et, se trouvant vigoureusement serrée par le feu, elle fut obligée de chercher son
salut dans la fuite (1).

Les différents combats soutenus par Hamelin lui méritèrent les félicitations du ministre. « Il est glorieux pour
vous, lui écrivit le duc Decrès, d'avoir forcé deux fois
l'ennemi à s'éloigner, et il ne m'a point échappé qu'en
me rendant compte du courage que les officiers, les
équipages et les garnisons ont montré, vous aviez gardé
le silence sur vos services personnels. Je suis bien persuadé cependant que le succès de ces affaires est dû en
partie à l'exemple que vous avez donné et aux manœuvres que vous avez commandées (2). »

Après dix-huit voyages effectués presque tous en vue
et souvent sous le feu de l'ennemi, Hamelin mit son
pavillon à bord d'une frégate mouillée sur la rade du
Havre. Il avait la mission de défendre ce port. « Je l'ai
préservé de l'effet d'un bombardement, écrivit-il, dès que
j'ai été appelé à l'honneur de prendre sur la rade une position forte et imposante que j'ai gardée vingt-neuf jours
sans me mettre au lit (3). »

A Boulogne, après la réunion de la flottille, il fut suc-

(1) Ordre du jour du 7 thermidor an XIII.
(2) Lettre du 28 prairial an XIII (17 juin 1805).
(3) Arch. de la Marine, *Personnel*.

cessivement chargé du commandement du 7e équipage de marins, de la direction des signaux de l'armée et enfin du commandement de l'aile gauche de débarquement.

Forcé de renoncer à une attaque directe contre l'Angleterre et d'abandonner ses projets de descente après la destruction presque complète de la flotte française à Trafalgar (1), Napoléon « détourna ses yeux du seul champ de bataille où la fortune lui eût été infidèle (2). » A compter de ce moment, qui marque le terme des grandes guerres maritimes, les officiers d'élite saisirent la première occasion de s'acheminer vers l'Inde, où les corsaires se trouvaient engagés dans de périlleuses expéditions. Hamelin n'hésita pas à solliciter un commandement pour ces mers lointaines.

Deux frégates étaient en construction au Havre depuis le mois de décembre 1805, c'étaient la *Vénus* et la *Junon*. Il obtint le commandement de la première, mise à l'eau le 5 avril 1806 et forte de vingt-huit canons et de trois cent vingt hommes d'équipage ; il s'y embarqua le 18 juillet suivant.

Mais l'armement des frégates, le recrutement des équipages, le mauvais état du port du Havre, dont le chenal, encombré de vase et de cailloux, était impraticable (3),

---

(1) Cinq marins d'Honfleur furent tués ou blessés à Trafalgar : Charles Harenger, matelot sur le *Redoutable*; Jean-Baptiste Bruman, 2e chef de timonerie sur le *Fougueux*; Benjamin Lepelletier, quartier-maître sur l'*Aigle*; Louis Lemer, quartier-maître sur l'*Aigle*; Léonard Lépine, matelot sur l'*Argonaute*. (Arch. de la Marine, *Campagnes*, 1806.)

(1) Jurien de la Gravière, *Guerres maritimes*, II, 255.

(1) Arch. de la Marine. Lettre du capitaine Rousseau, commandant la *Junon*, 27 février 1808.

et par dessus tout les croisières ennemies, devaient retarder pendant plus de deux années la sortie des bâtiments. Du mois de juillet 1806 au mois de novembre 1808, la *Vénus* et la *Junon* demeurèrent bloquées pour ainsi dire à l'embouchure de la Seine, malgré les ordres pressants du ministre. « Je ne vois aucun motif, écrivait le duc Decrès au capitaine Hamelin, qui puisse vous empêcher de sortir ; l'empereur attend avec impatience la nouvelle de l'appareillage des deux frégates, et tous vos soins doivent tendre à accélérer ce moment (1). » A ces instances Hamelin répondait qu'il ne pouvait sortir du Havre sans combattre et il demandait l'autorisation de se faire accompagner par les fortes canonnières l'*Etna* et la *Brûlante*. « Tant que vous maintiendrez votre ordre de ne sortir qu'autant qu'il y aura de grandes probabilités d'atteindre ma destination sans combattre, ajoutait-il, j'ai peu d'espérance d'appareillage (2). » Il disait encore au ministre : « Si votre excellence consent à ce que nous sortions, l'ennemi en vue, je peux l'assurer qu'heureux de trouver l'occasion de sacrifier nos vies pour le service de S. M. Impériale et Royale et pour la gloire de son pavillon, nous nous battrons jusqu'à extinction et finirons au pis-aller par nous jetter à la côte, si l'impérieuse nécessité nous y contraint (3). »

Hamelin avait étudié son terrain, et loin de se faire des illusions sur la situation, il voyait bien, et l'écrivait

(1) Lettre du mois de mars 1807.

(2) Lettres des 12 février, 25 février, 27 mars, 8 août et 30 septembre 1807. (Arch. de la Marine, *Campagnes.*)

(3) Lettre du 28 avril 1808. (Arch. de la Marine, *Campagnes.*)

au duc Decrès, qu'il ne fallait pas se flatter de rencontrer un concours de circonstances favorables : « le vent, la grande mer et l'absence de l'ennemi sont trois choses extrêmement difficiles à réunir (1). »

Sur ces entrefaites survint un décret (24 mai 1808), qui ordonna pour la protection du cabotage et la surveillance de la pêche, la création de huit divisions de bâtiments garde-côtes. Les dispositions de ce décret étaient les suivantes : chaque division devait être composée de neuf péniches et commandée par un lieutenant de vaisseau pour la mer, et par un chef de bataillon pour la terre. Le chef de bataillon avait sous ses ordres trois compagnies d'infanterie composées chacune de soixante-dix hommes ; chaque compagnie était divisée en trois escouades et chaque escouade, forte de vingt-trois hommes, formait la garnison de chaque péniche.

La 7ᵉ division devait se réunir au Havre et être sous les ordres de l'officier de marine qui commandait la rade.

En ce qui concernait leurs obligations, il avait été réglé que les bâtiments garde-côtes devaient se porter partout où ils savaient que l'ennemi envoyait des péniches : à cet effet chaque division devait former une police sur les principaux points des côtes confiées à sa protection. Il leur était enjoint de se tenir constamment, quand ils n'étaient pas en course, auprès du vaisseau amiral de la rade dont ils dépendaient et de ne pas aller en course isolément, mais toujours trois ensemble.

La division du Havre se composait d'un détachement

_____

(1) Lettre du 30 avril 1808.

du bataillon de Neufchâtel, et le commandant Hamelin reçut l'ordre de le recevoir à bord de la *Vénus*, afin que les hommes fussent plus rapidement répartis sur les neuf bâtiments garde-côtes à armer et qu'ils s'accoutumassent davantage au service de la marine militaire.

Au moyen de cette division de bâtiments légers, il devait être facile à Hamelin d'éclairer les mouvements de l'ennemi en faisant appareiller les péniches réunies sous son pavillon, et en appareillant personnellement pour surprendre les bâtiments anglais et protéger les côtes et les convois (1).

Tout en tenant compte de ces instructions, Hamelin n'en persistait pas moins dans sa volonté. Au ministre qui lui avait reproché ses lenteurs, il demanda de nouveau l'autorisation de gagner Cherbourg coûte que coûte ; il y avait trop longtemps, pensait-il, qu'il était tenu en échec, il lui fallait une nouvelle réponse. Au mois d'août 1808, elle lui parvint telle qu'il la désirait. « Je vous accorde la latitude que vous désirez pour la sortie des frégates la *Vénus* et la *Junon*, lui écrivit le duc Decrès, et vous êtes libre de tenter cette sortie lorsque vous croirez pouvoir réussir (2). » Trois jours plus tard, le 21 août, il sortait du Havre à neuf heures du soir, mettait en défaut la station ennemie, qui avait prétendu s'opposer à son passage, et entrait dans le port de Cherbourg le lendemain à dix heures du matin, sous le feu d'une division anglaise (3).

(1) Lettre du 31 mai 1808. (Arch. de la Marine.)

(2) Lettre du 18 août 1808.

(3) Le ministre de la marine au capitaine Hamelin : « Vous avez profité

La *Vénus* y resta plus d'un mois à l'ancre sans que son commandant connût la mission qui lui était réservée. Par une première lettre du 12 octobre 1808, le ministre l'informa des dispositions qui avaient été prises relativement aux cinq bâtiments réunis à Cherbourg : la *Vénus*, l'*Amphitrite*, la *Junon*, le *Cygne* et le *Papillon*. Trois d'entre eux devaient se rendre aux Antilles, la *Junon* était destinée pour une autre colonie, quant à la *Vénus*, elle devait se rendre à l'Ile-de-France. « Les difficultés attachées au passage de la Manche, disait le ministre, me font désirer qu'aucun de ces bâtiments n'appareille avant le mois de novembre, époque à laquelle les nuits plus longues et les brumes pourront faciliter cette manœuvre. Votre zèle connu, votre expérience, ma confiance dans votre prudence qui ne vous laissera rien compromettre et dans votre activité qui vous fera profiter des circonstances favorables, me persuadant que je ne puis confier cette affaire à de meilleurs mains. Vous devrez donc décider leur départ lorsqu'ils seront chargés. » Quelque temps auparavant, Hamelin avait écrit « qu'il était paré, fût-ce pour aller au bout du monde et pour dix ans (1). » On l'y envoyait.

Le 10 novembre 1808, il mit sous voiles et il put, avec son convoi (2), gagner l'Océan sans être poursuivi ;

avec la célérité la plus satisfaisante de l'autorisation que je vous ai adressée le 18, et c'est avec beaucoup de plaisir que j'ai appris que, parti du Havre le 21 à neuf heures du soir avec les frégates de S. M. la *Vénus* et la *Junon*, vous étiez arrivé le 22 à 10 heures du matin sur la rade de Cherbourg. » (Arch. de la Marine, 29 août 1808).

(1) Lettre du 2 septembre 1808. (Arch. de la Marine, *Campagnes*.)

(2) Il sortit de Cherbourg avec trois frégates et deux corvettes.

il dut se féliciter de la rapidité avec laquelle il avait exécuté ce mouvement, car deux vaisseaux ennemis louvoyaient au large des côtes de Bretagne et devant Brest. Sa sortie du Havre et son départ de Cherbourg à travers les croiseurs qui bloquaient ces deux ports sont des traits de résolution et d'audace qui peignent le caractère même du contre-amiral Hamelin.

Une fois en pleine mer, il ouvrit le pli cacheté qui devait lui révéler sa destination. Ce pli contenait une lettre datée du 12 octobre précédent, l'informant que l'Empereur avait décidé que la station de l'Ile-de-France serait renforcée de quelques frégates. Déjà Duperré y avait été envoyé avec la *Bellone* et y avait débarqué les munitions dont il était porteur. « En arrivant à l'île de France, disait le ministre, vous serez sous les ordres du commandant de la station, laquelle est supérieurement commandée par le capitaine-général Decaen. Je n'ai pas besoin de vous recommander de chercher dans cette traversée de faire le plus de tort que vous pourrez au commerce de l'ennemi, car c'est un des objets essentiels de votre expédition. Vous devez vous attacher, pendant tout son cours, à être de la plus grande utilité aux colonies orientales.... Vous êtes appelé, M. le commandant, à partager l'honneur de contribuer à la conservation des colonies par l'activité et le succès du service que vous y remplirez (1). »

Après avoir pris et brûlé sur son chemin quatre navires de commerce, le *Hiram*, l'*Albion,* la *Victima* et le

____

(1) Arch. de la Marine.

Triomphe-de-la-Paix, Hamelin arrive sans autre incident à l'Ile-de-France le 20 mars 1809. Le mois suivant, il appareille pour une croisière de six mois avec deux frégates, la *Vénus* et la *Manche*, une goëlette, la *Créole*, et le brick, l'*Entreprenant*. Après avoir touché à l'île Bourbon, où il était chargé de conduire des troupes, Hamelin se dirige vers Madagascar. Il y apparaît au moment où les naturels sont prêts à égorger les négociants européens (23 mai 1808). Il a le bonheur, par un débarquement de trois cent soixante marins et par un combat opiniâtre, de sauver la vie de tous les traitants établis à Foulpoint. De là il fait route pour le détroit de Malacca et séjourne à l'entrée de ce passage pendant un mois ; en vue des îles Nicobar, il capture le brick anglais l'*Orient*, puis en parcourant le golfe de Bengale, il combat seul et et prend successivement trois vaisseaux de la Compagnie des Indes : le *Charlestown*, l'*United-Kingdom* et le *Windham*, venant de Londres, chargés de cargaisons évaluées à deux cent mille livres sterling (1). Depuis huit mois que la division Hamelin tenait la mer, elle avait en outre capturé le brick anglais l'*Anna* et les trois-mâts le *Samson* et le *Friendschip*. Enfin, sa croisière se termine par une action plus brillante encore. Il attaque, prend et détruit le riche établissement de Topanobay, défendu par des forts qu'il fait sauter. Hamelin revient à l'Ile-de-France avec ses prises, répare à la hâte ses avaries et est prêt à reprendre la mer, lorsque l'île Bourbon, attaquée par une division anglaise forte de dix-neuf voiles et de six

---

(1) Lettre du général Decaen, 3 janvier 1810. (Arch. de la Marine, *Colonies.*)

mille hommes de débarquement, tombe au pouvoir de l'ennemi le 9 juillet 1810. Son bras et son épée étaient devenus nécessaires à la défense de Port-Louis, et il allait faire tout ce qui dépendait de lui pour conserver cet établissement.

Comme nous l'avons dit, l'île Bourbon était prise ; dans la nuit du 13 au 14 août 1810, le capitaine Willouyhby avait débarqué des frégates anglaises en croisière deux cent cinquante soldats de marine qui s'étaient rendus maîtres de l'îlot de la Passe en l'attaquant à la faveur d'un orage. Mais le 20 août, la division Duperré, composée des frégates la *Bellone* et la *Minerve*, de la corvette le *Victor* et des vaisseaux de compagnie le *Ceylan* et le *Windham* récemment capturés, était en vue de l'Ile-de-France et elle allait faire payer cher son succès au pavillon anglais. En effet, trois frégates ennemies, la *Magicienne*, le *Syrius* et l'*Iphigénie* croisaient alors avec sécurité devant le port Napoléon et elles ne se doutaient guère de la rentrée de notre division. Une quatrième frégate, la *Néréide*, était mouillée à quelque distance. Le 21 août, le *Windham*, en cherchant à mouiller dans la rivière Noire, fut attaqué et repris par le *Syrius*, auquel vinrent aussitôt se joindre les trois autres frégates dans le but d'atteindre le port Impérial et d'y écraser la division française.

Le général Decaen avait prévu leurs intentions, et l'ordre de les suivre et de les combattre était déjà donné à Hamelin, qui avait sous ses ordres les frégates la *Vénus*, la *Manche*, l'*Astrée* et la corvette l'*Entreprenant* (1). Seize

(1) Le général Decaen écrivait à Hamelin, le 23 août 1810 : « Si votre

heures après la réception de cet ordre, il mettait sous voiles.

Pendant ce temps, le 23 août, le combat s'était engagé dès cinq heures du matin entre la division Duperré, embossée au fond de la baie, en avant de l'île aux Singes, dans la position la plus favorable et les frégates anglaises. L'action était des plus vives. La *Bellone,* commandée par Duperré, répondait seule au feu de quatre bâtiments ennemis, dont deux, quoique échoués, lui présentaient le travers et la combattaient avec fureur. Le lendemain, le combat s'engageait de nouveau, et lorsque la division Hamelin, repoussée par les courants et par les vents contraires depuis sa sortie de Port-Napoléon, parut le 27 août devant le port Impérial, la frégate anglaise l'*Iphigénie* restait seule en état de continuer la lutte : la *Néréide* avait été prise, la *Magicienne* et le *Syrius* avaient été incendiés (1).

A peine sur le théâtre de l'action, dans laquelle Duperré avait été atteint d'un coup de mitraille et mis hors de combat, Hamelin adressa au commandant de l'*Iphigénie* la sommation qui suit :

« A bord de la *Vénus,* le 27 août 1810.

« Jacques-Félix-Emmanuel Hamelin, officier de la Légion d'Honneur, capitaine de vaisseau commandant la

division peut se trouver demain en position d'entrer dans le port impérial, vous dirigerez rapidement 2 frégates sur les ennemis, qui ne peuvent faire que peu de résistance après la manière dont ils ont été reçus par les capitaines Duperré et Bouvet..... » *(Papiers du général Decaen.)*

(1) Ce fait d'armes, l'un des plus glorieux de notre marine, est connu sous le nom de *combat du Grand-Port* (île de France). (Voy. l'intéressant récit qui en a été publié dans les *Annales maritimes,* t. I, p. 626-629 (1840).

frégate de S. M. I. et R. la *Vénus* et ses forces navales en ces mers,

« A M. le Commandant pour S. M. Britannique du fort de l'Isle de la Passe et de la frégate l'*Iphigénie*.

« MONSIEUR,

« Pour ne pas augmenter la perte en hommes que vous avez faite sans espoir de succès pour le service du roi votre maître, je vous engage à vous rendre à discrétion, si non, avec les quatre bâtiments sous mes ordres, je vais m'embosser et vous y réduire indubitablement.

« J'ai l'honneur, etc.

« E. HAMELIN (1). »

Le commodore Lambert céda et se rendit. En conséquence, Hamelin envoya son lieutenant en pied Ducret de Villeneuve prendre possession de l'*Iphigénie* et de l'île de la Passe. Il reçut en cette occasion les félicitations du général Decaen, à qui il répondit « que toutes les félicitations étaient dues à M. Duperré, dont le zèle, les talents, le courage éclairé et la brillante conduite lui avaient préparé ce léger succès (2). »

(1) Arch. de la Marine, *Colonies.*

(2) Lettres d'Hamelin, août et septembre 1810. (Arch. de la Marine, *Colonies.*)

Voici la lettre que le général Decaen écrivit au commandant Duperré à la suite du combat du Grand-Port; nous la croyons inédite :

« 3 septembre 1810.

« J'ay reçu ce matin avec un nouveau plaisir un petit mot que le D' Chapotin m'a adressé pour m'annoncer ses espérances de votre prompt rétablissement. Croyez, mon cher capitaine, que personne plus que moi ne désire vous

A l'époque où nous sommes arrivés, le combat du Grand-Port marque dans les fastes de la marine la fin des campagnes dans les mers de l'Inde. La frégate la *Vénus* y avait joué un rôle superbe ; ce fut ce bâtiment qui, engagé seul contre deux frégates et deux corvettes anglaises, y soutint le dernier combat.

Le 17 septembre 1810, expédié du port Napoléon pour chasser une frégate ennemie qui croisait entre l'île de France et l'île Bonaparte, le capitaine Hamelin poursuivit ce bâtiment pendant douze heures et l'atteignit, le 18, à

voir bientôt réuni à la famille de braves que vous avez immortalisés par vos brillants exploits. Si je n'avais qu'à suivre l'impulsion de mon cœur pour vous donner des témoignages plus apparens de ma reconnaissance particulière et de celle de tous les Français qui habitent cette isle, je serai au comble du bonheur. Je ne puis dans ce moment être dédommagé de cette contrariété que j'éprouve que par l'espérance bien fondée que notre auguste souverain Napoléon le Grand vous comblera de ses grâces par des récompenses dignes des éminens services que vous avez rendus en combattant si glorieusement pour l'honneur de ses armes et le salut de sa colonie à l'Ile de France. » (*Papiers du général Decaen*, t. LXXIV, fol. 103.)

Les *Papiers du général Decaen* forment une collection de cent quarante-huit volumes conservés à la Bibliothèque municipale de Caen. Pour l'époque qui nous occupe, on y trouve : (tome X) le Mémorial de la vie militaire du lieutenant général Decaen depuis son départ de France ; (t. XI) des rapports sur la croisière du contre-amiral Linois ; (t. XV) trois lettres de Robert Surcouf ; (t. LII et LIII) de nombreuses pièces relatives à la prise de Saint-Paul en 1809 ; (t. LVI) un rapport sur la reddition de l'Ile de France et le texte de la capitulation, 3 décembre 1810 ; (t. LXXIV, LXXV, LXXVI, LXXVII) la correspondance du général Decaen avec les officiers supérieurs de la marine ; (t. LXXXIX, fol. 177) la correspondance du capitaine de vaisseau Motard en 1806, 1807 et 1808, à laquelle sont joints des extraits de son Journal de bord ; (t. XC et XCI) nombreuses lettres de Duperré, de Bouvet et d'Hamelin relatives aux croisières dans les eaux de l'Ile-de-France.

une heure du matin. Il commença l'attaque à portée de fusil.

La frégate anglaise, après un combat de cinq heures, vaincue autant par l'habileté que par la bravoure du commandant français, amena son pavillon. Elle fut amarinée par un officier de l'état-major de la *Vénus*. C'était le *Ceylan*, armé de quarante canons de dix-huit, portant trois cent soixante marins et cent soldats ; il avait à son bord un général anglais, son état-major et la caisse de l'armée.

Dans la même journée du 18 septembre, le capitaine Hamelin eut connaissance d'une division ennemie composée d'une frégate et de deux corvettes, auxquelles vint ensuite se joindre un vaisseau de compagnie.

La frégate la *Vénus* avait été désemparée dans l'engagement qu'elle venait de soutenir, et il manquait quatre-vingts hommes au compte de son équipage. Cependant, le capitaine Hamelin voulant donner à la corvette le *Victor* chargée de remorquer sa prise, le *Ceylan*, le temps de la mettre en sûreté, accepta un combat inégal d'où sa frégate sortit brisée et foudroyée Pendant trois heures, Hamelin ne cessa de faire feu de toutes ses batteries ; il déploya toutes les ressources du talent et du courage ; mais contraint de céder à des forces très supérieures il se rendit, ne laissant au commodore Rowley qu'un bâtiment éventré par les boulets, qu'un débris informe prêt à s'engloutir (1).

(1) Arch. de la Marine, *Rapport de l'Empereur*. — Voyez aussi une lettre du général Decaen au ministre de la marine, 26 septembre 1810. — *Papiers du général Decaen*, t. LV, fol. 208.

Alors allait s'ouvrir une dernière lutte pour la défense l'Ile-de-France contre les formidables armements qui se préparaient dans les divers ports de l'Inde anglaise. Pour se disposer à la soutenir, il y avait différentes mesures à prendre. Renforcer la garnison, débarquer les équipages et en former des compagnies, armer les forts et en confier le commandement aux officiers de vaisseaux, pourvoir aux approvisionnements et créer en quelques semaines une ligne de bastions et de fortins, un système de défense propre à résister à un débarquement, tels furent les moyens mis à l'œuvre par le gouverneur général. Mais la garnison et les marins cherchèrent en vain à défendre l'île de France en résistant aux nombreuses troupes que les Anglais y portèrent. La colonie capitula le 3 décembre 1810; on obtint qu'officiers, soldats, marins, personnel administratif seraient renvoyés en France, libres, aux frais du gouvernement anglais.

Hamelin était rentré en France au printemps de 1811 (1). Après avoir été fait officier de la Légion d'honneur en 1804, commandeur en 1810, il fut créé baron de l'Empire le 19 juillet 1811 (2), et un décret

---

(1) Avant de quitter l'Ile de France, il adressa au gouverneur général la lettre suivante :

« St-Paul, le 10 octobre 1810.

« Mon Général. Je pars le cœur navré de la perte de la belle frégate de S. M. Imp. et Roy. la *Vénus* et de cesser de sitôt de servir sous les ordres d'un chef aussi brave, aussi propre à commander le respect et à inspirer la confiance que vous..... » (*Papiers du général Decaen*, t. LVII, fol. 123.)

(2) Armoiries du baron Hamelin. Ecu : *aux 1 et 4 d'argent à un cygne de sable; aux 2 et 3 d'azur à une ancre d'or.*

Un décret du 26 octobre 1864 autorisa Emmanuel-Jean-Baptiste Hamelin,

signé à Compiègne le 15 septembre de la même année le nomma contre-amiral. Quelques jours plus tard, le 23 septembre, il prenait le commandement d'une escadre dans l'Escaut. On le retrouve à Brest en 1813, commandant en chef l'escadre de Bretagne, composée de six vaisseaux, neuf frégates et quatre corvettes ; il avait arboré son pavillon sur l'*Eylau* puis sur le *Marengo*.

La nomination du contre-amiral Hamelin au commandement de l'escadre fut un honneur décerné à une glorieuse carrière, elle fut un plus grand service rendu à la discipline, dit l'amiral Jurien de la Gravière. « Je me sentis heureux, ajoute cet officier général, de me trouver sous les ordres d'un chef dont la loyauté m'était depuis longtemps connue, et qui devait, dans le cours de son commandement, m'en donner à diverses reprises les plus honorables preuves (1). »

« Si pendant de longues années on avait négligé d'exercer nos équipages, continue M. Jurien de la Gravière, il faut convenir que depuis 1810 c'était un système entièrement contraire qui avait prévalu. Jamais on n'avait déployé plus d'activité que notre nouvel amiral. Nos marins, qui l'adoraient, l'avaient surnommé *Tourmentin*. Nous manœuvrions du matin jusqu'au soir. Chaque jour, on changeait ou les vergues ou les voiles ; on dépassait les mâts de hune et on les repassait aussitôt ; puis à l'instant même on appareillait, poussant quelquefois une bordée jusqu'en dehors de la baie de Bertheaume. On en

capitaine de frégate (démissionnaire en 1865), à porter le titre de baron conféré sous le premier empire à son grand-oncle paternel.

(1) *Souvenirs d'un Amiral*, t. II, 166.

était venu à ne plus tenir compte ni du vent ni du courant. Rien n'était, disait-on, impossible en marine. Tous les vaisseaux partaient à la fois, comme une volée de perdreaux, sans laisser à ceux qui étaient mouillés le plus en dehors le temps de faire place aux autres ; tous revenaient prendre leurs amarres avec un aplomb magistral. Les Anglais, à coup sûr, n'auraient pas mieux fait, et je doute que nos beaux vaisseaux d'aujourd'hui eussent pu nous primer. C'était un spectacle réjouissant pour l'œil d'un chef, et il y avait là de quoi le pénétrer de confiance. Du reste, s'il fut jamais un homme d'honneur et de résolution, c'était bien celui-là. Bref, concis, sans emphase, il rêvait secrètement au moyen d'employer d'une manière utile au service de son pays cette escadre qu'il avait mis tous ses soins à former (1). »

Hamelin poursuivait ainsi le désir secret de chasser des côtes de Bretagne les escadres anglaises. S'il ne les éloigna pas de la baie d'Audierne, c'est parce que le gouvernement lui en refusa l'autorisation (2). En revanche, il les chassa très souvent de l'Iroise. Mais l'occasion de rendre à notre pavillon quelque lustre se trouva manquée ; Hamelin ne s'en consola jamais (3).

Bientôt se succédèrent les revers ; les événements se précipitèrent. Poussés par l'Angleterre et par les émigrés français, les alliés franchirent le Rhin (1er janvier 1814) et après de nombreux combats arrivèrent sous les murs de Paris, qui capitula le 31 mars.

(1) *Souvenirs d'un Amiral,* t. II, p. 167.
(2) Lettre d'Hamelin, 5 janvier 1831. (Arch. de la Marine, *Personnel.*)
(3) *Souvenirs d'un Amiral,* t. II, p. 170.

Trois mois plus tard, l'escadre de Brest reçut la visite du duc d'Angoulême. Le 26 juin, le grand amiral de France arriva dans ce port où il fut reçu par le contre-amiral Bouvet, préfet maritime, au milieu des acclamations, salué par l'artillerie des remparts et par celle de la garde nationale rangée en batterie sur la place Bourbon. Le lendemain, après avoir passé en revue les gardes du pavillon, visité l'arsenal au bruit du canon des batteries et du château, parcouru le magasin général et vu les chantiers de construction, le duc d'Angoulême s'embarqua et se rendit en rade à bord du vaisseau-commandant le *Marengo* (1). Ce fut le contre-amiral Hamelin qui le reçut au bas de l'escalier et lui adressa un court compliment. Le vaisseau fit un appareillage, mit toutes voiles dehors et, accompagné des corvettes l'*Eclair*, la *Diligente* et le *Messager*, louvoya entre l'escadre et Mingau. Le duc d'Angoulême dîna à bord du vaisseau-amiral et voulut bien admettre à sa table le contre-amiral Hamelin, à qui il envoya, le lendemain, le cordon de Saint-Louis (2).

Dans ce même moment, la dissolution de l'escadre de Brest fut prononcée, à raison des dispositions arrêtées par le roi pour la reprise de possession des colonies françaises. Le commandement d'Hamelin prit ainsi fin. « Si votre commandement cesse, lui écrivit le ministre, les officiers et les marins qui ont servi sous vos ordres n'ou-

---

(1) Vaisseau de soixante-quatorze canons, construit à Lorient sur le plan de M. Sané et mis à l'eau le 12 octobre 1810.

(2) Arch. de la Marine, *Campagnes et service général*. Lettre des 15 avril, 30 mai, 20 et 29 juin 1814.

blieront jamais les exemples et les leçons utiles qu'ils ont reçus de vous. Vous savez que dès que le Roi fut de retour en France, je m'empressai de lui faire connaître la distinction de vos services, et, à ma grande satisfaction, ils ont fixé récemment d'une manière très flatteuse l'attention de S. A. R. M. l'Amiral de France (1). »

Le contre-amiral Hamelin ne rentra en activité qu'en 1818 ; une ordonnance du 8 mars le nomma major général de la marine au port de Toulon. Son zèle pour le service, son impartialité et son dévouement furent alors récompensés de nouveau. Louis XVIII le nomma grand officier de la Légion d'honneur (23 août 1820), et en 1822 lui donna le commandement des forces navales de la Méditerranée.

Avec la gracieuse dépêche l'investissant de ce commandement, Hamelin reçut l'ordre d'appareiller de Toulon. Il sortit donc ayant sous ses ordres le *Colosse* (2), les frégates la *Guerrière* et la *Thétis*, et la corvette l'*Echo*. Se conformant aux instructions du ministre, il se montra successivement devant Savone, Gênes, la Corse, Naples, Palerme, Cagliari, Tunis, Bône, Alger et Lisbonne ; sa division mouillait sur la rade de Brest le 24 septembre 1822, après cinquante-sept jours de mer (3).

Déjà cependant on prévoyait le cas d'une guerre avec l'Angleterre, à la suite des discussions auxquelles don-

---

(1) Lettre du 18 juillet 1814. (Arch. de la Marine.)

(2) Vaisseau de soixante-quatorze canons, construit à Toulon en 1812 sur le plan de M. Sané. Le contre-amiral baron Hamelin porta son pavillon sur ce vaisseau, le 18 juillet 1822.

(3) Arch. de la Marine, *Campagnes*, 1822.

naît lieu l'état politique de l'Espagne. Déjà les journaux étrangers avaient annoncé que le cabinet de Saint-James paraissait disposé à prendre l'île de Cuba sous sa protection, afin de la préserver des révolutions intérieures qui auraient tendu à la soustraire à la domination espagnole. On parlait même d'une escadre partie des ports de la Grande-Bretagne pour effectuer cette prise de possession temporaire.

Quoiqu'aucun avis officiel ne fût parvenu à ce sujet au gouvernement, le ministre donna à Hamelin l'ordre de se rendre à la Martinique avec le vaisseau le *Colosse* et la frégate la *Jeanne-d'Arc*, et de se porter à l'entrée du golfe du Mexique et dans les parages de Cuba, où les pirates exerçaient le plus de déprédations (1).

Tandis qu'Hamelin préparait son départ, un contre-ordre lui fut expédié. Quelques mois après, les hostilités étant commencées entre les troupes françaises et « les hommes armés par le gouvernement des Cortès d'Espagne », l'ordre lui parvint d'étendre ses croisières depuis Cadix jusqu'à Brest et d'empêcher les communications de l'Angleterre avec la péninsule, lorsque les bâtiments sous ses ordres bloqueraient effectivement un port espagnol. Toutefois, sa conduite avec les officiers anglais devait être franche et amicale, « l'Angleterre ayant annoncé l'intention positive de garder la plus stricte neutralité dans la guerre actuelle (2). »

Dès les premiers jours de la croisière, le contre-amiral Hamelin se trouvant en face de circonstances très déli-

(1) Lettre du ministre de la marine, 19 novembre 1822.
(2) Lettre du ministre de la marine, 22 avril 1823.

cates, agit avec une décision et un tact qui lui méritèrent les félicitations du ministre. « Je veux encore vous dire, mon cher général, que je suis extrêmenent satisfait de votre activité et du zèle que vous déployez pour le service du Roi (1). ». Il fut l'objet de nouveaux compliments, lorsqu'au mois de juin 1823, ayant reçu devant la Corogne l'ordre de former le blocus de Cadix, il tint ce port aussi étroitement bloqué que possible, eu égard au petit nombre de bâtiments à sa disposition. Hamelin aurait, devant ce port, reçu le prix de ses fatigues et de son zèle, si, par malheur, une frégate anglaise, aidée par la force du vent, ne fut parvenue à forcer le blocus. Cet événement attira au contre-amiral les reproches du gouvernement, et, plus tard, ceux du duc d'Angoulême. Affligé d'un blâme qu'il jugeait immérité, affaibli par des fatigues journalières, au point de craindre de ne plus pouvoir exercer son commandement, Hamelin sollicita son remplacement « sentant bien, disait-il, qu'en remettant sa démission, il allait perdre ses droits aux faveurs et à l'avancement immédiat qu'il voyait répandre avec profusion dans l'armée de terre. Il crut néanmoins devoir faire ce sacrifice au bien du service (2). »

Le sacrifice était complet, car ce fut en vain que, pendant dix années, Hamelin sollicita le grade de vice-amiral ; il perdit ainsi le fruit de ses longs et loyaux services, « pour avoir eu le tort, disait-il tristement au comte de Rigny, de ne pas vouloir consentir à flatter Mgr le duc d'Angoulême ». Depuis ce moment, il ne

(1) Lettre du 27 mai 1823.
(2) Lettre du 5 janvier 1831. (Arch. de la Marine.)

reprit point de l'activité ; n'aspirant qu'à la retraite, il se retira dans une propriété qu'il possédait aux environs de Paris, à Franconville. C'est là que le trouva la révolution de juillet. Rentré en grâce auprès du nouveau gouvernement, le contre-amiral Hamelin fut nommé directeur du dépôt des cartes et plans de la marine, le 25 juillet 1833. Il conserva ces fonctions pendant six années, et au moment où sa verte vieillesse faisait espérer à ses amis de le conserver encore longtemps, il fut enlevé, à la suite d'une courte maladie, le 23 avril 1839 (1).

A la nouvelle de sa mort, ses collègues se réunirent dans l'expression des mêmes sentiments de douleur et de regret. Cette affliction, qui s'adressait autant à la valeur du marin qu'au caractère de l'homme privé, trouva un éloquent interprète en l'amiral Duperré. Ce ne fut pas sans émotion que le rude et énergique officier général, l'intrépide commandant de la *Bellone,* traça en quelques lignes, dans la lettre qui suit, l'éloge du contre-amiral Hamelin :

« Paris, 23 avril 1839 (2).

« Monsieur le Ministre,

« La marine vient de perdre une de ses illustrations. Le contre-amiral baron Hamelin, mon brave et ancien compagnon d'armes dans les mers de l'Inde, vient de finir comme il avait vécu : pauvre, mais honoré. Il ne laisse pas même à sa veuve infortunée les moyens de pourvoir aux frais des derniers devoirs à lui rendre. Cette

(1) Le contre-amiral Hamelin est décédé à Paris, rue de l'Université, n° 35.
(2) Arch. de la Marine, *Personnel.*

cruelle idée a fait le tourment des derniers instants de cette vie si souvent sacrifiée à son pays. C'est donc à lui, c'est au département d'y pourvoir, comme il l'a déjà fait en d'autres circonstances. La marine entière, dont je me rends ici l'organe, et confiante dans les sentiments du Roi et de ses ministres pour la mémoire d'un de ses plus honorables serviteurs, vient vous prier d'être son interprète auprès de Sa Majesté pour obtenir une dernière grâce, celle qu'il soit pourvu aux frais de l'État à l'enterrement d'une de ses illustrations maritimes.

« Agréez, etc.

« Amiral DUPERRÉ. »

Se rendant au vœu de l'amiral et reconnaissant des services rendus par Hamelin, le roi Louis-Philippe accorda trois mille francs. Notre compatriote prit sa place dans le champ du repos sous l'escorte des anciens officiers de la *Vénus* et suivi par un grand nombre de ses chers matelots de Normandie. Là il reçut les adieux touchants de ses frères d'armes et le juste tribut d'éloges dû au digne émule des Tréhouart, des Duperré, des Bouvet, des Lhermitte et des Surcouf dans les mers de l'Inde.

Pour honorer la mémoire de leur ami et de leur concitoyen, les conseillers municipaux de sa ville natale décidèrent que la place sur laquelle est située la maison où le contre-amiral naquit, porterait à l'avenir le nom d'Hamelin. Un autre honneur posthume lui était réservé : le buste d'Hamelin fut placé à Versailles dans la galerie de nos illustrations nationales.

De son union avec Marie-Catherine Anthoine, née à

Châteaudun, le 21 février 1775, et morte à Paris le 9 août 1859, le contre-amiral Hamelin n'eut point d'enfants. Il avait reporté son affection sur un neveu à qui il ménagea l'entrée de la carrière dans laquelle ce dernier, grâce aux circonstances politiques, devait atteindre les plus hauts grades. C'était Ferdinand-Alphonse Hamelin, né à Pont-l'Évêque, le 2 septembre 1796, mort amiral de France, grand chancelier de la Légion d'honneur, après avoir été ministre de la marine, inhumé dans le caveau de l'hôtel des Invalides en 1864 (1). Le nom de cet officier général reste intimement lié à l'expédition de Crimée et au commandement de l'escadre de la Mer-Noire, mais ses services ne peuvent être mis en parallèle avec les brillantes actions de guerre de son oncle, encore moins avec les faits d'armes des illustres capitaines qui, à une époque fatale mais glorieuse, promenèrent avec honneur le pavillon tricolore sur toutes les mers.

La famille Hamelin est encore de nos jours dignement représentée dans la marine française par M. Emmanuel-Auguste Hamelin, capitaine de vaisseau, arrière-neveu du contre-amiral (2).

(1) L'amiral ministre de la marine a laissé deux fils : 1° Emmanuel-Jean-Baptiste Hamelin, né à Toulon le 29 novembre 1830, capitaine de frégate en 1862, démissionnaire en 1865, et nommé percepteur à Paris ; 2° Frédéric-Alphonse Hamelin, né à Toulon le 10 février 1833, enseigne de vaisseau en 1854, démissionnaire en 1858, et nommé conseiller référendaire à la Cour des Comptes.

(2) Cette notice a paru, en 1893, dans les *Mémoires de l'Académie des Sciences, Arts et Belles-Lettres de Caen.*

XVI

Lacoudrais (*Les*), armateurs et marins (xviie et xviiie siècles). — Les maisons d'armement et du commerce de mer, au xviiie siècle comme dans la période antérieure, se distinguaient par un caractère d'énergie, d'activité, d'initiative qui se déployait dans sa vigueur et sa fécondité pendant plusieurs générations. Leur organisation était familiale ; tout fils de commerçant était destiné à le devenir. Si le jeune homme est l'aîné, il restera pour aider son père au comptoir. Quant aux cadets, on les embarquera et après plusieurs voyages ils deviendront de bons capitaines qui commanderont les navires de la maison paternelle. Préparé de bonne heure aux opérations du commerce maritime d'une étendue presque infinie, élevé dans le respect de la maison et fidèle à ses traditions, le jeune négociant-armateur avait ses racines dans le sol natal ; il y implantera une nouvelle souche. Celle-ci fera ce que la génération précédente n'avait pu faire ; elle disposera de capitaux plus abondants, d'une meilleure organisation du crédit ; elle s'efforcera d'assurer la perpétuité de la maison de commerce.

En jetant un coup d'œil dans les anciens comptoirs honfleurais, il est possible de se représenter la figure du négociant de la vieille roche, l'ancien bourgeois à l'éducation très soignée, qui tient entre ses mains le haut

négoce et est d'une austérité inflexible sur le point difficile de l'honneur commercial. C'est ce négociant qui
fait des affaires avec l'Amérique, la Suisse, la Hollande,
l'Angleterre et l'Allemagne, qui entretient une correspondance active avec les principales villes de France, qui,
avec un sens pratique et une précision remarquable,
rédige des instructions sur la manière de traiter, c'est-à-
dire de vendre ou de troquer à la côte de Guinée, qui
sait que le bon ordre des associations commerciales et des
familles est ce qui les affermit et les rend recomman-
dables, — c'est ce type du négociant-armateur d'autrefois
que l'on rencontre chez les Lacoudrais. Il n'y a pas un
demi-siècle, le crédit, la considération se trouvaient encore au plus haut point dans leur maison aujourd'hui
disparue. Par leur parenté, ils tenaient à la magistrature,
aux fonctionnaires généraux de la marine, aux officiers
généraux de l'armée et touchaient même par quelques
points à la cour. Nous verrons qu'un fort esprit de famille
et une réelle aptitude à se tirer soi-même d'affaire aug-
mentèrent leur fortune et maintinrent leur bonne
renommée.

Les débuts furent humbles. Au milieu du xviie siècle,
un Nicolas Coudre vint à Honfleur remplir l'emploi de
garde au bureau de la romaine. C'était le fils d'un laboureur du pays de Bray, en la Haute-Normandie, nommé
Romain Coudre, natif du village des Ventes-Mares-
Mezangère. En l'année 1684, Nicolas Coudre-Lacoudrais
fixa sa résidence à Honfleur par son mariage avec Anne
Mesnier, appartenant comme lui à la classe ouvrière. Un
fils aîné portant le même prénom que son père et nommé

Nicolas Coudre-Lacoudrais naquit de cette union en 1703. Dès son jeune âge, il fut mis au collège de Rouen où des succès universitaires couronnèrent ses premières études. Ils lui ouvrirent les portes des principales maisons de commerce de Rouen. Cette ville était alors une des plus fameuses écoles du commerce. Nicolas Coudre-Lacoudrais y acquit une grande somme de notions pratiques qui plus tard contribuèrent à la fortune de sa famille. Il était de retour à Honfleur en 1720; il n'était âgé que de dix-sept ans. Malgré sa jeunesse, il fonda dans ce port un comptoir pour le trafic colonial; ses parents en firent un négociant, contrairement à d'autres qui achetaient pour leurs fils un médiocre office de greffier, de procureur ou de receveur des tailles. Une connaissance approfondie des opérations commerciales, d'heureuses affaires réalisées aux îles d'Amérique montrèrent son énergie et son activité sous le jour le plus avantageux. Il fait un commerce de commission tant pour la France que pour les colonies; bientôt à ce commerce il adjoint un comptoir d'armement, et, en 1732, il expédie à la Martinique le navire le *Saint-Antoine*, chargé de barils de lard, de boules de beurre, de caisses d'ardoises, de pièces de toile de Bretagne et de milliers de briques. Ce premier voyage à la zone intertropicale qui fournit abondamment le sucre, est le germe qui a donné naissance, un siècle plus tard, à une puissante raffinerie.

Nicolas Coudre-Lacoudrais, devenu un négociant influent, fut choisi pour premier échevin en 1758. Chargé plus tard de présenter aux pouvoirs publics les doléances du commerce, il établit une correspondance régulière avec les directeurs de la Compagnie des Indes orientales. L'un d'eux, M. Le Moyne, se plaisait à dire qu'il ne savait que trop louer chez Nicolas Coudre-Lacoudrais : l'amour du travail, de l'économie, l'esprit d'entreprise, la loyauté dans le commerce colonial, l'amour du bien. Les fils héritèrent de l'activité pleine d'audace de leur père. Les navires armés par la maison furent un fonds de terre qu'ils exploitèrent. Nous savons que le fils cadet, porté par ses instincts vers les hasards de la navigation, explora les bouches du Niger, connu alors sous le nom de rivière Formose, l'estuaire du Gabon et le fleuve nommé Zaïre ou Congo, artère importante du continent noir.

Le fils aîné se nommait *Nicolas-Louis-Guillaume Coudre-Lacoudrais* (1). Il fut élevé comme son père parmi les négociants de Rouen et il y trouva sa direction. Il y acquit la connaissance des usages maritimes, du trafic, des marchés et des entrepôts étrangers. En quelques années, il s'y lia avec des commerçants qui s'étaient lancés dans la voie féconde de la colonisation. Aussi, dans la seconde moitié du xviiie siècle, la maison Lacoudrais sut-elle combattre les difficultés, prévenir les crises commerciales que produisit la désastreuse guerre de Sept-Ans.

La maison paternelle se consolida donc entre ses mains. Bien plus, elle prit même un développement qui nécessita la fondation de deux comptoirs de commission, l'un au Havre, l'autre à Mortagne. Ce fut son âge d'or. Si nous entrions plus avant dans la question des affaires

---

(1) Né le 20 janvier 1746, à Honfleur. C'est par erreur que la date de 1745 est indiquée sur les registres de l'état-civil.

traitées par elle aux colonies françaises des Antilles, de
1785 à 1792, par exemple, l'ensemble du produit serait
représenté par un chiffre supérieur à quatre millions de
livres. Au moment où, à Saint-Domingue, île fameuse
entre toutes, la révolution renversa la domination française, les créances de la maison Lacoudrais y atteignaient
le chiffre de huit cent mille livres.

L'effet de cette révolution dans l'île de Saint-Domingue,
livrée aux incendies, fut décisif sur divers centres
de commerce; des maisons naguère les plus importantes de France succombèrent au contre-coup de la perte
de la colonie, tant à Nantes, à Honfleur, qu'au Havre et
à Dieppe.

Ce fut un malheur public. Les insurrections populaires
et l'anarchie arrivèrent en même temps. M. Lacoudrais,
l'aîné, tout ruiné qu'il fût, n'en resta pas moins exposé
aux soupçons de la municipalité, on pourrait presque dire
à ses violences. Jugeant qu'il n'y avait plus de sécurité
pour sa personne, il quitta Honfleur où de basses déla-
tions le poursuivaient.

Dans ces conjonctures, Nicolas-Louis-Guillaume Lacoudrais, qui était proche de la cinquantaine, entra dans
la maison d'un négociant de Paris en qualité de comp-
table. « Je fus obligé, écrivait-il, pour subvenir à la nourriture, entretien et éducation de mes enfants, de mettre
en location durant cinq années ce que heureusement
j'avois appris dans ma jeunesse. » Ce qu'il ne dit pas,
c'est que mettant à profit une éducation aussi brillante
que solide, il obtint d'être l'agent commercial du ministère de la guerre pour l'habillement et l'équipement des

troupes. Pendant l'exercice de ces fonctions, il reçut du gouvernement une mission qui le conduisit en Italie.

Par arrêté du comité de salut public du 20 nivôse an III (9 janvier 1795), Nicolas Lacoudrais et Michel-François Poullet, natif de Tours, furent choisis pour accompagner à Gênes deux caissons de diamants d'une valeur d'un million sept cent vingt mille livres, et les remettre au banquier Jean-Luc Durazzo. Munis de passeports, précédés d'un courrier et escortés de deux gendarmes, les commissaires effectuèrent le voyage en quarante jours. Après avoir rendu leur dépôt, l'un d'eux revint en France, l'autre resta en Italie; c'était Nicolas Lacoudrais. Bien accueilli par l'envoyé extraordinaire de la république, il fut autorisé par lui à se rendre en Toscane pour y observer comme ancien négociant les rapports commerciaux qu'on pourrait y établir. Il s'acquitta de ce devoir en séjournant à Livourne, Florence et Pise en 1796 et 1797. Au même moment, il sut gagner la confiance d'André-François Miot, ministre plénipotentiaire, lequel l'attacha d'abord au consulat de France, à Livourne, et l'autorisa à exercer dans ce port les fonctions de vice-consul provisoire. Ses services y furent justement appréciés. « Les premiers détails que vous m'adressez, écrivait le ministre, me prouvent que je ne me suis pas trompé en comptant sur votre zèle et votre intelligence; ils me garantissent que vous continuerez à vous occuper fructueusement des divers objets d'utilité publique sur lesquels vous devez constamment porter votre attention (1). » Il était sur le

(1) Lettre du 21 prairial an III (1795).

point d'être nommé au consulat de Barcelone quand il fut rappelé à Paris par Bénézech, ministre de l'intérieur (1), lequel lui fit savoir que sa mission était finie depuis longtemps. Nicolas Lacoudrais revint en France par Venise et la Suisse durant l'été de 1797. Depuis ce temps et pendant les cinq années qui suivirent, il fit plusieurs voyages à l'étranger, notamment en Belgique, pour le compte d'une maison de la rue du Mail. En 1798, à Ostende, il s'intéressa dans des armements en course, renouant ainsi peu à peu les anciennes relations de sa maison. Mais il fut longtemps avant de trouver un genre d'occupation qui pût lui rendre une portion de l'aisance que ses longs et pénibles travaux lui avaient fait acquérir. Il décéda à Rouen le 31 janvier 1811.

Après avoir parlé du fils aîné, nous allons porter notre attention sur les frères. Ils étaient deux : 1° *Joseph-Armand Coudre-Lacoudrais*, né le 22 novembre 1751, à Honfleur ; 2° *Philippe-Joseph Coudre-Lacoudrais*, né le 24 décembre 1754, dans la même ville. Dès leur jeune âge, l'un et l'autre furent confiés à des capitaines de navire ; le premier comptait dix ans, le second en avait douze à l'heure du premier appareillage.

Philippe-Joseph Lacoudrais quittait le port de Honfleur au mois d'août 1766, en qualité de volontaire sur le trois-mâts le *Roland*, capitaine Le Lièvre. Il prenait la mer pour visiter Sierra-Leone, la côte de Guinée et le Gabon, contrées qui alimentaient la traite. Il embarqua les années

(1) Du 3 novembre 1795 au 16 juillet 1797. En 1803, il suivit à Saint-Domingue, en qualité de préfet colonial, l'expédition commandée par le général Leclerc.

suivantes sur la *Marie-Catherine*, l'*Union*, le *Comte Saint-Florentin*, la *Brune*, le *Scipion l'Africain*. La traite était alors à son apogée; plus de cent navires partaient de France chaque année pour les factoreries situées au nord de l'équateur. Ces voyages à la Côte étaient un rude apprentissage de la vie de marin. Les bâtiments négriers, par le recrutement de leur état-major et de leur équipage, par les privations, les fraudes, les violences inséparables d'un pareil trafic offraient des leçons que l'on n'oubliait de sa vie. Des épisodes demi-sérieux, demi-comiques signalaient ces expéditions. C'est ainsi qu'en 1783, parmi le troupeau humain amené à un des comptoirs de la Gambie par les marchands d'esclaves, se trouva un jeune prince nègre qu'un navire de la maison Lacoudrais, la *Bonne-Amitié*, embarqua sans plus de cérémonie. C'était le neveu du roi de Quoyporte ou Coïporte, chef indigène avec lequel la France entretenait d'amicales relations. Rien dans ses allures ni dans son costume n'ayant trahi sa qualité, il fut jeté à fond de cale avec le reste de la marchandise. Par bonheur, quelques esclaves le reconnurent au cours de la traversée qui les conduisait à la Martinique et pendant laquelle le jeune prince ne se livrait pas aux plus agréables rêves de voyage. De sorte qu'au lieu de lui chercher un acquéreur sur le marché de Fort-Royal, le capitaine conserva le négrillon à son bord et l'amena à Honfleur. Les armateurs l'accueillirent dans leur maison, l'habillèrent de cotonnade bleue avec habit, veste et culotte, et ils en prirent soin quelque temps. Dans la suite, un ordre du ministère général de la marine prescrivit de le rapatrier. On le rembarqua sur le navire qui l'avait amené. Par un certificat du 10 mai 1784, — que nous avons sous les yeux, — le roi de Coïporte rendit témoignage de l'heureux retour et de l'état parfait de la santé de son neveu.

Cependant, le moment était arrivé où le service de la flotte réclamait Philippe-Joseph Lacoudrais. Le 17 juillet 1776, étant au Cap Français, il quitta l'emploi de second lieutenant sur le *Scipion l'Africain* pour passer comme matelot timonier sur l'*Etourdie*, corvette en station à Saint-Domingue. A la fin de l'année suivante, on le trouve sur la *Seine*, bâtiment de commerce armé pour les Antilles. Mais une rupture avec l'Angleterre était imminente, et la *Seine* avait à peine mouillé l'ancre sur la rade de Port-au-Prince au mois de février 1778, qu'une nuée de croiseurs anglais se répandait sur l'Océan. Le grand drame maritime qui se déroula de 1778 à 1783 allait s'ouvrir; il eut pour théâtre la baie d'Ouessant, la mer des Antilles, les côtes de l'Amérique septentrionale et les Indes. Le combat de la *Belle-Poule* (17 juin 1778) commença une guerre à laquelle l'Angleterre s'était préparée par des armements formidables. Les flottes qui allaient entrer en ligne étaient les plus remarquables que l'on eût vues depuis longtemps, tant par la solidité des équipages que par l'instruction et la bravoure des officiers.

Mais le commerce français devait être accablé sur toutes les mers. Même avant le commencement des hostilités, très peu de navires échappèrent aux corsaires. Le Havre perdit cinquante-trois navires d'une valeur supérieure à treize millions de livres ; Fécamp compta dix-sept bâtiments et Dieppe vingt-trois navires pris par l'ennemi. En ce qui concerne Honfleur, les pertes que ce port éprouva s'élevèrent à plus de quatre cent trente-cinq mille livres. Elles portaient sur onze bâtiments dont voici les noms : le *Père-Adam*, le *Saint-François*, le *Saint-Christophe*, la *Louise*, le *Bon Chrétien*, l'*Aimable Madeleine*, l'*Eléonore*, le *Saint-Martin*, la *Fidélité*, le *Diligent*, la *Princesse Emilie*.

Nous avons laissé Philippe-Joseph Lacoudrais embarqué sur la *Seine*. Ce navire, après un séjour de quelques mois à Saint-Domingue, revenait à son port d'armement lorsqu'il fit rencontre du corsaire anglais le *Winsel*. La *Seine*, presque neuve, fortement montée et bien gréée pour la course, lui donna la chasse. Quelques coups de canon prirent en enfilade la lettre de marque anglaise et quelques grenades lancées des hunes de la goëlette balayèrent le pont. Les Anglais amenèrent pavillon (9 octobre 1778.) Philippe-Joseph Lacoudrais passa capitaine sur la prise et fit route pour le premier port de France. Mais en approchant de Douarnenez il fut attaqué à la nuit close par une frégate anglaise, capturé et conduit sur les pontons (11 octobre 1778.) Sa détention comme prisonnier de guerre dura vingt-deux mois; elle prit fin le 26 août 1780.

Durant ce temps, son frère Joseph-Armand Lacoudrais s'était rendu auprès du commissaire général de la marine pour solliciter son embarquement sur un bâtiment armé en guerre. Il obtint une commission d'officier auxiliaire et il fut placé sur l'escadrille de John Paul Jones, armée à Lorient aux frais du gouvernement des États-Unis.

La division que le commodore Paul Jones commandait

était composée d'un vaisseau, le *Bonhomme Richard*, de trois cent quatre-vingts hommes d'équipage et de quarante bouches à feu ; de la frégate l'*Alliance*, de la *Pallas*, de la *Vengeance* et du cutter le *Cerf*, de dix-huit canons. Joseph-Armand Lacoudrais était embarqué sur ce dernier navire en 1779.

Pendant trois mois, le *Cerf* s'établit en croisière entre Cancale, Brest, Belle-Isle et Lorient ; le 21 juin, il soutint contre deux lougres anglais un combat qui valut les félicitations du ministre à Joseph-Armand Lacoudrais. « Je vous annonce avec plaisir, écrivit M. de Sartine au commandant Varage, que le roi est très content de la manière dont vous vous êtes conduit dans cette action qui vous fait beaucoup d'honneur. Soyez persuadé que je me souviendrai de ce que vous me marquerez d'avantageux des sieurs Lacoudrais, de Sieuville et de Bergue par lesquels vous avez été très-bien secondé (1). »

M. de Sartine s'en souvint, en effet. Il obtint du roi une haute marque de bienveillance en faveur des officiers du *Cerf*. Louis XVI fit don d'une épée d'honneur à Joseph-Armand Lacoudrais et à François Sieuville (2), en récompense de leur belle conduite dans le combat du 21 juin (3).

Dans les premiers jours de l'année suivante, le 27 janvier 1780, le cutter le *Cerf* partit de Lorient pour une

---

(1) Lettre du 30 juin 1779. (Arch. de la Marine.)

(2) Né à Briquebec (Manche), le 9 février 1755 ; lieutenant de vaisseau le 7 avril 1792 ; capitaine de frégate le 25 février 1796 ; réformé le 29 novembre 1800. Mort le 3 juillet 1811.

(3) Le récit en fut inséré dans la *Gazette* du 2 juillet 1779.

campagne en Amérique. L'ordre auquel il obéissait avait été reçu avec enthousiasme par un équipage plein d'ardeur et de bravoure. Le *Cerf* avait à son bord, outre ses matelots, un détachement du régiment d'Enghien et trente hommes de la troupe du port de Lorient. De plus, son commandant était porteur d'une dépêche pour le marquis de Bouillé, gouverneur de la Martinique.

Pendant quelques jours, la navigation du *Cerf* fut heureuse. On espérait que ce bâtiment, poussé par un gros vent, atteindrait rapidement sa destination; mais, le onzième jour, il fut attaqué par un corsaire. Le commandant Varage en rendit compte au ministre en ces termes :

« A midy (le 8 février 1780) le bâtiment fut dans nos eaux; il fit un signal de quatre coups de canon qu'il tira leur donnant une demi-heure d'intervalle de l'un à l'autre; à trois heures et demie il en tira un cinquième à boulet arborant en même temps pavillon en flame bostonienne. C'étoit un corsaire de 24 pièces de canon, dont 18 en batterie et 6 sur les gaillards, comme il m'avoit serré le vent, il arriva sur nous; je fis arborer le pavillon du roi et la flame que je fis assurer par un coup de boulet et je mis en panne. Lorsqu'il fut à la portée de la voix et très près il me demanda d'où je venois et où j'allois. Je lui répondis que j'étois en croisière et je lui fis la même demande. Il me répondit qu'il venoit de la Nouvelle Yorck et que j'eusse à me préparer à me rendre. Au même instant, il amena le pavillon bostonien, arbora l'anglais et nous fit feu de toute sa bordée. Le *Cerf* n'en perdit pas une seule balle. Je ne m'attendois pas à cette trahison, mais j'avois cependant toujours tenu le monde à son poste. Je lui ripostai et nous nous engageâmes dans une action très vive qui dura une heure 26 minutes. Je tentai de l'aborder par deux fois mais il l'évita et prit chasse. Quoyque le *Cerf* fût dans le plus triste état, l'ennemi étant désemparé je le chassai environ 20 minutes, mais l'approche de la nuit, nos avaries, onze coups de boulet au-dessous de la flottaison me firent renoncer au désir que j'avais d'attaquer cet ennemi (1). »

Tel fut le seul combat que le *Cerf* soutint avant d'arriver dans la baie du Fort-Royal où il mouilla le 12 mars 1780 après avoir heureusement échappé aux frégates anglaises qui croisaient au vent de la Martinique. Bientôt l'escadre et le convoi aux ordres du comte de Guichen jetèrent l'ancre sur la même rade, et le cutter le *Cerf* se mit, après s'être réparé, à la disposition du lieutenant général (2). Mais plusieurs sorties en mer de ce bâtiment avec le *Palmier*, vaisseau que montait le chevalier de Monteil, chef d'escadre, démontrèrent l'impossibilité de le rétablir. Il fut, en conséquence, laissé à la disposition de l'intendant : Joseph-Armand Lacoudrais et les autres officiers passèrent sur les vaisseaux de l'escadre. C'est ainsi qu'il fut donné à notre marin de prendre part à la victoire navale remportée dans la baie de Chesapeacke, à la prise de l'île Saint-Christophe et à la funeste bataille de la Dominique. Nous avons vu qu'il avait obtenu le le don d'une épée d'honneur ; sa conduite dans les différentes campagnes que nous rappelons lui valut le brevet

(1) Lettre du 10 février 1780. (Arch. de la Marine.)
(2) Arch. de la Marine, *Campagnes*, vol. 180.

de lieutenant de vaisseau, « que je reçus des Amériquains, dit-il, pour récompense de mes services (1). » A la paix de 1783, il revint à Honfleur et, deux années plus tard, en 1785, sollicita son déclassement pour reprendre ses voyages au commerce. Il était alors âgé de trente-trois ans et il comptait vingt-trois années de navigation. Il songea à diriger ses voyages vers la Guinée, ensuite le long de la côte d'Angola. Mais en vue de rendre ces expéditions plus utiles, il sollicita du gouvernement une corvette de douze à quatorze canons. Bien que sa demande eut trouvé un appui auprès de MM. de Chabert, Bougainville et Thévenard qui rendaient justice à ses connaissances et à son zèle, elle ne fut point accueillie par la raison que les encouragements accordés à la traite étaient assez considérables pour exclure toute autre prétention. Armand Lacoudrais dut se contenter du commandement des navires armés par son frère. Ce fut au cours de l'un de ses voyages de traite, en l'année 1788, que ce marin explora avec un soin tout particulier la côte qui s'étend de Cama à Ambriz, qu'il en releva les mouillages et en visita les principaux marchés. Etant dans la baie de Malimba, il conçut même le projet de remonter le Congo aussi haut que possible et, dans ce but, il pénétra dans l'intérieur du pays sur un parcours de huit jours de marche. Il entra en relations avec diverses peuplades et apprit d'elles que l'ivoire était abondant dans leurs villages, qu'on ramassait dans les petites rivières de la poudre d'or que les nègres portaient à San-Salvador, que

____

(1) Lettre au maréchal de Castries, 7 août 1786. (Arch. de la Marine, *Dossiers du personnel*).

les indigènes de Banza recueillaient sur le sol, à la suite des pluies, du très beau cuivre et des paillettes d'or le plus pur, ce qui indiquait l'existence de mines. Des observations de ce genre étaient de nature, on le conçoit, à vivement fixer l'attention des armateurs. Aussi Armand Lacoudrais écrivit-il à son frère de lui préparer trois navires de première marche pour le mois de mars 1790; il se flattait d'en tirer le plus fructueux parti en se portant dans le cours inférieur du Congo au Zaïre, fleuve immense qui compte plus de quatre mille six cents kilomètres de longueur. Ses propositions furent admises, mais le voyage ne devait pas avoir lieu. De retour à Honfleur le 20 novembre 1789, Armand Lacoudrais y décédait le 2 décembre suivant, épuisé par les fatigues de la navigation et emporté par une fièvre cérébrale.

Des trois frères Lacoudrais, le lecteur se souviendra peut-être que nous avons laissé le plus jeune au moment où, par fortune de guerre, il avait été expédié à Portsmouth et dirigé sur le château de Porchester.

Lorsqu'il en sortit, en 1780, au mois d'août, son aîné était aux Antilles. Ce fut pour l'aller rejoindre et prendre part aux imposantes opérations navales de nos escadres qu'il embarqua comme second capitaine sur la *Cordialité*, armée à Lorient pour le cap Français Mais son espoir devait être doublement déçu. En premier lieu, la veille d'arriver au Cap, la *Cordialité* soutint contre un corsaire un combat d'une heure et demie, dans lequel Philippe-Joseph Lacoudrais fut blessé à la cuisse; ensuite elle essuya dans les débouquements plusieurs bordées d'une frégate anglaise, lesquelles endommagèrent son mât de misaine et hachèrent son gréement; enfin, quatre mois plus tard, elle était capturée par un croiseur; Lacoudrais prit ainsi pour la seconde fois le chemin des pontons.

A son retour en France, Lacoudrais passa pilote sur la flûte de l'Etat l'*Abondance*, de vingt-huit canons, puis il reçut le commandement du transport le *Guillaume-Tell*, armé à Brest, pour le Cap Bon (décembre 1781). A peine ce bâtiment était-il sorti de la rade de Bertheaume que, séparé de son convoi par une saute de vent, il fut pris par le vaisseau anglais le *Vaillant*. Le capitaine Lacoudrais, blessé pendant le combat, fut conduit, pour la troisième fois, en Angleterre. Sa captivité fut de courte durée; vers le milieu de l'année suivante, il reprenait ses voyages au commerce sur l'*Elisabeth*, la *Seine*, le *Prince-Noir* et l'*Aigle*, bâtiments armés à Honfleur et au Havre.

Quelque temps après, Lacoudrais entra dans les états-majors de la flotte : capitaine de la marine marchande, sous-officier de la marine royale, il allait prendre la place des officiers qui s'étaient volontairement retirés du service ou que la proscription avait frappé. Lieutenant provisoire en 1794 et attaché au port de Lorient, enseigne non entretenu faisant fonctions de lieutenant de vaisseau sur les *Droits de l'Homme* et fait lieutenant de vaisseau en pied la même année, sur la demande des représentants du peuple Faure et Tréhouard, Lacoudrais prit part au combat livré par les *Droits-de-l'Homme* et le *Jean-Bart* au vaisseau l'*Alexander*, de soixante-quatorze canons, lequel fut capturé (16 novembre 1794). A la suite de cette affaire, le lieutenant Lacoudrais, signalé au ministre Dalbarade et au Comité de Salut public pour son instruction, son zèle et sa santé robuste, obtint, sur la recommandation de son compatriote Thirat, le commandement de la corvette l'*Etna*, de dix-huit canons, construite à Honfleur et dont on poursuivait l'armement dans ce port (mars 1795).

Pourvu de ce commandement, Lacoudrais se disposait à appareiller du Havre où il avait complété l'armement de l'*Etna*, lorsque commencèrent dans la Manche les croisières de l'amiral Sidney-Smith. Durant trois mois les frégates anglaises, aux ordres de ce remarquable marin, bloquèrent étroitement le port du Havre, combattant les chaloupes canonnières envoyées contre elles, couvrant de projectiles les batteries de la Hève (1), capturant les pêcheurs et les bâtiments de commerce (2). Mais, à travers ces circonstances désastreuses, Lacoudrais crut voir le moyen de forcer le blocus. Il appareille par un temps de brume et se glisse le long de la côte jusqu'à la hauteur de Fécamp ; il vire de bord et poursuit sa marche vers Brest. La fortune lui fut de nouveau contraire, car le 14 octobre 1796, au matin, il fait la rencontre d'une division anglaise, est chassé et canonné par la frégate le *Mélampus*, et après trois heures de com-

____

(1) Arch. de la Marine, *Service général*, 1795. — « M. Lacoudrais est au Havre avec sa corvette, écrivait un de ses amis. La douleur dans l'âme, comme tous les bons Français, il voit, des jettées, les Anglais promener sept frégattes sur la rade, prendre des pêcheurs et visiter les navires étrangers, s'en emparer s'ils apportent du grain ». (3 septembre 1795).

(2) William Sidney-Smith fut pris sur la rade du Havre par plusieurs bâtiments légers, au mois d'avril 1796 ; il subit à Paris une captivité de deux ans.

bat il céda à la fatalité. Lacoudrais fait prisonnier pour la quatrième fois, est conduit en Angleterre. A son retour en France, après sept mois de captivité, il fut traduit devant le jury militaire, mais il eut la satisfaction d'entendre les contre-amiraux déclarer sa non culpabilité (1).

Il avait été promu capitaine de frégate le 19 juin 1795; il fut attaché au port de Brest en cette qualité en 1797. L'année suivante il embarqua sur la frégate de dix-huit, la *Créole*, faisant partie de l'armée aux ordres de l'amiral Bruix. Sa frégate était du nombre de celles qui avaient fait le siège d'Oneille. Enfin, à la suite d'une dernière campagne dans la Méditerranée, il revint à Brest où il resta attaché au service de ce port jusqu'au 1er décembre 1800. C'est à cette date que se clot l'état des services de Philippe-Joseph Lacoudrais. Ne réunissant que dix ans et douze jours de services effectifs lors de la réforme de 1803, le capitaine de frégate ne fut point compris dans la réorganisation ; ce fut en vain qu'il sollicita sa rentrée en activité. Il dut se résigner à voir rendue définitive la mise à la retraite qui l'avait atteint le 8 septembre 1803. Philippe-Joseph Lacoudrais est décédé le 5 mars 1819, à Ancenis (Loire-Inférieure), ne laissant qu'une fille.

Le nom des Lacoudrais se perpétua dans la marine par des services d'un autre ordre. Nicolas-Louis-Guillaume Coudre-Lacoudrais, dit Lacoudrais l'aîné, avait

(1) Procès-verbal de la corvette l'*Etna*, 14 novembre 1796. (Arch. de la Marine).

eu un fils qui fut *Frédéric-Adolphe Lacoudrais,* commissaire général de la marine et député de Lorient.

Né à Honfleur, le 23 avril 1788, Adolphe Lacoudrais,
que ses parents destinaient à la carrière commerciale, fit,
à l'âge de quatorze ans, un voyage sur les côtes d'Afrique,
depuis Gorée jusqu'au cap Lopez. C'est sur la *Sophie,*
brick de deux cent vingt tonneaux, armé par son père et
commandé par le capitaine Valentin, qu'il embarqua, le
5 août 1802. On possède la relation de ce voyage, écrite
de sa main et rédigée sous la forme d'un journal de bord.

En 1809, M. Lacoudrais entra dans le commissariat
de la marine. Grâce à l'influence d'un parent, M. De-
champy, administrateur général des poudres et salpêtres,
il fut appelé à servir sur le vaisseau le *Majestueux,* en
qualité de secrétaire de l'amiral Ganteaume. Ayant
franchi rapidement les premiers grades de la hiérarchie,
il vint en qualité de commissaire au Ministère de la marine
où il prit une part active aux travaux de M. le conseiller
d'Etat Boursaint, aux efforts duquel la grande famille des
hommes de mer doit la restitution de sa caisse des Invalides. Dans une lutte vive et prolongée qui ne dura pas moins
de dix-sept ans, M. Lacoudrais, secondant avec dévouement les vues de M. Boursaint, contribua puissamment
à défendre cette institution contre des attaques sans cesse
renaissantes. Ses études, son expérience variée lui rendaient familières les questions de l'ordre maritime,
commercial et financier. Aussi, au mois d'octobre 1843,
le collège de Lorient l'envoya-t-il à la Chambre des
Députés. Comme rapporteur de la loi des comptes de

l'exercice 1843, il s'acquitta avec distinction d'une tâche pesante et difficile.

La Révolution de 1848 rendit M. Lacoudrais au repos ; il fut mis à la retraite sur sa demande. Il avait rempli les fonctions de commissaire général de la marine, de membre du Conseil d'amirauté, de maître des requêtes au Conseil d'Etat, et il avait été député du Morbihan. Il était commandeur de la Légion d'honneur. Il est décédé à Paris, le 20 mars 1856.

XVII

Le Lièvre *(Jacques)*, capitaine de navire, né à Honfleur (xvie siècle). — Fils de Guillaume Le Lièvre et de Marie Clouët. Mort avant le mois de mai 1618.

Ce marin commandait les navires la *Perle* et la *Levrette*, en 1606, la *Bonne-Aventure*, en 1613, armés à Honfleur pour le Canada et les Antilles. C'est lui, selon nous, dont le nom figure dans le récit qui suit et que nous empruntons au *Parfait Négociant*, de Savary (tome I, liv. II, p. 115-125) :

« En l'année 1616 ou 1617, il y eut trois négocians françois qui entreprirent de faire le commerce dans les Indes orientales et y envoyèrent le capitaine Le Lièvre, de Honfleur, qu'ils firent partir de Dieppe pour faire le voyage, lequel ayant doublé le cap de Bonne-Espérance, arriva à Sumatra, Java et Achem où les Hollandois, par leur jalousie ordinaire, traversèrent les François autant qu'ils purent, néanmoins nonobstant leur traverse et mauvois traitements, les François ne laissèrent pas pour cela d'estre bien et favorablement receus des rois de Bantam, de Java, de Sumatra et Achem, qui leur donnèrent protection pour faire le commerce dans leurs estats. On sait le mauvois traitement que Jehan Pancras, natif de Flessingue, fit en 1616 (1), en revenant des

____
(1) Il faut lire 1618.

Indes orientales, au sieur Le Lièvre, capitaine du navire la *Magdelaine*, à son lieutenant et à son équipage, car après avoir pris son navire qui étoit chargé d'or, de perles, d'épiceries et autres riches marchandises d'Orient, il luy fit à luy et à son lieutenant serrer et étreindre la teste avec des cordes, en telle sorte qu'il leur fit sortir les yeux de la teste et ensuite le fit poignarder, fit pendre treize matelots aux haubans de son navire et fit brûler la plante des pieds aux autres jusques à ce qu'ils eussent rendu l'esprit, cruauté qui est sans exemple ».

Jacques Le Lièvre avait épousé Antoinette Bougard, de la famille des Bougard de la Barbotière; il laissa quatre enfants.

Ce que nous voulons ajouter ici, en peu de mots, c'est que l'expédition aux Indes du capitaine Le Lièvre, en l'année 1616, ne peut prendre rang dans la chronologie des voyages de long cours, organisés au port de Honfleur. C'est à tort qu'on l'y a fait figurer jusqu'à présent (1).

(1) Thomas, *Hist. de la ville de Honfleur*, p. 97. — Catherine, *Hist. de la ville et du cant. de Honfleur*, p. 313. Ce que ces deux auteurs ont dit également du voyage de Beaulieu est assez inexact.

XVIII

Morel-Beaulieu (*Claude-Pascal*), capitaine de vaisseau, naquit à Honfleur le 8 avril 1765. Il était fils de Jean-Claude-François Morel-Beaulieu, maître de la poste courante, et de Marie-Anne-Françoise Fortin. Son grand-père était Michel Morel-Beaulieu qui fit, en 1748, l'acquisition de la petite terre du Butin, située à Vasouy. Il commença à naviguer à l'âge de treize ans sur les sloops et autres bâtiments auxquels le commerce des côtes normandes était alors dévolu. Son berceau fut le hâvre creusé par la petite rivière de Claire au travers des atterrissements et des vases ; son école fut la simple école de sa ville natale ; ses maîtres furent les rudes mais habiles pilotes recherchés sur les escadres.

Morel-Beaulieu entra au service de l'Etat au moment où la guerre de l'indépendance américaine venait d'éclater ; les vaisseaux de l'amiral Keppel sortis des ports d'Angleterre avaient attaqué trois frégates françaises. Ce fut dans ces circonstances qu'en 1781 Morel-Beaulieu embarqua comme novice sur la gabarre l'*Abondance* que M. de Sartine, ministre de la marine, envoyait porter des troupes aux îles sous le Vent. Neuf autres marins de Honfleur faisaient partie de l'équipage ; nous citerons : Jean-Nicolas Duboissel, volontaire ; Louis Hilaret, timonier ; Philippe-Joseph Lacoudrais, aide-pilote. L'*Abon-*

dance, après deux campagnes heureuses aux colonies de Saint-Domingue et de la Guadeloupe, devait être prise par les Anglais le 12 décembre 1781 au retour d'un troisième voyage. Mais Morel-Beaulieu en était débarqué pour passer sur la *Boulonnaise* ; il évita ainsi les pontons de Portsmouth.

La même année, en 1781, dans un engagement avec un cutter anglais, il reçut un coup de feu à la jambe.

A peine guéri de sa blessure, Morel-Beaulieu embarqua sur le vaisseau l'*Amphion*. Après une courte campagne poursuivie avant la signature ou la notification du traité de paix qui fut conclu avec l'Angleterre au commencement de l'année 1783, il quitta les équipages de la flotte, revint au pays natal et prit du service sur les bâtiments du commerce. Mais à peine arrivé au logis, au retour d'une première expédition à la côte d'Afrique, ne trouvant ni navire à commander, ni bénéfices à réaliser, ni épaulette à gagner, Morel-Beaulieu finit par être fatigué des expéditions de traite. Il demeura à Honfleur ; il se mit à étudier l'hydrographie et à profiter des leçons qui étaient alors données aux marins de la ville par un habile professeur.

L'école publique d'hydrographie, où Morel-Beaulieu devait recevoir une instruction qui développa ses aptitudes et ses dispositions naturelles, était de création ancienne. Vers le milieu du dix-septième siècle, un bourgeois de Honfleur, Michel Le Chevallier, échevin en 1658, enseignait l'hydrographie et la géométrie comme simple particulier sans brevet ni titre officiel, « pour le bien du public et avancement du commerce maritime ».

Au mois de juin 1682, la municipalité lui avait permis « de tenir école publique et d'enseigner lesdits arts et autres sciences nécessaires pour parvenir à la connoissance de la navigation, en attendant que par le roi il y fût pourvueu. »

L'utile mesure arrêtée par les échevins avait été soumise à l'approbation de l'intendant, qui avait applaudi à ce projet et avait transmis au ministère le placet et la délibération des habitants tendant à la fondation de l'école. Au mois de juillet 1684, un maître d'hydrographie avait été officiellement établi, et le brevet en avait été délivré à Michel Le Chevallier, qui le fit enregistrer à l'Hôtel-de-Ville en 1684.

A l'époque où le capitaine Morel-Beaulieu devint un des élèves du professeur d'hydrographie, l'école était dirigée par un homme de mérite, auteur de diverses cartes marines, et que la nature avait fait géomètre et ingénieur. C'était Jean-Baptiste Degaulle, né à Attigny (Ardennes), le 6 juillet 1732 (1), lequel avait commencé à naviguer en 1751 comme cuisinier sur l'*Aimable-Marie*, l'*Indien*, le *Prince-Henry* et d'autres navires armés au Havre pour les colonies, et qui, ayant vaincu les obstacles qui s'opposaient au développement de ses talents, avait mérité le brevet d'ingénieur-hydrographe en 1786. Nommé professeur d'hydrographie à Honfleur, au mois d'octobre 1791, le modeste ingénieur, auquel les ministres ne dédaignaient pas de confier certaines missions relatives aux travaux maritimes, et que ses études et son expé-

(1) C'est par erreur, croyons-nous, que divers recueils font naître Degaulle à Attigny (Manche).

rience obligeaient de consulter, réunit bientôt à ses cours un grand nombre d'apprentis-pilotes et de capitaines. La ville sut apprécier son mérite et son caractère. Elle lui en donna une preuve en 1792, dans la délibération qu'elle prit à l'effet de solliciter l'augmentation des appointements du professeur d'hydrographie. La proposition en avait été faite par un homme éminent, M. Cachin, chargé des travaux du port, et que les événements politiques avaient fait élire aux fonctions de maire, qu'il conserva d'ailleurs fort peu de temps (1).

L'instruction que Morel-Beaulieu tira des leçons de son professeur fut assez brillante pour lui assurer, durant toute sa vie, l'estime publique, pour lui mériter la confiance des amiraux qui se plurent à se reposer sur ses lumières et sur son intelligence dans les missions particulières dont il fut chargé (2). Car ce qui dominait chez lui, c'était une noblesse naturelle, un vif sentiment de l'honneur, un libre esprit, honnête et énergique, et une grande facilité de conception et de travail.

Ce fut en 1792 que Morel-Beaulieu embarqua de nouveau sur la flotte. Afin d'être prêt à repousser les attaques des puissances maritimes de la Méditerranée, le conseil exécutif avait arrêté qu'il serait formé une escadre à Toulon. Les difficultés que rencontrait la levée des matelots dans la Provence avaient en même temps néces-

(1) Voir au sujet de l'ingénieur Degaulle, les délibérations municipales des 8 janvier 1792, 28 février, 12 mai et 1er juillet 1793.

(2) En 1801 le préfet maritime du 6e arrondissement écrivait : « C'est un très bon officier, intelligent et actif, capable de remplir toutes les missions qui lui seraient confiées. »

sité l'envoi d'officiers généraux, avec mission d'inspecter les opérations de recrutement, Morel-Beaulieu fut adjoint à une de ces missions. Il y déploya une capacité et un zèle dont le contre-amiral Ganteaume fit l'éloge. « Je n'ai eu qu'à me louer, dit-il, de son exactitude, de son intelligence et de son ardeur ». La récompense suivit bientôt les éloges ; Morel-Beaulieu fut nommé lieutenant de vaisseau en pied, et il passa sur le *Conquérant*, vaisseau de soixante-dix-huit canons, faisant partie de l'armée navale aux ordres du contre-amiral Martin, en croisière dans la Méditerranée.

Nous avons déjà indiqué la situation du matériel et du personnel de la marine militaire au moment où la guerre éclatait sur mer et sur le continent. Nous avons dit avec tous les historiens que l'émigration était la cause première de la désorganisation de la marine. Mais il en existait d'autres, et plus d'un représentant du peuple, jugeant avec raison la position critique, eut le courage de la dénoncer. Telles n'eurent pas d'autre but les lettres de Jean-Bon-Saint-André adressées à Barrère en 1794, et qui signalaient l'insuffisance des ressources de l'arsenal de Toulon.

« L'administration civile de la marine, écrivait-il encore, le 12 thermidor an II, au comité de salut public, est trop mauvaise pour que je puisse en donner une idée. Toutes ses parties ne présentent que l'image du chaos et le désordre est tel que depuis une décade que je suis ici, je n'ai pas pu obtenir des états de situation.

« L'ignorance bien plus que l'incivisme est cause de ce mal : on a très indiscrètement donné à des hommes qui avaient servi dans les armées ou coopéré à la reprise de Toulon, des places administratives; il est dur de les leur ôter. Cependant je vous annonce que cette partie du service maritime ne marchera pas, tant que vous n'enverrez pas quelques administrateurs éclairés et patriotes. La municipalité est faible, peu instruite ou pour mieux dire nulle. Le comité de surveillance a été composé d'étrangers qui n'ont aucune connaissance de la localité et dont le patriotisme est inutile à la chose publique ».

L'abnégation et le courage des équipages, qui auraient pu être couronnés de succès s'ils eussent été secondés, demeurèrent impuissants à assurer la victoire avec les éléments de désordre et d'insurrection contre lesquels luttaient en vain les chefs des escadres de la République ainsi que les directeurs de ses arsenaux (1).

De ce moment, le lieutenant Morel-Beaulieu fut engagé dans les opérations d'une guerre dans laquelle le gouvernement prescrivait à ses amiraux de tenir la mer coûte que coûte, le plus longtemps possible, avec de vieux bâtiments comme le *Conquérant*, le *Mercure*, le *Peuple-Souverain* et le *Ça-Ira*, sur lesquels, après un combat un peu chaud, il ne fallait plus compter. C'est ainsi qu'il prit part au combat des 13 et 14 mars 1795 entre l'escadre du contre-amiral Martin et les vaisseaux de l'amiral Hotham, combat qui prit le nom du cap Nolis.

A peine rentrée au port de Toulon, l'escadre, désorga-

---

(1) En 1795, une insurrection éclata à bord du vaisseau le *Téméraire* et parmi les ouvriers du port de Saint-Malo, où le pain, le biscuit, le blé faisaient défaut.

nisée par les funestes doctrines que les sections répandaient parmi les équipages, dut reprendre la mer. Morel-Beaulieu était passé sur le *Jemmapes*, vaisseau de soixante-dix-huit canons commandé par le capitaine Lafont. Elle fut rencontrée le 25 messidor (13 juillet 1795) dans le golfe de Fréjus par l'escadre anglaise, de manière à ne pas pouvoir éviter le combat. Il s'engagea partiellement. A midi il commença entre plusieurs vaisseaux de l'arrière-garde française qui se dirigeait sur Fréjus, et l'avant-garde de l'amiral Hotham. Dans l'engagement, l'*Alcide* fut dégréé, et, malgré les secours qui lui furent portés par les frégates la *Justice* et l'*Alceste*, il allait tomber au pouvoir de l'ennemi, lorsque le feu se déclara à bord de ce vaisseau. A une heure trois quarts il était en feu, et à trois heures trente minutes il fit explosion.

La conduite du lieutenant Beaulieu, son zèle et son activité pendant la croisière, lui méritèrent de nouveau les éloges du contre-amiral Martin. Cet officier général le proposa pour le commandement d'une frégate, reconnut qu'il avait rempli avec distinction diverses missions, et témoignait du désir de conserver auprès de lui un officier aux talents duquel il rendait publiquement hommage.

Les années suivantes, en 1797 et 1798, le lieutenant Morel-Beaulieu fut appelé sur le vaisseau le *Formidable*, faisant partie de la division aux ordres du contre-amiral Villeneuve, et destinée pour Brest. Un ordre du ministre le désigna quelques mois plus tard pour le service des ports de Brest et de Toulon. C'est dans cette dernière résidence que les projets sur l'Egypte, qui devaient, au dire de Bonaparte, ne point rencontrer d'obstacles, vinrent lui donner des fonctions plus actives.

Nommé capitaine de frégate et adjudant de l'escadre légère de l'armée d'Egypte (1), dont il avait préparé l'armement, de concert avec les diverses autorités du port de Toulon, Morel-Beaulieu embarqua sur la *Diane* (2) le 7 mai 1798. Six jours après, la flotte, composée de près de quatre cents voiles, appareillait. On verra, dans d'autres pages, quelques détails relatifs à la prise de Malte, au débarquement sur la plage d'Alexandrie et à la bataille navale d'Aboukir, dont le résultat, comme on le sait, fut désastreux. Nous ne nous étendrons point sur ce combat auquel la *Diane* prit une faible part (3), deux écrivains en ont rapporté les épisodes et élucidé les circonstances avec une précision et une compétence qui donnent une grande valeur à leurs récits (4).

(1) Parmi les officiers qui prirent part à cette expédition, nous nous plaisons à rappeler le nom de l'auteur d'une *Histoire de Honfleur*, Pierre-Philippe-Urbain Thomas, né au Havre le 10 septembre 1776. Embarqué sur le *Courageux* en qualité de sous-commissaire de marine, il servit avec beaucoup de distinction pendant toute la campagne.

(2) Ce fut sur cette frégate que, le 2 mars 1798, furent embarqués à Ancône pour être transportés à Toulon les quatre chevaux en bronze doré provenant de l'évacuation de Venise. Le lion de Saint-Marc, apporté en France à la même époque, fut embarqué sur le *Carrère*. (Arch. de la Marine, 1798, vol. IX. Lettre du 12 ventôse an VI.)

(3) Elle était à l'arrière-garde, au centre d'une ligne dite d'épaulement qui devait soutenir une partie de l'armée. Le contre-amiral Decrès, qui montait cette frégate, avait entendu l'amiral dire qu'il était décidé à combattre l'ennemi à l'ancre, parce que la faiblesse des équipages ne lui permettait pas de combattre et de manœuvrer en même temps.

(4) Jurien de la Gravière, *Guerres maritimes,* t. I, p. 214. — Troude, *Batailles navales,* t. III, p. 94-123.

Après le combat, la frégate mit à la voile le lendemain avec le *Guillaume-Tell*, le *Généreux* et la *Justice ;* les trois bâtiments mouillaient devant Malte le 28 août 1798 (1).

Mais Morel-Beaulieu était, quelques semaines auparavant, débarqué de cette frégate pour prendre le commandement de la corvette la *Badine,* destinée à observer l'armée anglaise. Pendant cette mission, il livra plusieurs combats, notamment celui du 18 juin 1798 contre les deux frégates l'*Alcmène* et l'*Emeraude,* et fit plusieurs prises de corsaires ennemis.

Pendant que les Anglais multipliaient les croisières de leurs vaisseaux dans la Méditerranée, des efforts non moins grands étaient faits pour le ravitaillement de Malte. Le gouvernement voulut tenter cette opération. En conséquence il ordonna qu'un convoi, composé de cinq bâtiments chargés de vivres, de munitions navales, de médicaments, avec deux mille hommes de troupe, y serait expédié. La division, composée du vaisseau le *Général,* des corvettes la *Sans-Pareille*, la *Fauvette*, la *Badine* et de la flûte la *Ville-de-Marseille,* était placée sous les ordres du contre-amiral Perrée. Sortie de Toulon le 6 février 1800, le 18, elle fit rencontre de trois vaisseaux anglais et d'une frégate de premier rang. Un combat, qui dura deux heures, s'engagea, et le *Généreux* fut forcé d'amener son pavillon après une défense opiniâtre. Le contre-amiral Perrée avait eu la cuisse emportée par un boulet et mourut le soir même ; son corps fut inhumé dans l'église Sainte-Lucie de Syracuse. Quant aux bâtiments du convoi, la *Ville-de-*

(1) Journal du contre-amiral Decrès. (Arch. de la Marine, *Campagnes,* 1798, vol. VIII.)

Marseille fut prise; les corvettes échappèrent aux croiseurs, et le capitaine Morel-Beaulieu était de retour au golfe Juan le 1er mars (1).

De retour à Toulon, au sortir d'une croisière pendant laquelle il avait su s'attirer les témoignages de satisfaction de l'amiral Bruix, Morel-Beaulieu fut chargé de veiller à l'armement de la frégate le *Carrère;* il venait de recevoir l'ordre de la commander. Cette frégate faisait partie d'une division chargée d'établir le blocus de Porto-Ferrajo, et de porter à l'île d'Elbe de l'artillerie et des munitions. Ce fut l'occasion pour notre marin de déployer sa résolution et sa bravoure.

Au mois d'août 1801, le *Carrère* était, avec deux autres frégates françaises, devant Porto-Ferrajo, lorsque le commandant Morel-Beaulieu reçut l'ordre d'aller prendre un convoi chargé de munitions de guerre à Ortebello ou à San-Stephano pour le protéger jusqu'à Porte-Longone. Il quitta aussitôt la division pour remplir cette mission. Après avoir rassemblé le convoi sous son escorte, il mit à la voile pour retourner à l'île d'Elbe. Il en était distant à peine de quatre lieues quand les vigies signalèrent plusieurs bâtiments à l'horizon. C'étaient trois frégates anglaises : la *Pomone*, de quarante canons, la *Phœnix*, de quarante-quatre, et la *Pearl*. de quarante-quatre. Dès qu'il eût pu les distinguer, Morel-Beaulieu se décida à prendre chasse sous toutes voiles et commanda les manœuvres. Mais le vent tomba; il fut pris d'un calme pro-

(1) Lettres du capitaine de vaisseau Renaudin (8 avril 1800), et du capitaine de frégate Beaulieu (1er mars 1800). (Arch. de la marine, *Campagnes.*)

fond, tandis qu'une brise fraîche amena sur lui les frégates ennemies. Malgré l'embarras de la position, il se disposa pour le combat. Bientôt la *Pomone* fut dans ses eaux à portée. Morel-Beaulieu donna l'ordre de commencer le feu. La frégate anglaise riposta par ses canons de chasse et parvint à dégréer son adversaire. Le combat continua par un feu bien nourri et à portée de pistolet. « Nous étions si près de l'ennemi, écrivait Morel-Beaulieu, que les plaintes des blessés venaient jusqu'à nous. Ma batterie était supérieurement servie. A 8 heures 45 m., je reçus un biscayen à la tête qui m'enleva de dessus le banc de quart et me jetta contre le bord, baigné dans mon sang; l'enseigne Dubourquois qui était près de moi, me fit conduire au poste ». L'engagement continua avec la même ardeur pendant une demi-heure. Ce fut à ce moment que les deux autres frégates, la *Phœnix* et la *Pearl*, arrivèrent se placer à babord et à tribord du bâtiment français, à bord duquel un incendie éclata et y répandit une espèce de trouble. Une plus longue résistance ne pouvait sauver le *Carrère ;* son pavillon fut amené. Le commandant, l'état-major et l'équipage furent faits prisonniers et conduits à Mahon (1).

La captivité de Morel-Beaulieu ne dura que quelques jours ; le 20 août 1801, il était échangé. De retour à Toulon le mois suivant, il fut traduit devant un conseil

(1) Arch. de la Marine, *Campagnes* 1809, vol. VI. — Le combat de la frégate le *Carrère* est du 3 août 1801 ; c'est par erreur que les rapports du commandant ont été réunis aux documents de l'année 1800 et reliés dans le même volume.

martial convoqué pour examiner sa conduite (1). Il fut à l'unanimité déclaré non coupable de la prise de la frégate qu'il commandait, et l'on approuva les bonnes manœu-vres qu'il avait faites pour sauver le convoi.

Attaché au service du port de Toulon, nommé au commandement de la frégate la *Poursuivante*, en arme-ment à Flessingue, puis ayant rejoint son département au mois de juillet 1802, Morel-Beaulieu s'adressa direc-tement au ministre pour obtenir le grade de capitaine de vaisseau, se basant sur de longues années de service, des blessures, une conduite militaire sans tache. Malgré les recommandations chaleureuses qui appuyèrent sa de-mande (2), ce grade ne lui fut accordé que l'année sui-vante, au mois de septembre 1803, quand il eut com-mandé l'*Aréthuse* et qu'il eut rempli, en qualité d'aide-de-camp du ministre Decrès, une mission aux Antilles auprès du capitaine général Rochambeau et du contre-amiral Latouche-Tréville (3).

Promu au grade de capitaine de vaisseau, Morel-Beaulieu continua d'être employé près du ministre en qualité de premier adjudant. Le projet de descente en Angleterre était alors de nouveau élaboré, et l'ordre avait été donné d'armer de suite les chaloupes-canonnières et les bateaux-canonniers qui se trouvaient dans les ports. La rupture avec l'Angleterre étant dénoncée (4), « les

(1) Au nombre des membres du conseil, figurait le capitaine de frégate Alexandre Mondelot.

(2) Lettre du consul Lebrun, du 3 mai 1802.

(3) Arch. de la Marine, *Ordres du ministre,* 21 ventôse an XI.

(4) La déclaration de guerre eut lieu le 21 mai 1803. Dix bâtiments de

départements, les grandes villes offrirent des bateaux, des corvettes, des frégates et même des vaisseaux, dit le commandant Troude. Paris vota un vaisseau de 120 canons; Lyon, un vaisseau de 100; Bordeaux, un vaisseau de 80; Marseille, un vaisseau de 74..... Au mois de juin (1803), 100 nouvelles chaloupes-canonnières, 300 bateaux-canonniers et 300 péniches furent mis sur les chantiers dans tous les ports depuis Dunkerque jusqu'à Bayonne. Les ports situés dans les rivières durent aussi contribuer à ces travaux, et le quai d'Orsay, à Paris, devint un chantier de la marine militaire (1) ».

Morel-Beaulieu fut d'abord employé à la direction des constructions navales ordonnées à Paris. Au mois d'octobre suivant, on lui confia une mission dans les ports de la Manche pour diriger sur Boulogne les différentes divisions de la flottille. En novembre, il se rendit dans les ports de Dunkerque, Boulogne, Calais et Ostende, porteur d'instructions secrètes relatives à la grande expédition que le premier consul méditait. Enfin, l'année suivante, il remplissait une semblable mission dans les ports de la Hollande, pour assurer les approvisionnements de la flotille batave (avril 1804).

Continuant d'être bien en cour auprès d'un ministre qui était lui-même un fin courtisan, Morel-Beaulieu fut

Honfleur étaient capturés le mois suivant, le 24 juin 1803. C'étaient l'*Aimable-Eugénie*, la *Bonne-Union*, le *Benjamin*, la *Catherine-Rose*, la *Désirée*, l'*Industrie*, la *Marie-Catherine*, le *Patriote*, le *Paul-Clémentine* et la *Victoire*. Il faut ajouter la *Notre-Dame-de-Grâce*, felouque détruite le 1er novembre 1809 dans la baie de Quiberon par une escadre anglaise. Les équipages furent conduits à Portsmouth.

(1) *Batailles navales*, t. III, p. 278.

chargé, la même année, de l'inspection et de l'organisation des députations de l'armée navale et des arrondissements maritimes qui, rangées sous les ordres de Murat, assistèrent aux cérémonies du sacre de Napoléon.

Après avoir activé, en 1805, par de fréquentes visites dans les ports, les opérations de la gigantesque expédition qui se préparait, il revint à Paris lorsque la flottille, devenue inutile pour le moment, fut désarmée. Des ordres du duc Decrès lui prescrivirent de nouvelles missions.

Au mois d'avril 1807, il se rendit à Anvers, où les constructions étaient poussées avec une grande activité.

« Le capitaine Beaulieu, écrivait le ministre, sait que mon intention est qu'il soit lancé à Anvers huit vaisseaux d'ici au 1er septembre, et que ces vaisseaux doivent être conduits à Flessingue.

« Si les opérations qui se préparent ont besoin d'agens qui ne se trouvent pas au port d'Anvers, il en prendra particulièrement la note pour m'en rendre compte; j'entends par là des hommes d'art et d'expérience, car ce ne sont point les grades qui font à la chose, de bons maîtres renforcés, capables d'exécuter eux-mêmes vallent mieux dans l'exécution que des officiers moins expérimentés et moins capables sous tous les rapports qui ne pourraient se passer de ces mêmes maîtres pour exécuter les manœuvres auxquelles leurs grades les préposent.

« Le capitaine Beaulieu se rendra à Flessingue avec M. Sganzin, et les instructions données à cet inspecteur-général lui seront communes, en ce qui concerne les documents à prendre sur l'état présent des choses, et la situation des bassins dans ce port... Sa mission n'a de limites comme observateur que l'intérêt du service (1). »

Il était de retour à Paris au mois de septembre 1807. Deux mois après, il accompagnait le duc Decrès dans le voyage que l'empereur fit à Milan et à Venise ; ensuite il se prépara à se rendre en Espagne.

On sait qu'après la fatale bataille de Trafalgar, livrée le 21 octobre 1805, cinq vaisseaux français s'étaient retirés dans Cadix ; ils étaient rangés sous les ordres du vice-amiral Rosily. Depuis plus de deux années, ils étaient à ce mouillage sans avoir pu reprendre la mer, quand Morel-Beaulieu fut envoyé vers l'amiral ; il était porteur d'instructions verbales du ministre. Les circonstances qui retenaient la division française sur la rade de Cadix et les renseignements que l'envoyé ministériel fournit à la cour de France permettent de pénétrer le sens des instructions dont Morel-Beaulieu était porteur. Il était ordonné au commandement des forces navales de s'opposer au plan de descente en Espagne, dont l'Angleterre s'occupait, tandis que Napoléon faisait passer les Pyrénées à ses troupes (17 janvier 1808). Morel-Beaulieu arriva à Cadix dans les premiers jours de janvier, et le 15 du même mois il rendait compte des mouvements de l'escadre anglaise au duc Decrès, avec lequel il entretint une correspondance très active durant les mois suivants. Pendant que l'armée française, conduite par Murat, entrait à Madrid (25 mars), Morel-Beaulieu reçut l'ordre d'aller se présenter au lieutenant de Napoléon. A peine avait-il eu le

____

(1) Lettre du 23 janvier 1807. (Arch. de la Marine.)

temps de lui exposer la situation de l'escadre de Cadix, qu'ordre lui fut donné de se rendre à Bayonne où se trouvait l'empereur. « Je me présentai chez le prince de Neufchâtel, dit Morel-Beaulieu, et il me conduisit au lever de l'empereur (mai 1808). On m'annonça à Sa Majesté, avec laquelle je me trouvai en tête à tête pendant une grosse heure. Les questions sur l'escadre et sur l'esprit du pays se succédèrent rapidement. L'empereur parut satisfait de mes réponses, mais Sa Majesté ayant épuisé ma mémoire, j'eus recours à mes cahiers et au rapport que je destinais au ministre. A peine l'avais-je ouvert que Sa Majesté s'en saisit ainsi que des minutes, lut et finit par me dire : « Laissez-moi cela, je le lirai. » — Morel-Beaulieu prit la liberté de faire observer à l'empereur qu'en retenant ses notes, il le privait des moyens de rendre compte de sa mission. A quoi Napoléon lui répondit : « Cela ne se perdra pas. » Morel-Beaulieu resta fort désappointé. Les notes comprenaient les noms des lieux et des fabriques d'où l'Espagne pouvait tirer les matières propres aux arsenaux, les contrôles nominatifs des officiers civils et militaires, leurs grades, leur emploi dans l'arsenal de la Carraca. A quelques jours de là, le 25 mai 1808, l'empereur, préoccupé des moyens d'envoyer à l'amiral Rosily de nouveaux ordres, fit demander Morel-Beaulieu, et, sortant de son cabinet, lui dit : « Ah ! bonjour, capitaine Beaulieu ! Eh bien ! comment trouvez-vous le *Général-Marlin* ? » C'était une flûte armée en corsaire que la position des croiseurs anglais avait empêché jusque-là de gagner la haute mer. « Je donne aux armateurs 30,000 francs pour me porter une lettre, con-

tinua Napoléon, il doit partir dimanche ; il faut l'activer. »
Les jours suivants, Morel-Beaulieu employa tous ses
efforts à hâter le départ du corsaire ; il réussit à faire
prendre la mer à ce bâtiment le 29 mai. Continuant de
surveiller à Bayonne les armements que Napoléon songeait à utiliser, Morel-Beaulieu séjourna dans ce port
jusqu'au mois de juillet 1808, au moment où le général
Dupont, cerné par les troupes de Castanos, capitulait à
Baylen (1).

L'année suivante, au mois d'avril 1809, après la désastreuse nuit pendant laquelle une flottille de brûlots attaqua les vaisseaux mouillés sur la rade de l'île d'Aix, en
rompant l'estacade élevée pour les protéger, le ministre
de la marine chargea Morel-Beaulieu de se rendre à
Rochefort pour lui faire connaître les causes de cette
déplorable affaire. Sa correspondance et ses rapports
mirent le ministre en mesure d'approvisionner l'île d'Aix
pendant que les Anglais étaient sur la rade, et de remé-
dier à tout dans la mesure du possible.

En 1810, il fut mis à la disposition du duc de Feltre,
ministre de la guerre, qui le nomma président d'une
commission chargée de l'inspection de l'armement des
forts et des batteries des côtes, des projets de reconstruc-
tion et du levé des plans depuis l'Escaut occidental jusques au Havre et à l'embouchure de la Seine. A son
retour, le 7 décembre 1810, il remit au ministre tous les
plans exigés, et le général Clarke félicita la commission
dont Morel-Beaulieu était président, sur l'exactitude, la

---

(1) Arch. de la Marine, *Campagnes*, 1808.

célérité et la précision avec lesquelles elle s'était acquittée de sa mission (1).

A peine avait-il repris son service auprès du ministre qu'un ordre l'envoya à la Hougue assembler un conseil de guerre.

Au mois de décembre 1810, la frégate l'*Elisa* s'était perdue à l'embouchure de la rivière de Saire, près la Hougue, et le capitaine, l'état-major et l'équipage l'avaient abandonnée. Informé de ces faits, le ministre avait confié au capitaine Morel-Beaulieu la mission de prendre le commandement supérieur de cette partie de la côte, de procéder au sauvetage de l'*Elisa*, de recueillir sur la perte de la frégate toutes les circonstances qui l'avaient accompagnée, tous les faits qui pourraient parvenir à sa connaissance. « Je vous ordonne, Monsieur, disait le ministre, de partir en poste dans les deux heures de la réception de la présente et de vous rendre à la Hougue sans vous arrêter... Vous mettrez tous vos soins à sauver tout ce qui peut être de l'*Elisa*, à diriger les opérations du sauvetage, aviser, ordonner et faire exécuter tout ce qui vous paraîtra utile au service de S. M..... Il vous est ordonné de porter la plus grande réserve dans votre conduite et de vous abstenir de rien faire préjuger de votre pensée sur cet événement, laquelle pensée vous ne communiquerez qu'à moi (2) ».

Les opérations de sauvetage dirigées par Morel-Beaulieu donnèrent les résultats les plus avantageux. Elles lui valurent les félicitations suivantes :

(1) Arch. de la Marine, *Personnel.*
(2) Lettre du 28 décembre 1810. (Arch. de la Marine.)

« Les résultats obtenus jusqu'à ce moment ont surpassé mon attente : ce que vous m'annoncez encore fait l'éloge de vos dispositions, et l'aperçu des dépenses auxquelles elles ont donné lieu, m'a prouvé que l'opération n'aurait pu être remise en de meilleures mains.

« Il est agréable d'apprendre qu'un sauvetage qui présentait autant de difficultés, sera complètement exécuté et que les objets qui en proviendront pourront être employés utilement à Cherbourg. C'est avec plaisir que je vous renouvelle le témoignage de ma satisfaction (1). »

Par une autre dépêche du 8 juillet 1811, le duc Decrès lui écrivait de nouveau : « On ne m'a pas laissé ignorer que les résultats heureux de cette opération, qui présentait d'autant plus de difficultés qu'elle a eu lieu dans la plus mauvaise saison de l'année, sont dus à votre zèle et à votre activité. »

Dans le cours de cette mission, Morel-Beaulieu renfloua et sauva la flûte la *Girouette,* échouée et crevée sur les roches à l'entrée de Barfleur, et pendant son séjour sur la côte, il fut témoin du combat de la frégate l'*Amazone,* appareillée du Havre pendant la nuit du 12 novembre, et qui, suivie par deux frégates anglaises, avait pris mouillage entre Cherbourg et Barfleur. Elle y avait été attaquée par une division ennemie composée d'un vaisseau et de trois frégates qui la canonnèrent à très petite distance et avec acharnement.

Lors de l'échouement de cette frégate, le capitaine Beaulieu contribua, par les sages mesures qu'il avait prises, au sauvetage de tout l'équipage dont il ne perdit

(1) Lettre du 11 mars 1811. (Arch. de la Marine.)

pas un homme, quoique ce sauvetage se fit durant la nuit et dans un endroit très difficile.

En 1811, chargé du commandement et de l'organisation du 23ᵉ équipage de flottille à Toulon, ensuite d'une mission à Villefranche, le capitaine Morel-Beaulieu fut nommé chef militaire au port d'Anvers l'année suivante.

« Les événements qui se passaient sur le continent, dit le commandant Troude, donnaient cette année, à l'escadre d'Anvers, une importance qu'elle n'avait pas encore eue. » Ce fut dans la situation la plus critique, à l'heure des désastres des armées françaises sur l'Elbe et sur la Vistule, que Morel-Beaulieu prit le commandement de ce port. Il devait le conserver jusqu'à l'heure où l'ennemi parut devant Anvers, attaqua les avant-postes, repoussa les troupes qui lui étaient opposées, établit des batteries en avant de la place et lança des bombes et des obus dans la ville. Pendant ce siège, Morel-Beaulieu remplit avec une activité infatigable les devoirs de sa charge. Il quitta ses fonctions le 25 septembre 1814, les événements et les conditions de la paix ayant nécessité l'évacuation du port d'Anvers.

Le capitaine Beaulieu, apprécié de Napoléon pour son esprit judicieux et net, devait voir encore l'empereur, dont il avait suivi les aigles en Italie et en Espagne, rentrer le 20 mars au soir, au palais des Tuileries, que Louis XVIII avait quitté la veille. Mais le lendemain, le 21 mars 1815, il décédait presque subitement, laissant deux enfants en bas âge : un fils, Isidore-Prosper Morel-Beaulieu, né le 2 septembre 1805, et une fille, Marie-Louise-Delphine, née le 18 juin 1807. Comme homme privé, le capitaine de vaisseau dont nous venons de parler, était, dit-on, doué de qualités les plus aimables ; il avait su conserver toutes les qualités de cœur, toutes les vertus de famille qui font le beau côté des anciennes races de marins et d'armateurs que Honfleur est justement fier de compter dans son histoire.

XIX

Motard *(François-Paul-Pierre)*, capitaine de vaisseau (1). — Au siècle dernier, le principal quartier maritime de Honfleur était situé à l'ouest, dans la partie de la ville bâtie sur le penchant et au pied du coteau de Grâce. Là se trouvait la demeure des marins, l'endroit où l'enfant venait au monde avec la vocation du métier, où étant encore au maillot il sentait le besoin d'être bercé par les vagues ; c'est le long de la rue Haute qu'à l'âge de sept à huit ans il faisait ses premiers débuts en clapotant dans l'eau courante sous la tutelle d'un vieux pilote. C'était là que se profilaient les spacieuses maisons des armateurs où, pour se frayer un chemin jusqu'à l'appartement du maître, le visiteur, conduit par un négrillon, traversait une double cour, des magasins où s'entassaient les objets les plus divers : des canons, des boulets, des barils de poudre, des armes blanches, des apparaux, des ballots de café et d'indigo, des sucres des îles et des bois de teinture.

François-Paul-Pierre Motard naquit dans ce quartier le 29 juin 1733. Nous ignorons si le berceau de sa famille doit être recherché en Normandie, car il existe des Motard

(1) Matelot en 1755 ; aide-pilote en 1757 ; premier pilote en 1758 ; lieutenant de frégate le 1er octobre 1780 ; sous-lieutenant de vaisseau le 1er mai 1786 ; capitaine de vaisseau le 1er janvier 1792.

dans la Saintonge, le Lyonnais, en Hollande et jusque dans les Etats-Unis où, à Saint-Louis (Missouri), une rue porte le nom d'avenue Mottard. Toutefois, en ce qui concerne notre marin, on peut suivre sa parenté parmi les bourgeois de Honfleur depuis l'année 1623, époque où vivait un Guillaume Motard, que les registres municipaux font connaître. Son bisaïeul, cité dans une pièce de 1641, son aïeul Pierre Motard et son père Guillaume Motard, avaient été des capitaines au long cours et des négriers. Comme eux, autant par vocation, par instinct que pour obéir à la volonté paternelle, il était destiné à l'aventureuse profession de marin.

Ce fut sur un humble caboteur, le *Saint-Jean-Baptiste*, que François Motard fut embarqué comme mousse, le 10 février 1741 : il comptait huit ans et demi. Quelques années plus tard, il abandonna le cabotage pour la grande pêche et effectua plusieurs voyages à Terre-Neuve, de 1748 à 1753.

La paix signée à Aix-la-Chapelle, avait rendu quelque activité aux armements ; Honfleur en profitait pour renouer avec nos établissements coloniaux les relations que la guerre pour la succession d'Autriche avait interrompues.

Au mois d'avril 1748, quinze terre-neuviers appareillèrent et mirent à la voile. Cette année-là, la flottille honfleuraise était moins nombreuse que de coutume. La cause en était aux requisitions de bâtiments marchands faites dans les ports quelque temps avant la conclusion de la paix, et à la suite desquelles plusieurs navires commandés pour aller à Boulogne et à Calais avaient été pris ou naufragés (1). Mais Honfleur pouvait espérer que le petit nombre des armements trouverait une ample compensation dans l'ardeur des marins. En effet, quarante d'entre eux sortaient des prisons anglaises, tels que l'enseigne Cuvelier, pris sur la *Fidelle*; Michel Dumont-Pallier, lieutenant sur la *Vénus*; Guillaume Beuzelin, lieutenant sur l'*Imprévu*, lesquels avaient été faits prisonniers en 1744 et conduits à Rochester (2). Ne s'efforceraient-ils pas de rendre féconde la campagne qui s'ouvrait après l'absence et la prison ? C'était, d'ailleurs, pour le jeune mousse de précieux compagnons de grande expérience, connaissant à merveille les parages de Terre-Neuve, et exercés aux fatigues du métier. Leur action devait de bonne heure se faire sentir dans l'existence de François Motard.

Quelle qu'en soit la part qui se mêla aux goûts de notre marin, les notions pratiques qu'il devait acquérir à la mer exercèrent une bien plus active influence sur son instruction ; elles le mettront en mesure d'atteindre aux grades supérieurs de la marine et d'être tenu en grande estime par les chefs d'escadre.

Au retour de son second voyage, à peine débarqué, François Motard s'engagea comme novice à la part, puis comme matelot sur la *Marie-de-Grâce*, capitaine Gallois. L'année suivante, en 1750, on le trouve embarqué sur la *Nouvelle-Angélique*; en 1751, sur le même bâtiment; en 1752, sur le *Saint-Denis*, capitaine Louis Lelièvre; en 1753, sur la *Nouvelle-Angélique*, capitaine Gallois. En

(1) Arch. de la Marine, *Service général*, 1746, 1747.
(2) Arch. de la Marine, *Service général*, 1745.

ces différents voyages, il visita les pêcheries de Terre-Neuve, la côte de Saint-Domingue. D'après l'état de ses services, il comptait déjà quatorze années de navigation lorsqu'il fut incorporé dans les équipages de la flotte, le 17 mars 1755.

On était alors au commencement de la guerre de Sept-Ans. Les opérations militaires devaient être poursuivies tant sur terre que sur mer, car on sait que l'agression des Anglais contre nos possessions dans l'Amérique septentrionale et leurs hostilités contre nos bâtiments marchands avaient été les premières causes de la rupture entre les deux couronnes. En effet, sans déclaration de guerre, les Anglais avaient pris deux vaisseaux de ligne ; leurs corsaires avaient capturé plus de trois cents navires de commerce ; les ports du Havre, de Cherbourg, Fécamp et Granville y avaient perdu vingt-sept navires, estimés deux millions (1). Quant à Honfleur, il demeurait constant, par un certificat de l'Amirauté, qu'il était sorti du port, en l'année 1755, pour les voyages d'Amérique, la côte de Guinée, Québec et la pêche de Terre-Neuve, cinquante-six navires ; que de ce nombre vingt-huit avaient été pris avec leur cargaison et que les équipages, composés de *cinq cent quarante et une* personnes, étaient prisonniers en Angleterre (2). Les documents des archives de la Marine apportent leurs témoignages aux doléances que le commerce de Honfleur porta alors aux pieds du Roi. Les registres des prisonniers de guerre relatifs aux années 1755 à 1757 font mention des navires

(1) Arch. de la Marine, *Service général,* 1756.
(2) *Requête des habitants de Honfleur,* juin 1757.

et des équipages de Honfleur conduits à Portsmouth pendant les mois de novembre et de décembre 1756. Voici le nom de quelques-uns de ces navires : la *Victoire*, capitaine Antoine Philisor ; l'*Aimable-Rose*, capitaine Pierre Salloy ; l'*Assurance* (1), capitaine Guillaume Gallois ; le *Roy-des-Cœurs* (2), capitaine François Ménard ; la *Cérès*, capitaine Pierre Brasnu ; l'*Espérance*, capitaine Guillaume Berthelot ; la *Nouvelle-Angélique* ; l'*Expédition* (3), capitaine Pierre Villou ; le *Neptune* ; la *Société* (4), capitaine Pierre Bellin ; le *Vilambert*, capitaine Pierre Délié ; l'*Aimable-Catherine* (5) ; la *Liberté* (6), capitaine Jacques Ferret ; l'*Espérance* (7), capitaine Thomas Picquet.

Quand la nouvelle de ces captures arriva coup sur coup à Paris, on vit bien qu'on n'arrêterait jamais les courses des Anglais si l'on ne portait la guerre sur leur sol. C'est pourquoi on songea à opérer une descente sur la côte du Royaume-Uni ; de vastes préparatifs furent faits, dans ce but, à l'embouchure de la Seine ; l'entreprise devait compter quatre cents bâtiments de transport ; un camp fut établi à Honfleur ; les batteries du Havre

---

(1) Sept matelots de ce bâtiment moururent sur les pontons en février, mars et septembre 1756.

(2) Six matelots moururent en prison ; le chirurgien et le mousse désertèrent.

(3) Sept matelots et un mousse moururent en prison.

(4) Le second lieutenant Olivier de Naguet déserta ; trois matelots et un charpentier moururent en prison.

(5) Cinq matelots moururent en prison.

(6) Un matelot déserta ; huit autres moururent en prison.

(7) Cinq matelots moururent en prison.

furent armées ; les négociants reçurent l'autorisation d'armer en course afin de se dédommager de leurs pertes. « Les négociants de tous les ports se trouvent en perte de peut-être cinquante millions au plus depuis six mois, écrivait-on au ministre, et les ports de la Manche sont bloqués. » En effet, des frégates depuis vingt-quatre jusqu'à quarante canons croisaient en vue du Havre, au moment où le duc d'Harcourt y séjournait. Il y était venu en compagnie du maréchal de Belle-Isle, pour assister à des essais d'embarquement et de débarquement exécutés par le régiment de Champagne (1). Mais on abandonna bientôt le projet de descente ; l'Angleterre, qui voyait ses côtes menacées, parvint à détourner sur le continent nos forces militaires tandis qu'elle cherchait à appliquer pour son propre compte un plan frappé d'insuccès. C'est ainsi que, deux années plus tard, on vit la flotte anglaise paraître en vue de Cherbourg, jeter à terre huit ou neuf mille hommes dans l'anse d'Urville, lesquels culbutent les régiments du comte de Raymond, gagnent les hauteurs de Cherbourg et se rendent maîtres de la ville (2).

La guerre était donc déclarée ; une campagne s'ouvrait où la marine française entrait en lice pour défendre nos possessions coloniales, où n'étant pas assez forte pour

(1) Arch. de la Marine, *Service général*, 1755 et 1756.— A la bibliothèque de l'Arsenal, on trouve, dans la collection géographique de M. de Paulmy, un fort joli dessin avec figures représentant l'embarquement du régiment de Champagne, dans le bassin du Havre, au mois de juillet 1756.

(2) Arch. de la Marine, *Ordres du Roi* et *Service général*, 1758. — Les Anglais avaient commencé par bombarder Cherbourg, le 7 août, à deux heures du matin, et ils avaient jeté une centaine de bombes. On estimait qu'ils étaient au nombre de quinze mille.

tenir tête à un adversaire habile et résolu, elle marcha d'échec en échec jusqu'à la perte définitive du Canada que le brave Montcalm devait héroïquement défendre.

Les armements poursuivis à Brest, dans les premiers jours de l'année 1775, comprenaient une escadre d'observation, composée de six vaisseaux et de trois frégates, et une seconde escadre, composée de trois vaisseaux et de trois frégates. Le principal objet de cet armement était, comme nous l'avons dit, de transporter des troupes dans l'Amérique septentrionale; elles devaient être embarquées sur la première escadre, et la mission de la seconde était d'escorter le convoi jusqu'à Québec (1).

Ce fut sur l'*Entreprenant*, vaisseau de soixante-quatorze canons, commandé par le comte Dubois de La Motte, que François Motard reçut l'ordre d'embarquer, le 19 mars 1755 (2).

A ce vaisseau étaient joints le *Bizarre*, l'*Alcide*, la *Fidèle*, la *Fleur-de-Lys* et la *Cornette*. Les instructions du ministre prescrivaient à ces bâtiments de se séparer lorsqu'ils seraient arrivés sur le Grand-Banc; les uns devaient se rendre au Canada, les autres à l'Ile Royale, et chacune des divisions, après avoir débarqué les troupes, ferait son retour à Brest séparément.

L'*Entreprenant*, suivi de l'escadre, sortit de la rade de Bertheaume le 3 mai 1755, et sa traversée jusqu'au large

---

(1) Arch. de la Marine, *Campagnes,* 1755.

(2) Sur le même vaisseau se trouvaient: Charles-Henry Hébert, aide-pilote; Michel-François-Robert Le Comte et Jean Milcent, matelots, tous les trois du quartier de Honfleur. (Arch. de la Marine, *Rôles d'équipages,* 1755.)

de Terre-Neuve fut constamment favorisée par le vent. ·Le 28 du même mois on fit rencontre de plusieurs bancs de glace d'une grosseur et d'une hauteur énormes; par un temps de brume ou de nuit, les vaisseaux de l'escadre auraient couru le risque de se perdre, mais ce danger avait été évité. La navigation se continua encore quelques jours sans autre incident, et le débarquement s'effectua de la manière la plus heureuse. Après quelques jours employés à remplacer l'eau et les vivres, l'*Entreprenant* reprit la mer et fit voile pour la France. Le chef d'escadre qui le commandait profita de la circonstance pour reconnaître des côtes encore peu explorées et chercher une nouvelle route pour sortir de la baie du Saint-Laurent. Sa recherche fut couronnée de succès. Il releva l'île d'Anticosti ou de l'Assomption, que Jacques Cartier avait découverte en 1534 et qui était inhabitée, doubla cette île au nord et s'engagea dans le détroit de Belle-Ile, passant ainsi par deux endroits où jamais vaisseau du roi n'avait passé. « La découverte que j'ay faite de ce passage, écrivait M. Dubois de la Motte, sera pour toujours d'une grande utilité pour le Canada et pour le retour des vaisseaux que vous enverrés à Québec (1). »

Quelques mois après la rentrée de l'*Entreprenant* à Brest, François Motard débarqua de ce bâtiment pour passer sur le *Sphynx* en qualité d'aide-pilote (2). Ce

---

(1) Arch. de la Marine, *Campagnes*, 21 septembre 1755.

(2) D'autres marins de Honfleur figurent sur le rôle d'équipage ; c'étaient : Charles-François Duhazey, premier maître de canot ; Pierre Dubreuil, contre-maître ; Henry Rossignol, Louis Ancelin, matelots ; Olivier Boudin, Louis Pottier, Thomas Le Clerc, pilotins, etc., etc.

vaisseau faisait partie de l'escadre, aux ordres de M. de Conflans. Après une croisière dans l'Océan, le *Sphynx* fut désarmé, et François Motard embarqua (1) à bord du *Sceptre*, commandé par M. de Clavel, et armé en flûte, à destination de Saint-Domingue. Sur le même vaisseau se trouvaient d'autres marins d'Honfleur. C'étaient Jean Magon, second contre-maître; Olivier de Naguet, aide-pilote; Jean-Baptiste Bouvier, premier aide-voilier; François Chauvet; Jean Bougon; Charles Hue; Pierre Renault, matelots; Pierre Revel, mousse (2).

Sorti de Brest avec l'escadre de M. de Beaufremont, le *Sceptre* fut attaqué par deux corsaires anglais à la hauteur de la pointe d'Isabélitz. Un court engagement s'en suivit. Sauf ce petit combat, il ne se passa rien d'intéressant pendant sa traversée de France aux Antilles. Sur la rade de Port-au-Prince, il se rallia au pavillon du comte de Kersaint, qui avait sous ses ordres deux vaisseaux, l'*Intrépide* et l'*Opiniâtre*; deux frégates, la *Licorne* et la *Calypso*, et plusieurs flûtes de transport. Cette escadre venait d'arriver de France, cinq mois après son départ (3); sur sa route elle avait canonné le fort du cap Corse, capturé quinze navires et fait subir à l'ennemi un dommage de plus de six millions.

Depuis son arrivée en rade de Port-au-Prince, M. de Kersaint s'était trouvé empêché par les gros vents de mettre sous voiles, bien qu'il sût que plusieurs convois

---

(1) 17 mars 1757.

(2) Arch. de la Marine, *Rôles d'équipage.*

(3) Elle avait quitté Brest le 24 novembre 1756, et était arrivée à la Martinique le 20 mai 1757.

étaient attendus d'Angleterre. Il ne reprit sa croisière qu'à la fin du mois de septembre. Etant sorti de son mouillage avec l'*Intrépide,* l'*Opiniâtre,* le *Greenwich* et le *Sceptre,* pour se porter à la rencontre de l'escadre anglaise envoyée en croisière dans les eaux des Antilles françaises, il l'attaqua le 21 octobre au matin. Elle se composait de trois vaisseaux : l'*Auguste,* de cinquante-quatre canons, le *Dragnok,* de soixante-quatre canons, et l'*Edimbourg,* de soixante-quatorze canons. L'engagement fut sanglant, à portée de carabine, entre l'*Intrépide* et deux vaisseaux ennemis; l'*Opiniâtre* fit un feu terrible, et le *Sceptre,* quand il fut à portée de tirer, fit au-delà de ce qu'on pouvait attendre d'une flûte. « Les Anglois, écrivait M. de Kersaint, tirant avec des boulets enchaînés et des artifices, dégréèrent les vaisseaux françois et décampèrent. Je ne scaurois assez, Monseigneur, vous exalter la valleur et le zèle de tous mes officiers et gardes de la marine en général, mes chefs officiers-mariniers se sont comportés avec toute la valleur et le zèle possible. Beaucoup de nos recrües ont esté ébranlés, d'abord par les feux d'artifices et les accidents qu'ils ont causé. J'ay eü en tout vingt-six hommes de tués, deux officiers et soixante-quinze de blessés dangereusement, et soixante de bruslés ou blessés légèrement (1). » Parmi ces derniers se trouvait François Motard. Trois mois plus tard, le *Sceptre* rentrait à Brest et était désarmé.

Le désarmement du *Sceptre* permit à François Motard de passer sur le *Courageux* en qualité de premier pilote

____

(1) Arch. de la Marine, *Campagnes,* 15 novembre 1757.

(15 octobre 1758) (1). Ce vaisseau faisait partie de l'escadre de M. de Bompar, armée à Brest et destinée à une campagne aux Iles du Vent et sous le Vent. Elle mit à la voile munie d'instructions lui prescrivant d'empêcher les Anglais de s'emparer de quelques-unes de ces îles ; de protéger le commerce des nations neutres ; de détruire la division ennemie rassemblée de temps en temps dans la rade de la Barbade, et de faire route ensuite pour la Martinique. La campagne fut assez monotone et se termina au mois de novembre 1759 (2).

La paix de 1763, par laquelle la France fut pour ainsi dire chassée des mers, ramena à Honfleur le pilote François Motard. Il y arrivait au moment où la ville était en fête et où des réjouissances publiques, ordonnées par M. de Choiseul, célébraient la fin d'une guerre dans laquelle l'Angleterre avait détruit notre marine et ruiné notre puissance coloniale. Néanmoins, un *Te Deum* fut chanté ; on fit la distribution de dragées et de menue monnaie selon l'usage ; on dressa un feu de joie sur la

(1) Seize marins de Honfleur étaient embarqués sur le *Courageux* avec François Motard, c'étaient : Jean Germain, quartier-maître ; François Allain, premier maître de canot ; Jean Guillemard, aide-canonnier ; Pierre Jouan, mort à la mer le 1er juillet 1759 ; Thomas Le Clerc, aide-pilote ; Pierre Dupuis, bosseman ; Jean-Baptiste Restout, Louis Potier, Jean Patin, Robert Deshayes, matelots, etc., etc. (*Rôles d'équipage.*)

(2) Au mois d'août et de septembre 1759, le Havre fut bloqué par une escadre anglaise forte de vingt-trois voiles et commandée par l'amiral Rodney. Une partie de la population quitta la ville, qui n'était défendue que par deux corvettes, des chaloupes canonnières et des bateaux plats armés de canons de faible calibre. (Arch. de la Marine, *Ordres du roi*, août et septembre 1759.)

place d'armes, et les illuminations ordinaires apprirent à la population « l'heureux événement (1). »

A vrai dire, Honfleur en cette occurrence témoignait sa satisfaction de revenir aux opérations commerciales un moment abandonnées. Avec autant d'activité que de résolution, les armateurs recrutèrent de nouveau des équipages, équipèrent leurs terre-neuviers et se préparèrent à mener à bien de nouvelles expéditions. Les quatre années que François Motard venait de passer sur la flotte, sa qualité de pilote, son âge et son expérience acquise, le désignaient naturellement pour un commandement. Un des principaux négociants de Honfleur, M. Premord, lui confia la *Jeanne-Gentille*, de cent quarante tonneaux, portant six canons, quinze hommes d'équipage et armée pour Saint-Domingue, Le voyage qu'il entreprit alors fut signalé par une lutte désespérée contre un pirate de Salé et par une captivité de trois années chez les Arabes. Il a laissé de cet épisode un intéressant récit que nous reproduirons en partie :

« Le 2 juillet 1764, j'appareilloi du port d'Honfleur avec le navire la *Jeanne-Gentille* que je commandois, par un vent du nord-est, beau temps ; j'étois destiné pour Saint-Domingue.

« Après quatorze jours d'une navigation heureuse, pendant lesquels les vents avoient varié du nord-est au nord-ouest seulement, je me trouvois le 16 juillet à midi par 38° 40^m de latitude et par 25° 20^m de longitude, méridien de Paris ; l'île Tercère me restant dans l'ouest.

(1) *Délibérations municipales*, 9 juillet 1763.

« Les vents étoient alors au N.-O. bon frais ; le tems obscur et par grains. Je tenois le plus près, tribord amures, un ris dans chaque hunier. A trois heures, le temps s'étant éclairci, je montai moi-même en vigie. A peine avois-je fixé ma vüe sur l'horizon que je découvris une voile dans le N.-O., distante de trois lieües environ. En m'apercevant qu'elle faisoit route sur moi, elle me devint suspecte ; le roi de Maroc faisoit la guerre à la France ; il avoit dehors de nombreux corsaires ; je devois craindre que le bâtiment qui me chassoit n'en fût un. Je descendis donc de suite et je me couvris de voiles pour le fuir. Mais sa marche étant de beaucoup supérieure à la mienne, il fut bientôt dans mes eaux et je pus le reconnaître pour chebec à sa voilure, et pour barbaresque aux couleurs qu'il portoit.

« Sa force me paraissoit considérable ; la mienne ne consistoit qu'en six canons de 4 et de deux livres de balles, quatre fusils, deux espingoles et quinze hommes d'équipage. Malgré mon extrême faiblesse, je n'en résolus pas moins de me défendre jusqu'à la dernière extrémité si j'étois attaqué ; et je trouvois mes officiers et le reste de mon équipage d'autant mieux disposés à seconder mes efforts que le plus dur esclavage était le sort qui nous attendoit.

« Ce bâtiment m'ayant tiré quelques coups de canon à très grande portée, je crus qu'il appartenoit à la régence d'Alger, alors en paix avec la France, de qui elle avoit obtenu le droit de visiter le pavillon, et je diminuai en conséquence de voiles pour l'attendre. Mais j'eus bientôt de fortes présomptions que ce chebec étoit au roy de

Maroc qui nous faisoit la guerre. Ne pouvant plus le fuir, je me préparai à le combattre.

« Aussitôt qu'il fut à portée de voix, il me héla en italien et me demanda d'où je venois, où j'allois et qui j'étois. Après avoir satisfait à ces questions, il me dit qu'il étoit Algérien et qu'ayant le droit de me visiter j'eusse à mettre ma chaloupe à la mer pour venir à son bord. Je lui répondis que je ne pouvois déférer à son ordre, attendu le mauvais état de ma chaloupe qui avoit été fort endommagée par un coup de mer, mais que s'il tenoit à me visiter, il pouvoit mettre la sienne dehors. Cette réponse ne l'ayant point satisfait, il me réitéra d'un ton supérieur et menaçant l'ordre de me rendre à son bord. Sur mon refus appuyé de nouveau des mêmes raisons que je venois d'alléguer, il m'envoya sa bordée et arbora le pavillon marocain.

« Cette volée mal dirigée ne me fit aucun mal. Je ripostai de la mienne qui lui coupa son mât de perroquet de fougue au ras du chouque. Je bravai l'énorme dispro-portion de force qui existoit entre nous. Mes officiers se mirent à servir mes canons. Ils le firent si bien ainsi que ma petite mousqueterie, que pour éviter mon feu, ce chebec se laissa culer. Il se plaça de manière à me com-battre en anche à la portée de pistolet, position qui lui donnoit un grand avantage sur moi. Sur ces entrefaites, deux de mes canons se démontèrent, cette double cir-constance me forçant à lui présenter le côté de babord, je m'occupai de cette manœuvre. S'en étant aperçu, il tenta un abordage, mais je l'évitai en arrivant vent arrière.

« Je parvins enfin à prendre le côté de babord et je lui envoyai ma petite volée de mitraille ; elle lui fit beaucoup de mal à en juger par les cris qui s'élevèrent de son bord. Nous nous battîmes pendant une heure, souvent vergue à vergue. Enragé de ma résistance, le capitaine de ce chebec tenta un second abordage. Pour l'éviter, j'arrivai lof pour lof, mais en manœuvrant pour lui passer au vent, je tombai sous son beaupré, et son mât de foc s'engageant dans un de mes gardes-seneau nous nous trouvâmes accrochés. Il profita de cette position pour jeter du monde à mon bord ; nous les repoussâmes par trois fois, enfin à la quatrième ils s'y maintinrent après avoir tué plusieurs hommes de mon équipage.

« Quant à moi, armé d'une espingole, je résolus de vendre cher ma vie. J'abattois tous ceux qui osoient s'approcher de moi, mais bientôt, accablé par le nombre et couvert de blessures, ils m'étendirent à leurs pieds. J'avois huit coups de sabre sur le corps et le crâne ouvert ; j'étois sans connoissance ; ils me crurent mort et ils me dépouillèrent. Cependant, après une heure et demie d'évanouissement, je revins à la vie et je me trouvai moi et mon navire au pouvoir de ces barbares. Mon chirurgien me prodigua ses soins ; il pansa mes blessures ; celle de la tête étoit la plus dangereuse, il me fit l'opération du trépan.

« Le 18 (juillet) je fus transporté à bord du corsaire, le capitaine désirait beaucoup me voir ; je lui fus présenté. Cet homme qui étoit un renégat italien couvert de forfaits et d'indignes cicatrices me fit demander par son interprète comment j'avois osé avec six canons et quinze hommes d'équipage lutter contre lui qui en avoit vingt-huit et trois cents hommes. Je lui répondis que mon devoir, mon honneur et les intérêts de mon armement exigeaient que je me défendisse jusqu'à la dernière extrémité. Cette réponse parut lui faire plaisir car il me fit offrir du café et quelques vêtements. Néanmoins, je n'en fus pas mieux traité par ses officiers; ils me refusoient les moindres secours et pour ajouter encore aux douleurs que je souffrois, ils me placèrent dans la cambuse, couché sur des planches, et mon chirurgien ne pouvoit me panser qu'après les soixante blessés qu'ils avoient eu dans le combat. Je restai dans ce cruel état pendant quinze jours.

« Le 30 juillet on découvrit la terre. Le 31, on mouilla dans la baie de Sainte-Croix (de Barbarie) et le 1er août, nous fûmes débarqués. Le Bacha, escorté de cinquante soldats, nous attendoit sur la plage; nous fûmes conduits en prison au milieu des avanies d'une populace effrénée. Heureusement que deux négociants anglais établis à Sainte-Croix furent touchés de notre malheureux sort. Amis du Bacha, ils obtinrent de lui quelques adoucissements pour mes infortunés compagnons, et pour moi la permission de me loger chez eux. Ces généreux hôtes, dont je regrette d'avoir oublié les noms, me prodiguèrent les plus tendres soins et tous les secours qui pouvoient dépendre d'eux. En peu de tems mes blessures furent cicatrisées, et deux mois après avoir été accueilli sous ce toit hospitalier, j'étois en pleine convalescence. A cette époque, le roi de Maroc (1) arriva à Sainte-Croix avec

(1) Sidi-Mohamed-Ben-Abdala.

cinq mille hommes de cavalerie. Mon combat avoit fait du bruit dans le pays; les détails en étoient parvenus jusqu'à ce prince; il voulut me voir. Je fus conduit devant lui. Après avoir fait l'éloge de ma résistance sous le rapport de ma bravoure, il m'offrit un des premiers emplois dans sa marine si je voulois entrer à son service. Il n'exigeoit de moi qu'une seule condition, c'étoit d'abjurer ma religion pour embrasser le mahométisme. L'interprète qui me rendoit ces propositions ajoutoit que si je les acceptois, le roy me combleroit d'honneurs et de biens, mais que si je refusois je serois l'esclave des esclaves. Je n'avois pas à balancer entre de pareilles offres, je les rejettai donc avec autant d'indignation que de mépris. Ce prince, d'un caractère féroce et sanguinaire, fut extrêmement courroucé de mon refus. Il ordonna qu'on me sortit de devant lui et qu'on me conduisit au Maroc chargé de chaînes. Il me falut quitter Sainte-Croix sans pouvoir témoigner ma reconnoissance à ces bons Anglois qui m'avoient donné une si généreuse hospitalité. Je souffris les plus cruels tourmens pendant la route, toujours exposé à l'ardeur du soleil brûlant, marchant presque nud dans les sables arides, dévoré par la soif et la faim. Plusieurs de mes blessures se rouvrirent et j'arrivai à Maroc dans l'état le plus affreux (1).

« Le retour du roi dans cette capitale de son empire suivit de près mon arrivée. La cupidité lui épargna un crime. Persuadé qu'il obtiendroit pour mon rachat une

---

(1) Le trajet de Sainte-Croix à Maroc s'effectue en trois jours. La route court dans une chaîne de collines pierreuses où la chaleur est excessive en été.

forte rançon, il désira me conserver la vie. Dès ce moment je fus mieux traité ; on soigna mes blessures, et comme j'étois doué d'un tempérament robuste, je ne tardai pas à recouvrer la santé. Les gens de mon équipage avoient été vendus à divers ; pour moi, je restai l'esclave du roy, attaché à un des portiers des cours extérieures de son sérail (1). »

Peut-être était-ce là un poste de confiance, mais il est douteux que François Motard en ait apprécié tout le prix au milieu des poignantes préoccupations qui l'assaillaient. Lorsqu'il était arrivé au Maroc, il avait pu juger que les tribulations qui l'y attendaient n'étaient pas près de leur fin. Il y avait trouvé deux cents Français prisonniers du sultan, lesquels, depuis un an, avaient passé par bien des angoisses. Un grand nombre de ces malheureux appartenaient à des familles du Havre (2) ; d'autres avaient été capturés par les pirates de Salé sur des navires de Nantes ; tous étaient à bout de forces, se demandant quel sort leur était réservé et jugeant leur situation désespérée.

C'est à ce moment, qu'à la suite de l'affaire Larache (3), les équipages de huit chaloupes de l'escadre du comte Du Chauffault avaient été pris par les Maures. Ils devinrent les compagnons d'esclavage de François Motard. Un de leurs officiers, M. de Maurville, a raconté sa fâcheuse

(1) Arch. de la Marine. *Personnel.*

(2) Les corsaires de Barbarie avaient récemment capturé trois navires de ce port : les *Deux-Amis*, capitaine Dupuis ; la *Légère*, capitaine Cotais ; la *Bonne-Famille*, capitaine Renoult. Les négociants du Havre, consternés des prises que faisaient les Barbaresques, s'adressèrent au ministre de la marine (16 août 1764).

(3) Voyez Arch. de la Marine, *Campagnes*, 1765-1766.

aventure dans une relation qui présente un côté curieux, car elle nous révèle l'état intellectuel d'un despote arabe qui se piquait de philosophie.

« Le lendemain de notre affaire, l'on nous mena de la plus cruelle manière à trois lieues de Larache où étoit campée la cavalerie. Là, nous fusmes mis au nombre de trente, tous blessés, sous une petite tente, où nous étions tous nuds, les uns sur les autres, les fers aux pieds. Il y avoit dans ce nombre M. de Maignent, lieutenant de vaisseau, et moi, de la chaloupe du commandant, et un garde-marine de celle de la *Licorne*. Ces deux messieurs ne sont point venus jusqu'à Marrocq ; le premier a été tué en route par les Maures, ses blessures le mettant hors d'état de pouvoir suivre, et le garde-marine a été laissé mourant au camp de Larache. J'arrivay à Marrocq au bout de huit jours de marche, presque nud, tout couvert de sang et sans que trois blessures que j'avois reçues eussent été pansées. C'est cependant dans cet état qu'après avoir resté quatre heures à être visité par les Maures qui étoient dans les cours du palais, je fus présenté au roy qui, après avoir fait quelques questions, me remit entre les mains d'un juif, avec ordre de me traiter durement. Deux jours après arrivèrent les malheureux que j'avois laissés à Larache, au nombre de quarante-six, dans un état à faire trembler. Nous avons été assez heureux pour trouver, dans les esclaves françois qui sont ici, trois chirurgiens qui se sont chargez de nous panser. Le roy du Marrocq donne aux esclaves pour tout secours une blanquille, monnoye du païs, qui revient à trois sols quatre deniers de la nôtre, ce qui suffit à peine pour avoir du pain, et encore la paye-t-on que le premier mois (1). »

Si, comme tous les princes mahométans, le roi de Maroc était avide et intéressé, ne traitant avec les Etats européens qu'après avoir reçu de somptueux présents et sept cents piastres par prisonnier, il avait montré à plusieurs reprises, paraît-il, des sentiments d'humanité. Sa mort, disait M. de Maurville, eut été une grande perte pour les esclaves, « étant très bon pour eux en comparaison de ses prédécesseurs ». Il s'agit dans tous les cas d'une bonté relative. Suivant le même officier, il ne manquait à ce roi qu'une éducation à l'européenne pour en faire un grand prince. M. de Maurville fut admis en sa présence, et il a raconté l'entrevue :

« Il me demanda si je voulés me faire maure, qu'il me donneroit une femme de sa main et un vaisseau à commander. Sur quoy luy ayant répondu que sy j'estois né dans son empire je rendrois grâces au ciel de m'avoir mis sous la domination d'un si bon prince, mais que Dieu m'ayant fait naistre françois que je devois respecter sa volonté; que ma vie, mes services et ma liberté étant le bien de mon roy et de ma patrie je ne pouvois en disposer sans m'opposer aux décrets de sa divine providence. Il me fit dire que je pensois très bien ; que quoique nos cœurs fussent les mêmes, ceux qui avoient esté élevés dans la foy catholique, devoient l'avoir chrétien, et les Maures mahométant. Il me dit encore qu'il ne faisoit pas grand cas des renégats de son royaume, et qu'il n'étoit ni Maure ni chrétien. Vous voyés par ce petit échantillon

(1) Arch. de la Marine, *Campagnes*, Lettre du 22 juillet 1765.

que cet homme est naturellement philosophe, qu'il connoit le cœur humain, et n'est pas si barbare qu'on se l'imagine. »

Si les traits de ce portrait sont fidèles, on peut dire que l'histoire de la dynastie du monarque arabe offre assurément peu de spectacles aussi consolants. Mais l'officier qui l'a tracé n'a-t-il pas fait de ce Marocain un prince un peu trop généreux ? Ne lui aurait-il point prêté des qualités qui n'existaient que dans son imagination ? Pour notre compte, la philosophie et la douceur du roi de Maroc sont loin de nous toucher, car nous n'ignorons point qu'en digne successeur de Muley Ismaël, il était rarement las de couper des têtes ou de poignarder ses sujets, couvrant d'ailleurs d'un prétexte de piété les cruautés qu'il exerçait envers les chrétiens et les maures.

C'est avec ce prince philosophe que la France négocia une trêve à l'époque où cent soixante Européens étaient entre ses mains. Une première tentative n'aboutit pas. Plus tard, au mois d'octobre 1764, des pourparlers furent échangés de nouveau par l'intermédiaire d'un marchand portugais. Mais le roi de Maroc, près duquel on avait fait valoir des raisons propres à le gagner, changea subitement de sentiment et déclara qu'il ne traiterait qu'avec un ambassadeur francais. Le Portugais n'osa plus élever la voix en faveur des prisonniers, de sorte que leur rachat semblait compromis. Toutefois, il en fut autrement, non pas que Louis XV se fût décidé à envoyer un diplomate au Maroc, mais parce qu'inclinant à suivre les conseils du ministre de la marine, il donna l'ordre d'armer une division de navires de guerre. C'était une manière infaillible de préparer les voies à un arrangement.

L'expédition, placée sous le commandement du comte de Breugnon, se composait du vaisseau l'*Union*, de la frégate la *Sincère* et de la corvette la *Lunette*. Elle emportait des présents destinés à faciliter les négociations ; ils consistaient en une aigrette de diamants, de très belles armes, de riches étoffes, un trône de velours galonné d'or et des draperies.

La division appareilla de Brest le 7 avril 1767, arriva à Cadix le 16, et y reçut les fonds destinés au rachat d'environ deux cents esclaves français. Le 23 du même mois, elle fit voile de Cadix pour Saffy, où elle arriva heureusement le 26. Dès que le comte de Breugnon fut prévenu des dispositions favorables du roi de Maroc, il fit débarquer de son vaisseau les présents, puis il se transporta de sa personne à Saffy, accompagné des officiers .de sa division, au milieu d'un grand déploiement de cavalerie maure et au bruit de toute l'artillerie. De là, il se rendit à Maroc (1).

La route de Saffy à Maroc est accidentée et peu facile. L'ambassadeur du roi Louis XV mit un peu plus de six jours pour la parcourir, en marchant dix heures par jour, ce qui donne à penser que les Marocains firent faire d'assez grands détours à l'envoyé français, car les voyageurs modernes accomplissent la même course en vingt-trois heures. On voulut sans doute tromper le comte de Breugnon sur la direction de la route et sur les distances.

(1) Arch. de la Marine, *Campagnes*. Lettres et mémoires de juillet, septembre, décembre 1765 et avril 1767.

Il s'était mis en marche le 11 mai, précédé de soixante cavaliers chargés, de la part de l'empereur, de la sûreté de toute l'ambassade. On rencontra sur la route plusieurs tribus nomades qui vinrent, en signe de paix et d'amitié, offrir du lait et du miel à l'ambassadeur. Le même jour, on passa la nuit sous des tentes. Le lendemain et les jours suivants, jusqu'au 16 mai, on se remit en marche de grand matin. Le 17, on se trouvait à deux lieues de Maroc. Le comte Breugnon fit son entrée dans la capitale ce jour-là, et il fut loger au vieux château à trois quarts de lieue de la ville. Dès le même soir, on lui apporta quatre bœufs, cent moutons, des légumes et des fruits pour sa table et la nourriture de sa suite. Dans une seconde entrevue avec le premier ministre Muley-Dreis, l'ambassadeur français fut prévenu que l'empereur lui donnerait audience le 19, à quatre heures après midi. M. de Breugnon et les officiers se rendirent sur une grande place où ils mirent pied à terre. Lorsque l'empereur parut, M. de Breugnon s'avança jusqu'à l'étrier de son cheval et, en s'inclinant, lui remit dans un mouchoir de soie ses lettres de créance. Ensuite l'empereur exprima à l'ambassadeur le désir qu'il avait de faire la paix avec la France ; il ajouta qu'il en avait toujours cherché les occasions, qu'il espérait que cette paix serait durable, qu'il ne ressemblait pas aux deys d'Alger et de Tunis qui avaient manqué plus d'une fois aux traités.

Le 27 mai suivant, les esclaves français de Salé et de Larache arrivèrent au camp, conduits par un caïd ; ils furent rachetés à des conditions très onéreuses. Le comte de Breugnon se rembarqua le 18 juin 1767, ramenant tous les captifs et laissant dans le Maroc M. Chénier, comme consul général.

Revenons maintenant à notre marin et citons le passage dans lequel il mentionne son rachat et celui de cent cinquante malheureux qui durent au comte de Breugnon et aux Pères de la Merci de revoir leur patrie en 1767.

« Des hommes pieux, dit François Motard, voués à la charité et à la bienfaisance, vinrent sur ces bords inhospitaliers nous racheter de l'esclavage. Secondés par un gouvernement paternel et par l'heureuse influence d'un marin aussi distingué par sa naissance que par ses talents, le comte de Breugnon, ils brisèrent les fers de tous les captifs qui se trouvoient au pouvoir des Barbaresques et les conduisirent à Marseille. Là, dans une procession majestueuse et touchante, nous rendîmes tous de vives actions de grâces à l'Eternel et comblâmes nos libérateurs de bénédictions (1). »

De retour à Honfleur, François Motard reprit ses voyages de commerce. De 1768 jusqu'en 1778, nous le trouvons en qualité de second capitaine puis de capitaine sur des navires armés pour Cadix, Marseille et Lorient (2). En 1776, il commandait le *Triton*, et effectuait un voyage aux Indes. La guerre de 1778 vint l'arrêter dans ses voyages ; elle devait en revanche mettre en relief ses qua-

____

(1) Le séjour de François Motard, au Maroc, n'avait duré que trois ans. Deux autres de ses compatriotes furent moins heureux. Charles Eliot subit une captivité de vingt ans, et Jean Ancelin était esclave depuis vingt-neuf ans, lorsqu'il fut racheté, en 1718, en compagnie de marins du Havre, de Fécamp et de Rouen. — *Hist. du règne de Mouley d'Ismaël, roy de Maroc*, par le P. Busnot (Rouen, 1714), p. 255.

(2) Les *Deux-Négrillons*, le *Marquis-de-Brancas*, le *Neptune*.

lités de marin, sa fermeté, son sang-froid, on pourrait dire son audace.

Au commencement de l'année 1780, des négociants du Havre formèrent le projet d'une expédition dans l'Inde et lui en proposèrent la direction. L'ayant acceptée, il fit construire un des plus beaux navires qui aient existé dans la marine marchande française, soit pour l'élégance des formes, soit pour la supériorité de la marche ; il fut nommé le *Stanislas*.

Le succès du voyage dépendait d'un prompt départ, aussi le navire fut-il bientôt armé. Il portait vingt-quatre canons de 12 en batterie, et comptait cent quatre-vingt-dix hommes d'équipage.

Informés de cet armement, les Anglais s'étaient vantés de l'intercepter. Dans le courant du mois de mai 1780, des navires de guerre parurent à cet effet dans les eaux du Havre. Mais François Motard avait résolu de déjouer leurs projets. Il y parvint en dirigeant sa route par les Orcades.

Ce fut le 14 juin, au soir, qu'il mit à la voile par un bon vent de sud-ouest. Le lendemain matin il était dans les parages de Dunkerque, et déjà il se félicitait d'avoir échappé aux croiseurs lorsque la vigie signala plusieurs voiles. C'était à n'en pas douter des ennemis. Ayant ordre d'éviter tout engagement sérieux, il fit de la toile, prit chasse et chercha à gagner Ostende. Mais la supériorité de marche des navires anglais ne lui permit pas de se mettre en sûreté dans un port neutre. Motard cessa donc de continuer sa retraite ; ne pouvant plus éviter le combat, il se disposa à le soutenir avec la plus grande vigueur.

« Alors commença, dit-il, à la vüe de toute la ville d'Ostende, un des combats les plus opiniâtres qui se soient livrés (1). Mon infériorité étoit patente. J'étois attaqué par la frégate de S. M. B. l'*Appollon*, capitaine Philémon Powual, ayant vingt-six canons, huit obusiers et deux cent quatre-vingt-dix hommes d'équipage, tous gens d'élite (2). Outre cette supériorité de forces qui lui faisoit multiplier à volonté son feu d'artifice et de mousqueterie, le capitaine Powual avoit encore sur moi l'avantage de la manœuvre ; son bâtiment n'étoit qu'au lest, le mien étoit chargé ; quoi qu'il en soit, secondé par mes officiers, je ne songeai qu'à me défendre jusqu'à la dernière extrémité.

« Comme je viens de le dire, l'*Appollon* n'ayant que son lest, cette frégate viroit de bord avec une vitesse étonnante, tiroit ses canons de tribord et de babord, tandis que le *Stanislas*, pesamment chargé, ne pouvait faire le plus souvent usage que de six à huit des siens ; mais mieux dirigés que ceux de l'ennemi, chaque coup portoit en quelque sorte.

« A deux heures un quart, le capitaine Philémon Powual ayant été tué, le sieur Edward Pellene, son second, prit le commandement de l'*Appollon* et le feu de cette frégate redoubla de vivacité. Mon mât de misaine étoit déjà emporté ; à trois heures, mon grand mât de

(1) 15 juin 1780.

(2) M. Levot dit que la frégate l'*Apollon* était commandée par sir Edward Pelew, depuis lord Exmout. (*Les Gloires maritimes de la France*, p. 365.

hune et ma grande vergue furent également emportés; ces événements ne firent qu'augmenter mon ardeur. L'ennemi étoit moins désemparé dans sa mâture et ses agrès, n'ayant que son beaupré et sa corne d'artimon cassés, mais il étoit percé d'onze coups de canon à l'eau, ce qui le força à trois heures un quart de quitter le combat. Le voyant manœuvrer pour s'éloigner, je lui tirai encore cinq coups de canon auxquels il ne riposta pas et il continua de fuir.

« Le *Stanislas*, entièrement désemparé, se trouvoit hors d'état de poursuivre l'*Apollon*. Je cherchai donc, à l'aide des voiles regréées sur les tronçons de nos mâts, à gagner la rade d'Ostende. La mer étant basse alors, j'échouai sur un banc de sable, à l'extrémité de la rade, à la distance d'environ cinq quarts de lieue du port. Pour alléger le bâtiment qui tallonnait beaucoup, je fis couper et jetter à la mer le reste de mes mâts hâchés et crever mes barriques d'eau. M. Garnier, consul général du gouvernement françois dans les Pays-Bas, voyant le danger que le *Stanislas* couroit, m'envoya de terre un pilote et des chaloupes qui me désenflouèrent et me remorquèrent dans le port.

« Outre le capitaine Powual, l'ennemi a eu vingt-cinq hommes tués et quarante blessés. Lorsque l'*Apollon* est arrivé aux Dunes, cette frégate avoit quatre pieds et demi d'eau dans sa cale.

« Le capitaine Powual étoit un des meilleurs marins d'Angleterre, possesseur d'une fortune considérable qui s'étoit encore accrüe par ses riches et nombreuses captures dans la mer du Nord. Il avoit à son bord une école de marine et tous matelots d'élite qu'il soudoyoit de sa poche en sus de la paye ordinaire accordée par S. M. B. Ces détails me furent fournis par son beau-frère qui vint exprès de Londres à Ostende pour me voir.

« Ma perte a consisté en cinq hommes tués, au nombre desquels se trouve le chevalier Dubost (1), et vingt-six blessés, moi compris. Mes blessures étoient légères : j'avois deux coups de feu dans le bras, un éclat de boulet au visage et mes habits percés de plusieurs balles (2). »

Ce combat fit grand bruit et il en fut rendu compte au roi. Pour donner au courageux marin un témoignage honorable de la valeur et de l'expérience qu'il avait montrées, Louis XVI lui fit don d'une épée à ses armes (3). Il lui conféra en outre un brevet de lieutenant de frégate. Voici la dépêche qui lui fut adressée le 7 octobre 1780 :

« Sur le compte que j'ai rendu au Roi, de vos services, écrivit M. de Sartine, et particulièrement du combat vigoureux que vous avez soutenu à la vue d'Ostende, avec le navire le *Stanislas*, que vous commandiez, contre la frégate anglaise l'*Apollon*, Sa Majesté voulant vous en marquer sa satisfaction d'une manière distinguée, elle vous a admis dans sa marine en qualité de lieutenant de frégate. Vous serez en conséquence employé au département du Havre. »

La conduite de François Motard et le bruit de son beau combat contre l'*Appollon* l'avaient précédé à Hon-

(1) De Naguet-Dubosc (Marie-Olivier), né à Honfleur vers 1730, tué sur le *Stanislas* le 15 juin 1780.

(2) Arch. de la Marine, *Personnel*.

(3) Lettre datée de Versailles, le 26 juin 1780.

fleur. Lorsqu'il y fut de retour, ses compatriotes se réunirent spontanément en leur Hôtel-de-Ville et prirent la délibération qui suit, aux applaudissements de la population entière. Touchant hommage qui aurait pu couronner une existence militaire plus éclatante mais qui ne pouvait honorer un plus brave marin :

..... « Le sieur Motard auroit donné dans différentes occasions des preuves non équivoques de bravoure et d'intelligence surtout dans le combat opiniâtre qu'il a soutenu, en 1764, sur un petit navire marchand, armé de huit canons avec quinze hommes d'équipage, contre une frégate du roy de Maroc, de quarante canons et de plus de trois cents hommes d'équipage, à laquelle il ne se rendit qu'après avoir épuisé ses munitions et avoir perdu toutes ses forces par une suite d'un grand nombre de blessures dont il porte les cicatrices honorables. Ayant pris le commandement de la frégate le *Stanislas* armée au port du Havre, en guerre et marchandises, destinée pour l'Amérique, montant vingt-quatre canons de douze livres de balle, avec cent quatre-vingts hommes d'équipage, dont quarante matelots seulement et le reste en novices et de mousses, il auroit soutenu le 15 juin dernier un combat à la vüe de la ville d'Ostende, contre la frégate angloise l'*Appollon*, de trente-six canons, dont vingt-six de douze livres de balle, et deux cent cinquante hommes, matelots et soldats. Malgré la disproportion de ces forces, ledit sieur Mottard, secondé par ses officiers, aurait combattu pendant trois heures et un quart à la portée du pistolet, exposé à une mousquetterie suivie. Quoique la frégate le *Stanislas* eut perdu trente hommes tués et blessés, qu'elle eût considérablement souffert dans ses agrez et sa mâture et que ledit sieur Mottard eut reçu trois blessures, il auroit enfin forcé la frégate angloise à lui céder le champ de bataille et lui auroit fait tirer plusieurs coups de canon auxquels elle n'auroit pas répondu. Sa Majesté, informée de la fermeté avec laquelle le sieur Mottard a soutenu l'honneur du pavillon françois, lui aurait fait remettre une épée avec une lettre de satisfaction....

..... *D'après le vœu général des habitants de cette ville*, le dit sieur maire (1) a cru devoir assembler la communauté aux fins de témoigner au dit sieur Mottard la part qu'elle prend à un évènement qui, en honorant un brave homme, honore égallement sa patrie....

« Sur quoy.... il a été arrêté que pour donner au dit sieur Mottard des marques de la distinction qu'il mérite parmi ses concitoyens, il demeurera sous le bon plaisir de Sa Majesté exempt à l'avenir de guet et garde, etc., etc. »

François Motard était encore à Honfleur, jouissant d'un repos bien gagné, lorsqu'au mois de juin 1781 il reçut l'ordre de se rendre au Havre. On lui destinait le commandement de deux chaloupes canonnières, la *Martinique* et la *Sainte-Lucie*, armées en vue d'escorter les convois.

Les corsaires de Jersey et de Guernesey désolaient les pêcheurs de la Hougue et le cabotage du Havre à Cherbourg, lequel était d'autant plus précieux qu'une grande

---

(1) Michel de la Croix, sieur de Saint-Michel, maire. Echevins : Gentien Guillebert, Jacques Duhault, Guillaume Goubard et Victorien Rigoult. Année 1780.

partie des approvisionnements destinés pour le port de Brest se transportaient par cette voie.

Motard parvint à protéger ce commerce pendant quelque temps. Ayant pris la mer le 9 juin et étant allé explorer les parages des îles anglaises, il fut assez heureux pour capturer un fort lougre de Guernesey, l'*Actif*, portant quatre canons, six pierriers et quarante et un hommes d'équipage ; ce bâtiment, par ses nombreuses prises et sa grande réputation de marche, était la terreur de la côte. La prise fut amenée au Havre et M. Mistral en écrivit au ministre :

« Le sieur Motard, aussi brave homme que franc, et ce n'est pas peu dire, m'a avoué tout bonnement qu'il doit cette prise à quelques coups de canon heureux qui ont dégréé le lougre et surtout au peu de vent qu'il y avoit, il pense qu'autrement ce lougre lui auroit échappé par la vitesse de sa marche (1) ».

L'épouvante que les corsaires de Guernesey répandaient parmi les bâtiments caboteurs était telle que ces corsaires n'étaient souvent armés que de canons en bois, et qu'ils n'en pillaient pas moins les pêcheurs, s'emparant de leurs bateaux presque toujours par ruse.

Etant ressorti du Havre, le 24 juin 1781, François Motard fut assez heureux pour capturer, sous les îles Saint-Marcouf, un de ces corsaires qui avait jusqu'alors échappé aux poursuites, et qui était d'autant plus redoutable qu'il pouvait abattre à volonté ses mâts, prendre tantôt la forme d'une chaloupe de pêche, tantôt celle

(1) Arch. de la Marine, *Service général*, 15 juin 1781.

d'une barque et se cacher dans les halliers dont les îles Saint-Marcouf étaient couvertes sur leur bord. C'était le *Dragon*, gréé en caiche, du port de huit tonneaux au plus, armé d'un seul canon de deux, de quatre pierriers et de six canons en bois (1).

Ces deux captures, ces fréquentes sorties pour purger la côte de la « vermine jersienne et guernezienne » qui se montrait dans la Manche (2), furent cause que les corsaires abandonnèrent la côte depuis la Hougue jusqu'à Saint-Malo, et que jusqu'à la paix de 1783 ces parages furent libres.

« Sa mission, écrivait M. Mistral, a été jusqu'à ce moment et malgré la rude saison très bien remplie ; le sieur Motard est vrayment animé du plus grand zèle pour le service, et ce lieutenant de frégate seroit on ne peut plus flaté si, en l'honorant d'une de vos dépêches, vous aviez la bonté de lui en témoigner votre satisfaction (3) ».

Quelques mois plus tard, le 21 juin 1782, M. Mistral insistait de nouveau auprès du marquis de Castries en faveur des deux capitaines des chaloupes canonnières, François Motard et François Le Mesle (4), « dignes des plus grands éloges pour la façon dont ils servoient : Le

(1) Arch. de la Marine, *Campagnes*, 4 août 1781, *Service général*, 3 août 1781.

(2) Arch. de la Marine, *Service général*, 26 juillet 1781.

(3) Arch. de la Marine, *Service général*, 1er mars 1782.

(4) François Le Mesle, né au Havre, lieutenant de frégate auxiliaire en 1758, commandait la *Sainte-Lucie*, sous les ordres de François Motard, en 1781. Avait commencé à naviguer en 1741 comme pilotier sur la corvette la *Nayade*.

sieur Motard avoit donné les preuves les plus publiques de la bravoure la plus froide et la plus intrépide ». M. Mistral sollicitait, pour le premier, le brevet de capitaine de brûlot, et pour le second celui de lieutenant de frégate en pied (1).

Comme nous l'avons vu, son commandement avait pris fin au commencement de l'année précédente, alors que les chaloupes canonnières la *Martinique* et la *Sainte-Lucie* avaient été désarmées au Havre : en présence du traité de paix leur mission était devenue sans objet.

Six mois n'étaient pas encore écoulés depuis la cessation des hostilités, que les marchands de Honfleur s'étaient déjà mis à l'œuvre ; des navires avaient été armés ; il s'agissait de reprendre les voyages aux Antilles et aux Indes que la guerre avait interrompus. Ces armateurs songèrent à s'adjoindre François Motard, en lui faisant entendre que sa prudence et son habileté leur seraient fort utiles. Incertain du sort qui lui était réservé dans la marine royale, et pressé de mettre à profit l'étendue de ses connaissances nautiques, il se disposait à prendre la conduite de deux navires armés à Honfleur pour Saint-Domingue, lorsque le roi lui fit savoir qu'il entendait le conserver à son service. Alors on lui confia le commandement des bâtiments destinés à protéger les travaux de la rade de Cherbourg où l'on commençait la construction de la digue qui est devenue une œuvre extraordinaire dans son genre.

L'entreprise n'était pas nouvelle ; les premiers projets

(1) Arch. de la Marine, *Service général*, juin 1783.

dataient d'un siècle environ. C'était, en effet, vers la fin du siècle précédent que les revers essuyés par la marine française dans la Manche avaient fait sentir vivement le besoin d'offrir aux escadres une retraite sûre contre les vents, un port à l'abri de l'insulte de l'ennemi. Dès cette époque, Louis XIV avait confié au maréchal de Vauban le soin de présenter ses vues sur la situation qu'il jugerait la plus convenable à cette entreprise. Des projets du célèbre ingénieur il ne reste que des traditions vagues. Il paraît certain cependant qu'il désigna un emplacement connu sous le nom de *Pré-du-Roi*, pour y creuser un bassin, et il nomma Cherbourg l'*Auberge de la Manche*, dénomination qui semble caractériser l'utilité qu'il attribuait à cette position (1).

Le Gouvernement avait été longtemps dans l'impuissance de s'occuper de l'exécution d'un ouvrage aussi important. Il s'était contenté d'ordonner, en 1738, la création d'un port marchand. Mais, en 1777, la nécessité de défendre à main armée notre alliance avec les Américains fit sentir plus que jamais le grand inconvénient d'être privé d'un port de retraite sur cette partie des côtes. Louis XVI résolut donc de former à Cherbourg un établissement de refuge où nos flottes pussent stationner en sûreté. Les deux forts de l'île Pelée et du Hommet furent alors construits. Puis il s'agit de couvrir la rade par une digue jetée entre les deux forts. Plusieurs projets, ceux du capitaine de vaisseau La Bretonnière, de Lambert (de Paimpol) et du directeur des fortifications Decaux, furent

<hr>

(1) Arch. de la Marine, rapport de M. l'ingénieur Cachin, 26 mai 1801.

tour à tour rejetés par le maréchal de Castries. On hésitait sur les moyens d'exécution proposés et reconnus insuffisants lorsque l'ingénieur Cessart, devenu inspecteur général des ponts et chaussées et alors ingénieur en chef à Rouen, imagina de couvrir cette rade par des caisses coniques tronquées de cent-quarante pieds de diamètre à la base, soixante pieds au sommet et soixante pieds de hauteur verticale. Le ministre de la marine fut séduit par les grands avantages du nouveau projet ; en conséquence il ordonna une épreuve en grand de la construction et de la mise à flot d'une caisse conique ; cette expérience fut faite au Havre, le 8 novembre 1782.

La caisse qui avait été éprouvée au Havre fut démontée et transportée à Cherbourg. Elle fut reconstruite peu de temps après et on prit les mesures les plus minutieuses pour en opérer avec succès l'immersion.

François Motard, dans les notes qu'il adressa au Ministre de la marine, et dont nous avons fait déjà usage, a rapporté que ce fut lui, avec la bombarde le *Frédéric* qu'il commandait, à qui revint le soin de remorquer la première caisse conique coulée à la distance de six cents toises environ de l'île Plée pour former la tête de la digue, le 6 juin 1784.

« Lorsqu'on coula, dit-il, le premier cône, dans le but de former la digue, ce fut moi, sur le *Frédéric* que je montois, qui remorquai cette énorme masse, la conduisis en rade au lieu qui lui étoit assigné et contribuai par divers apparaux que j'avois ordonnés au succès de son immersion ».

Ce fut dans cette circonstance que François Motard reçut le cordon de Saint-Louis, le 14 juin 1784.

Personne n'ignore qu'à la suite d'accidents multipliés qui entraînèrent la destruction successive des caisses, le système des digues à pierres perdues triompha, et que la masse des blocs jetés à la mer a conservé depuis ce temps les caractères de la plus parfaite solidité. Mais l'œuvre dut être suspendue pendant la Révolution, de sorte que les officiers en station à Cherbourg furent contraints d'embarquer.

En 1790, François Motard fut désigné pour prendre le commandement du *Vanneau*, brick fin voilier que l'on destinait à observer les mouvements de la flotte anglaise dans la Manche. Il devait se porter sur Portsmouth et Plymouth, naviguer avec prudence, tâcher de se tenir hors portée d'être interrogé, mais s'il ne pouvait l'éviter, déclarer que son bâtiment étoit un bâtiment de guerre français, et en cas où l'on aurait exigé de lui quelque acte de soumission ou de déférence, il devait ne céder qu'à la force (1).

Dans le courant des mois de juillet, août et septembre 1790, François Motard fit successivement trois croisières, dont les résultats parurent assez satisfaisants pour que le Ministre de la marine lui en témoignât son contentement. Au mois de juillet, il avait reconnu l'armée anglaise dans la baie de Torbay; le mois suivant il s'en était approché de très près, et son fils, invité à une réception d'apparat à bord du vaisseau le *Magnifique*

______

(1) Arch. de la Marine, *Campagnes*, 1790,

avait pu prendre tout à l'aise le compte exact des bâtiments de guerre. Sur le rapport qui lui en parvint, le
maréchal de Castries voulut bien écrire que François
Motard avait parfaitement saisi l'esprit des instructions
et que le Roi serait informé de cette nouvelle preuve de
zèle.

Malgré les dispositions favorables du Ministre et l'estime dont l'opinion publique l'entourait, il est probable
que François Motard n'aurait jamais franchi le grade de
sous-lieutenant de vaisseau auquel le Roi l'avait élevé,
si de graves événements n'étaient venus bouleverser
l'organisation de la marine militaire. C'est à la faveur de
ces événements, c'est à l'obligation d'improviser des
officiers supérieurs, que François Motard dut de revêtir
l'épaulette de capitaine de vaisseau. Ce qui n'est pas
moins digne de remarque, c'est qu'il fut nommé à ce
grade par de simples conseillers municipaux, dont le
chef d'escadre Thévenard, alors Ministre de la marine,
fut forcé d'approuver la décision. Voici dans quelles
circonstances :

Au mois de mai 1791, les Amis de la Constitution du
département de la Manche (section de Cherbourg) dé-
nonçaient à l'Assemblée Nationale M. de Chaumontel (1),

(1) De Chaumontel (Julien-Hildebert), né à Caen, paroisse Saint-Gilles,
le 27 mai 1754, fils de Louis-André-Hubert de Chaumontel et de Marie-
Anne-Catherine-Jeanne Fouques. — Navigue au commerce de 1768 à 1776.
Lieutenant de frégate non entretenu en 1778. Lieutenant de frégate entretenu en juillet 1783 et attaché en cette qualité aux ports de Lorient, Brest
et La Hougue. Sous-lieutenant de vaisseau le 1er avril 1787.

commandant le vaisseau le *Brillant*, accusé d'avoir favorisé l'évasion de plusieurs personnes, et ils le destituaient en vertu d'un arrêté du district. En effet, le 5 mai 1791, époque à laquelle aucune loi ne suspendait celle qui permet à tout citoyen d'aller où bon lui semble, M. de Cheylus, évêque de Bayeux, arriva à Cherbourg, d'où voulant passer à Jersey, il pria M. de Chaumontel, avec lequel il avait d'anciens rapports d'amitié, de lui procurer un bateau. La population de Cherbourg avait oublié depuis plus de six semaines la part que cet officier avait eue au voyage de M. de Cheylus, lorsqu'on apprit à Cherbourg la nouvelle du départ du Roi. Dès cet instant M. de Chaumontel fut en butte à toutes les injures et à tous les outrages sur les quais et dans les rues. Ce fut à cette occasion que le Directoire du district et la municipalité de Cherbourg, excités par plusieurs membres du Club populaire, se déterminèrent à destituer M. de Chaumontel, quoiqu'il fût bien certain que le commandant du *Brillant* ne se fût pas écarté de la loi. Par le même arrêté ils nommèrent à sa place Fr. Motard et le mirent dans l'impossibilité de refuser. Celui-ci ne se prêta à prendre le commandement du *Brillant* que provisoirement et pour maintenir le bon ordre. Il eut été à désirer que le Ministre fît casser un arrêté aussi illégal, mais la journée du 21 juin qui suivit de près cet événement en excitant dans le pays la plus vive effervescence, ne permit pas de prendre cette mesure. Seulement, pour sauver les apparences, on manda au commandant de la marine à Cherbourg de proposer un officier pour remplacer M. de Chaumontel; on désigna même Fr. Motard et sa nomination fut confirmée (1).

Au commencement de l'année suivante, le 1er janvier 1792, ayant été nommé capitaine de vaisseau, Fr. Motard prit sous ses ordres la division de canonnières et de bombardes, chargée de défendre les passes de la rade de Cherbourg. La Manche dans toute son étendue était alors couverte de vaisseaux et de frégates anglaises; les actes d'agression de nos voisins faisaient d'ailleurs prévoir une rupture prochaine, et tout annonçait qu'après avoir inquiété le commerce au moyen de ses corsaires et de ses bâtiments légers, l'Angleterre dirigerait une partie de ses forces contre Cherbourg aussitôt que les liaisons amicales seraient rompues. Comme on le voit, le commandement confié à Fr. Motard devait tirer des événements prévus une importance réelle.

Mais sa tâche était pleine de difficultés; s'il n'avait pas à lutter contre un ennemi qui ne se montrait point encore, il ne pouvait se soustraire aux débordements des clubs et des sociétés populaires qui faisaient tous les jours entendre leur voix dans les affaires de la marine.

C'est ainsi que non contents d'adresser au Ministre leurs dénonciations calomnieuses, les patriotes entendaient lui imposer le choix de sujets dignes, suivant eux, de monter les vaisseaux de la République et lui dicter les décrets d'organisation. On vit la Société républicaine du Havre, le 28 février 1793, rappeler à Monge

(1) Lettres du 12 mai, 20 juin, 1er et 3 juillet 1791. — Rapports au Ministre des 24 août et 22 octobre 1791. Arch. de la Marine, *Service général.*

Il quitta le vaisseau le *Brillant* au mois d'avril 1793 et se retira à Honfleur; il mourut dans cette ville le 24 juillet de la même année.

le choix qu'elle avait fait du citoyen Benoist pour le commandement d'un vaisseau. Comme le brevet n'était pas arrivé deux mois après, la Société écrivit au Ministre qu'elle s'étonnait que son choix fût resté sans effet. Si l'état-major de la flotte la préoccupait, cette Société étendait en outre sa sollicitude sur d'autres objets; elle s'inquiétait du mouvement des bâtiments, de la formation des escadres, de la défense des côtes; elle demandait au Ministre ce que faisaient les frégates à Brest, et pourquoi Cherbourg était privé d'une flottille; elle accusait l'administration de la marine des malheurs que le commerce éprouvait (1). La mauvaise destinée du commerce tenait à d'autres causes; mais on peut affirmer que l'action violente des Sociétés populaires introduisit l'indiscipline et l'insubordination dans les rangs des équipages. Elle contribua ainsi dans une large mesure à leur désorganisation. On ne lira pas sans intérêt ce qu'un officier, embarqué sur la flotte aux ordres du contre-amiral Truguet, écrivait sur ce sujet, le 2 avril 1793, à un de ses amis résidant au Havre : « On perd notre marine; les lois actuelles ne sont pas propres pour des matelots, et si Danton a dit : dans une république il faut que les lois soient aussi fortes que la colère du peuple est terrible, je dis qu'il faut que dans un bord les lois soient aussi fortes que le matelot est fainéant et yvrogne; et ceux qui ont envisagé cette classe philosophiquement, à quoi ont-ils réussi? à faire des insolens, des révoltés qui manquent tous les jours à leurs

---

(1) Lettres des 28 février, 17 avril, 2 mai 1793. Arch, de la Marine, *Service général.*

chefs, et qu'il est impossible de prendre par les senti-mens. Si ceux qui ont fait de si douces lois savoient que dans le *Léopard* qui vient d'être brûlé à Cagliari (1), il y a une douzaine d'hommes de grillés qui ont préféré s'enyvrer que de donner la main à dégréer; s'ils savoient que dans les périls les matelots ne montent à présent que quand ils veulent, que la plupart préfèrent leur repos à la sûreté du navire, ils donneroient des moyens aux officiers pour se faire obéir. Ah ! mon ami, qu'allons-nous opposer à l'Angleterre (2) ! » Qu'on veuille bien réfléchir à ce cri de désespoir; sans hésiter l'on se rangera à l'opinion des écrivains spéciaux qui ont en partie attribué les désastres maritimes de ce temps aux décrets de la Convention. Ils savaient mieux que d'autres qu'une marine ne s'improvise pas : on peut acheter avec des millions le matériel le plus parfait, c'est avec le temps et les traditions seulement qu'on forme un personnel.

De même que le Havre, la ville de Cherbourg offrait alors le spectacle de la plus vive agitation : la munici-palité réunie aux officiers de la flotte parvenait avec peine à assurer la tranquillité publique. Mais l'excitation des esprits n'y connut plus de bornes lorsqu'on eût appris la reddition de Toulon. Ce fut dans ces lugubres circonstances que François-Motard souffrant, disait-il, d'anciennes blessures, mais plus encore peut-être des calamités que la guerre civile préparée sur les côtes de la Manche allait déchaîner, résigna son commandement.

(1) Voir la Biographie du contre-amiral Thirat.
(2) Arch. de la Marine, *Service général,* vol. 26.

Il quitta le vaisseau le *Brillant* au mois d'avril 1793 et se retira à Honfleur ; il mourut dans cette ville le 24 juillet de la même année.

XX

Motard *(Léonard-Bernard)*, contre-amiral (1).

Deux noms ont particulièrement le don d'émouvoir nos concitoyens, celui d'Hamelin et celui de l'heureux commandant de la *Sémillante*. Ces deux marins sont une gloire de famille ; on en parle avec quelque fierté, on s'en fait honneur aux yeux des étrangers. Tous deux, ils étaient des capitaines consommés, hommes d'action, braves sans témérité, habiles, énergiques, infatigables. « Pour égaler les Bouvet et les Duperré, qui, par leurs hauts faits, sont vraiment hors de pair, il ne manqua peut-être au capitaine Motard, — c'était du moins l'opinion de l'amiral Roussin, — qu'un peu plus de persévérance (2). »

Autour du nom de Motard viennent se grouper d'importants événements. Motard faisait ses premières armes dans un temps où les armées françaises combattaient des armées plus nombreuses sur les frontières de l'est et du sud ; il fut mis à la retraite au moment où les alliés

(1) Volontaire en 1786 ; enseigne de vaisseau le 1er avril 1793 ; lieutenant de vaisseau le 21 décembre 1794 ; capitaine de vaisseau le 24 septembre 1803 ; colonel-major des marins de la garde impériale le 11 septembre 1811 ; contre-amiral honoraire le 5 juillet 1814 ; commandeur de la Légion d'honneur en 1809.

(2) *Revue des Deux-Mondes,* octobre 1887, p. 594.

franchissaient le Rhin. Nous suivrons le vaillant marin d'abord dans la Méditerranée, à la bataille d'Aboukir, puis à Saint-Domingue et plus tard dans les mers de l'Inde où sa campagne de six années et ses combats sont restés célèbres.

Léonard-Bernard Motard, né à Honfleur le 27 juillet 1771, était fils de François-Paul-Pierre Motard, dont il a été parlé, et de Marie-Madeleine Faucon de la Couture. Il fut admis sur les vaisseaux du roi en qualité de volontaire le 1er avril 1786 ; il avait par conséquent quinze ans. Embarqué successivement sur la flûte le *Canada*, sur le vaisseau le *Triton*, sur la corvette le *Vanneau* et la gabarre la *Porteuse*, ce n'est qu'après sept années de service à la mer que Motard fut nommé enseigne de vaisseau le 1er avril 1793. Il passa alors sur le vaisseau le *Brillant* que son père commandait. Dix-huit mois après, en 1794, il avait obtenu le grade de lieutenant de vaisseau, et il servait sur le vaisseau l'*Heureux*, commandant Lacaille. L'*Heureux* faisait partie de l'escadre aux ordres du contre-amiral Martin, qui opérait dans la Méditerranée. Ce fut alors que Motard trouva la première occasion de se signaler.

L'escadre, composée de sept vaisseaux, cinq frégates et quatre corvettes, était réunie à Toulon pour donner la chasse à deux divisions anglaises qui croisaient au large Elle appareilla, balaya la côte et s'empara de l'*Alceste*, de trente-six canons, ancienne frégate française prise par les Anglais sur la rade de Toulon et offerte par eux en présent au roi de Sardaigne.

La croisière du contre-amiral Martin n'avait été marquée d'aucun autre incident. Ce qui n'empêcha pas le représentant du peuple Saliceti, embarqué à bord du vaisseau le *Sans-Culotte*, d'exposer à la Convention toute sa satisfaction de la capacité et de l'instruction des capitaines et des équipages, lui donnant « les plus grandes espérances qui devaient résulter nécessairement du courage et de la subordination républicaine (1). »

Nous ignorons si le représentant disait à cet égard toute sa pensée, mais entre les termes de sa lettre et la vérité, il y avait une différence essentielle. La flotte était travaillée par les discordes ; la décadence et la désorganisation y étaient flagrantes ; la plupart des officiers supérieurs ayant émigré, les états-majors ainsi que les équipages avaient été recrutés à la hâte ; les approvisionnements faisaient défaut. Etait-ce de là d'où devaient découler les grandes espérances ? Ce qui est certain, c'est que les revers éprouvés par la marine à cette malheureuse époque en sont sortis (2). A défaut d'autre témoignage, on pourrait invoquer les correspondances des représentants du peuple (3), elles ne laissent aucun

(1) Lettre du 3 juin 1794. Arch. de la marine, *Campagnes.*

(2) De 1793 à 1797, la marine française perdit 220 bâtiments de guerre, savoir : 36 vaisseaux de ligne, 91 frégates, 93 corvettes et bricks. En 1798, à la bataille d'Aboukir, elle perdit 11 vaisseaux et 2 frégates.

(3) « L'administration civile de la marine, écrivait Jean-Bon Saint-André, est trop mauvaise [à Toulon] pour que je puisse en donner une idée. Toutes ses parties ne représentent que l'image du cahos... L'ignorance bien plus que l'incivisme est cause de ce mal... Je vous annonce que cette partie du service maritime ne marchera pas tant que vous n'enverrez pas quelques administrateurs éclairés et patriotes. La municipalité est faible, peu instruite et pour mieux dire nulle. » — Lettre au Comité de Salut Public, 30 juillet 1794. Arch. de la marine, *Service général.*

doute. En 1794, par exemple, sur le vaisseau l'*Heureux*, commandé par Lacaille, et où Motard remplissait les fonctions d'officier de manœuvre, une grande partie de l'équipage n'avait jamais navigué. Les écoles de canonnage et les exercices poursuivis chaque jour ne parvenaient pas à former des matelots; les rigueurs de la discipline étaient d'autre part impuissantes à prévenir les actes d'insubordination. C'est ainsi que sur le même vaisseau les soldats embarqués se refusèrent aux manœuvres hautes. Ils donnaient pour raison qu'ils étaient militaires et non matelots et qu'il leur importait fort peu d'avoir dix livres de supplément par mois pour risquer à chaque moment de tomber à la mer (1). Les difficultés devinrent telles que le lieutenant Motard fut obligé de porter plainte contre l'équipage et, en particulier, contre un sieur Claude Michel, accusé de s'être mis à la tête de la révolte (2).

La situation de nos vaisseaux, promptement connue de l'autre côté de la Manche, expliquait la lenteur des opérations et l'audace sans cesse croissante des Anglais. Alors que toutes les ressources d'une organisation solide eussent été à peine suffisantes, la Convention paraissait croire qu'il ne fallait aux marins que le courage pour vaincre tous les obstacles. Mais, à la guerre, le succès ne dépend pas toujours de ceux qui sont à la tête des troupes. L'échec que subit l'armée navale de la Méditerranée le 13 mars 1795 devait en fournir une nouvelle preuve.

(1) Arch. de la marine, *Campagnes*, 1794. Lettres du capitaine Lacaille.
(2) Arch. de la marine, *Campagnes*, 27 juillet 1795.

Au nombre de quinze vaisseaux, de quatre frégates et de trois corvettes, l'armée appareilla le 11 ventôse. Les équipages avaient été complétés par 2,400 hommes pris dans le régiment de la Corrèze, dans la 104e et la 18e demi-brigades. C'était là, on le conçoit, un renfort dérisoire. « Il n'est pas possible, écrivait le contre-amiral Martin, d'avoir des vaisseaux plus mal armés en marins que ceux du Port-la-Montagne. Le nombre de militaires et de novices qui n'ont pas été à la mer s'élève à 7,500 hommes sur une totalité de 12,000 hommes qui forme l'armement des quinze vaisseaux (1). » ·

Quelles que fussent les difficultés avec lesquelles le contre-amiral Martin se trouvait aux prises, vivement pressé par la commission de la marine, il sortit de Toulon. L'armée arriva le 23 ventôse à la hauteur du cap Noli, sur la côte d'Italie, et y rencontra l'escadre anglaise, forte de quatorze vaisseaux, de quatre frégates et de plusieurs corvettes. A la pointe du jour, un premier combat s'engagea entre le vaisseau le *Ça-Ira* et une frégate anglaise ; le vaisseau fut désemparé et il dut être remorqué. Le 24, au jour, le combat recommença avec une nouvelle chaleur, et après sept heures de lutte, l'escadre française fut obligée d'abandonner à l'ennemi le *Ça-Ira* et le *Censeur* et de se rapprocher de Toulon. Nous avions, en revanche, démâté quatre vaisseaux et pris le *Berwick*, en tirant à boulets ramés (2). A la suite de cette affaire, des bruits alarmants se répandirent dans le public, et pour ôter à la

(1) Arch. de la marine, *Campagnes,* 26 février 1795.
(2) Arch. de la marine, *Campagnes,* 1795.

malveillance l'occasion de triompher, les représentants du peuple délégués à l'armée d'Italie, tout en reconnaissant, dans une proclamation, que l'escadre républicaine avait éprouvé quelques pertes, déclarèrent qu'elle les avait fait payer cher aux Anglais (1). Le représentant Le Tourneur (de la Manche), en s'adressant au Comité de Salut public, écrivit avec plus de franchise que c'était bien un échec et qu'il était dû aux fausses manœuvres d'une partie de l'escadre (2).

Trois mois plus tard, le 13 juillet 1795, le contre-amiral Martin se trouvait de nouveau en présence de ses adversaires. S'il put croire un moment que la fortune lui réservait une compensation, il fut cruellement détrompé. Dans ce second combat, le vaisseau l'*Alcide* fut brûlé. « L'escadre anglaise, écrivait un représentant du peuple, a pourchassé la nôtre *qui sembloit avoir quelques ménagemens à garder*. Elle vient de l'atteindre, et si je dois en croire les premières relations, le résultat du combat ne nous est point favorable. Il est nécessaire d'envoyer une division de huit à dix vaisseaux dans la Méditerranée (3). »

Ce furent là les premiers combats auxquels prit part le lieutenant Motard ; nous les avions honorablement soutenus, mais nous avions échoué dans notre entreprise de détruire ou du moins d'éloigner l'escadre anglaise.

Continuant de servir dans la même armée, Motard passa successivement comme lieutenant-major sur les vaisseaux le *Tonnant* et le *Guillaume-Tell,* puis sur l'*Orient,*

(1) Arch. de la marine, *Campagnes,* 20 mars 1795.
(2) Arch. de la marine, *Campagnes,* 16 mars 1795.
(3) Arch. de la marine, *Campagnes,* 13 juillet 1795.

en qualité de capitaine de frégate. Il fut élevé à ce dernier grade le 1er mai 1798, quelques jours avant le départ de l'expédition d'Egypte. Sur le vaisseau à trois ponts l'*Orient*, qui portait le pavillon du vice-amiral Brueys, commandant la flotte, se trouvait également le général Bonaparte.

L'expédition, partie de Toulon le 19 mai 1798, arriva le 9 juin devant Malte. Suivant l'intention du général en chef, une partie de l'escadre et du convoi se rendit au nord de l'île, l'autre jeta l'ancre devant le grand golfe pour bloquer le port de Malte. Des chaloupes destinées à porter à terre les troupes furent détachées des vaisseaux, et ce fut au commandant Motard que l'on en confia la direction. Il fut jugé digne de la même mission lors du débarquement à Alexandrie. Ayant été assez heureux dans ces diverses circonstances, il mérita les éloges du général en chef.

Cependant, l'amiral Brueys était resté dans la rade d'Aboukir, malgré l'ordre d'entrer promptement dans le port d'Alexandrie ou de se retirer à Corfou (1). Mais Nelson apparut et un grand combat naval s'engagea le 1er août 1798 (2).

De cette lutte terrible nous ne retiendrons que les détails qui touchent le vaisseau l'*Orient*, sur lequel le

(1) Lettre du général Bonaparte, 30 juillet 1798.

(2) Les principaux documents à consulter sur le combat d'Aboukir sont : Lettre de Bonaparte au Directoire, 19 août 1798 ; rapport du contre-amiral Villeneuve, 28 août 1798 ; les rapports (sans date) des officiers embarqués sur le *Franklin*, l'*Orient*, la *Sérieuse*, le *Conquérant*, l'*Aquilon*, etc., rapport du contre-amiral Decrés, 29 août 1798 ; rapport et correspondance du contre-amiral Blanquet-Duchayla. — Arch. de la marine, *Campagnes*.

capitaine Motard remplissait les fonctions de sous-chef d'état-major général.

A cinq heures et demie du soir, l'amiral fit le signal de commencer le combat; ce fut le *Conquérant*, vaisseau de soixante-quatorze canons, que montait le capitaine Dalbarade, qui ouvrit le feu. Le premier vaisseau anglais qui combattit l'*Orient* par sa hanche de tribord, le *Bellérophon*, fut, malgré sa position avantageuse, démâté de tous ses mâts et si fort maltraité qu'il fut obligé de dériver un peu au large et assez loin du champ de bataille. Cet événement, en améliorant la position de l'*Orient*, laissait espérer que ce vaisseau était débarrassé au moins d'un de ses ennemis. Mais deux autres vaisseaux anglais arrivèrent, l'*Alexander* et le *Swiftsure ;* le combat redevint acharné et l'amiral Brueys soutint avec une incontestable énergie ce terrible assaut. Déjà blessé à la tête et au bras, il fut bientôt, après cette nouvelle attaque, atteint d'un boulet au bas ventre et presque coupé en deux. On voulut le descendre, mais il demanda à expirer sur le pont ; il vécut encore un quart d'heure.

Peu de temps après, un incendie se déclara à bord du vaisseau-amiral, dans la chambre du conseil. On fit de vains efforts pour l'éteindre. Il se manifesta bientôt sur la dunette, puis dans les porte-haubans d'artimon à babord et se communiqua à la mâture. A ce moment, cinq vaisseaux ennemis avaient réuni leur feu sur l'*Orient :* le vaisseau brûlait de l'avant à l'arrière, les flammes entraient déjà dans la batterie de vingt-quatre, tandis que dans la batterie de trente-six on semblait ignorer le danger et l'on se battait toujours avec acharnement.

Cependant, ceux de l'état-major et de l'équipage qui avaient échappé à la mort, convaincus de l'impossibilité d'éteindre l'incendie, et après avoir essayé en vain de noyer les poudres, crurent devoir abandonner le vaisseau. L'ordre de cesser le feu fut donné. Tous se précipitèrent à la mer pour éviter d'être brûlés vifs. Deux cents hommes environ atteignirent à la nage les bâtiments environnants. L'adjudant général Motard, quoique blessé assez fortement à la jambe, se précipita par un sabord ; il fut assez heureux pour gagner un vaisseau le plus à sa portée et qui se trouva être anglais. Le chef de division Casabianca et son fils âgé de dix ans n'eurent pas le même bonheur. S'étant accrochés à des débris de la mâture, ils furent engloutis lors de l'explosion avec les blessés et la plus grande partie de l'équipage (1).

Des treize vaisseaux et des quatre frégates qui avaient pris part au combat, l'*Orient* sauta en l'air, six autres vaisseaux furent pris : le *Franklin,* le *Tonnant,* le *Spartiate,* l'*Aquilon,* le *Conquérant,* le *Peuple-Souverain.* Trois vaisseaux furent pris et brûlés : l'*Heureux,* le *Guerrier,* le *Mercure.* Le vaisseau le *Timoléon,* forcé de faire côte, fut incendié par son équipage. La frégate la *Sérieuse* fut coulée bas et la frégate l'*Artémise* sauta. Onze vaisseaux et deux frégates, portant ensemble neuf cent cinquante-deux bouches à feu, furent capturés ou détruits dans ce malheureux combat (2).

(1) Rapports des lieutenants Chabert et Charrier et de l'enseigne Lachenède, officiers de l'*Orient* et du *Franklin.* Arch. de la marine.

(2) L'amiral Brueys, les chefs de division Casabianca, Dupetit-Thouars et Thévenard furent tués ou noyés.

Le capitaine Motard resta peu de jours prisonnier; il fut rendu à la liberté sur parole. Toutefois il ne fut échangé qu'au mois de décembre 1799, et ne reprit du service qu'au mois de mars 1800 (1).

A ce moment, une escadre, aux ordres du contre-amiral Gantheaume, composée des vaisseaux l'*Indivisible*, la *Constitution*, le *Dix-Août*, le *Jean-Bart*, de la frégate la *Créole*, des corvettes la *Badine* et l'*Héliopolis*, était en armement à Brest. Sur la demande de l'amiral, qui tenait à attacher Motard à son état-major, celui-ci embarqua sur l'*Indivisible* en qualité d'adjudant en chef.

L'escadre quitta Brest en ordre de bataille à la fin du mois de janvier 1801. Elle avait à bord trois mille hommes de couleur et quelques anciens propriétaires de l'île de Saint-Domingue; ces passagers y avaient été embarqués pour couvrir le but de l'expédition et faire croire que le gouvernement l'expédiait aux Antilles. Elle se rendait en réalité dans les eaux de l'Egypte. Dès son départ, elle fut assaillie par un violent coup de vent du nord. Le vaisseau l'*Indivisible* démâta de son grand mât de hune par suite du roulis. Un temps plus calme permit bientôt à l'escadre de se rallier et de donner dans le détroit. Elle y rencontra un éclaireur anglais, le *Succès*, mouillé sur la rade de Gibraltar et qui mit sous voiles aussitôt qu'il eût aperçu l'escadre française. Mais l'*Indivisible*, ainsi

(1) L'instruction, la fermeté et le courage de Motard lui avaient gagné la protection des officiers généraux. « Cet officier annonce beaucoup pour l'avenir, disait Latouche-Tréville; il est d'une figure et d'une tournure agréables, il a reçu une bonne éducation, il a du zèle et de l'instruction. J'espère qu'il deviendra un sujet de distinction. » Arch. de la marine. *Notes individuelles.*

que les autres vaisseaux en ayant eu connaissance, lui donnèrent la chasse et il se rendit en tirant toute sa batterie des deux bords pour faire honneur à son pavillon. L'escadre arrivait à Toulon quelques jours après; elle avait capturé sur sa route deux frégates et six autres bâtiments de moindre valeur (1). Elle y séjourna un mois, embarqua des vivres, des munitions, des troupes, et appareilla au mois de mai 1801. Elle fit voiles vers l'île d'Elbe pour en faire le blocus. Mais n'ayant pu obtenir la remise de Porto-Ferrajo, quoi qu'elle en eut vigoureusement canonné le fort, elle abandonna ces parages et se dirigea sur l'Egypte.

L'apparition de la division française avait éveillé l'attention des habitants de la côte qui donnèrent des marques non équivoques de leur hostilité. Cependant l'amiral tenta un premier débarquement; son insuccès fit bien vite renoncer à mettre à terre les troupes embarquées. Reprenant le large, l'escadre vint mettre en panne à cent vingt lieues dans l'ouest d'Alexandrie. Peu de temps après, elle appareillait de nouveau et laissait derrière elle l'Egypte.

Ce fut en faisant route pour les côtes de Provence que l'escadre fit rencontre d'un vaisseau anglais de soixante-quatorze canons, le *Swiftsure*, qui venait de quitter le mouillage d'Aboukir et se dirigeait sur Malte. L'*Indivisible* et le *Dix-Août* lui donnèrent la chasse pendant plusieurs heures, puis l'ayant atteint, l'écrasèrent sous leur feu. Après un combat très vif, le *Swiftsure* amena son

____

(1) Arch. de la marine, *Campagnes*, 1801.

pavillon (1). Avec cette prise, laquelle fut suivie d'autres captures moins importantes, l'escadre jeta l'ancre en rade de Toulon au mois d'août 1801 (2). Elle fut ensuite dirigée sur Saint-Domingue, puis elle effectua son retour à Brest.

Jusqu'alors le capitaine Motard, attaché à l'état-major des amiraux, s'était initié aux détails les plus minutieux de sa profession. Le 15 juillet 1802, il obtenait le commandement de la *Sémillante;* quinze années de mer, la part prise à trois expéditions et à deux combats l'avaient préparé à la campagne qu'il poursuivit non sans éclat dans les mers de l'Inde. La *Sémillante* était une frégate de trente-six canons, construite à Lorient en 1791 et douée d'une marche tout à fait supérieure. Elle faisait partie de l'escadre expédiée dans l'Inde, sous les ordres du contre-amiral Linois. L'enseigne de vaisseau Roussin, qui fut amiral de France, ministre de la marine et ambassadeur, embarqué sur la même frégate pendant cinq ans, eut ainsi pour maître le capitaine Motard. Les journaux de bord de la *Sémillante* ont été conservés en partie ; nous les avons découverts il y a quelques années (3) et copiés presque en entier. Grâce à cette mine féconde, nous

(1) Les consuls, à l'occasion de ce combat, accordèrent des armes d'honneur. Nicolas Duparc, natif de Honfleur, reçut une hache d'abordage d'honneur. Ces armes étaient d'assez petite proportion pour que les marins pussent les porter sur la poitrine comme les soldats portent les grenades.

(2) Lettres du contre-amiral Gantheaume, 10, 19 février 1801. (Arch. de la marine).

(3) Aux archives de l'hospice civil de Honfleur. Ces journaux de bord forment une série de vingt cahiers ; la série est incomplète ; elle est conservée aujourd'hui à l'Hôtel-de-Ville.

allons essayer de suivre le commandant Bernard Motard pendant les six années où son nom brilla dans l'Inde, à côté d'autres noms illustres.

Le 2 mars 1803, la division, aux ordres du contre-amiral Linois et composée du *Marengo*, de la *Belle-Poule*, de l'*Atalante*, de la *Sémillante*, de la corvette le *Bélier* et de deux transports, la *Côte-d'Or* et la *Marie-Françoise*, était réunie à Brest. Elle était à la veille de mettre sous voiles. Les troupes de l'expédition de l'Inde étaient embarquées; elles avaient été passées en revue par le général Decaen qui venait d'être nommé gouverneur et capitaine général des possessions françaises dans cette partie du monde.

Le 6 mars, toute la division appareilla et fit route vers le cap de Bonne-Espérance. Après une navigation heureuse de soixante-trois jours, la *Sémillante* arriva sur la rade de Simons-Baye le 4 juin 1803. Du Cap, le commandant Motard rendit compte de sa traversée au ministre. Il se plut à s'y montrer satisfait des qualités de sa frégate, qui était de construction solide, marchant bien et portant bien la voile. Il n'avait non plus qu'à faire l'éloge de son état-major, composé d'un lieutenant de vaisseau, de cinq enseignes et d'un lieutenant d'artillerie (1).

De Simons-Baye, la division se dirigea vers les îles Bourbon et de Madagascar, passa en vue de Ceylan, contourna cette île et s'approcha de la côte de Coromandel où elle eut connaissance de huit bâtiments de guerre qui s'y trouvaient à l'ancre. Cinq d'entre eux mirent à la

(1) Arch. de la marine, *Campagnes*, 1803. — Lettres de Motard, 25 floréal an XI.

voile et accompagnèrent la division jusqu'à une lieue de Pondichéry, où elle laissa tomber les ancres le 12 juillet, quatre mois après son départ de Brest.

Le général Decaen s'attendait à trouver Pondichéry en notre pouvoir. En effet, une expédition avait été dirigée pour reprendre possession de cette ville et des établissements français conformément aux termes du traité d'Amiens. Mais la nouvelle de la déclaration de guerre entre la France et l'Angleterre étant parvenue avant que l'adjudant général eût pris possession de Pondichéry, les Anglais avaient obligé l'officier français à se constituer prisonnier avec ses troupes.

Ce fut donc le pavillon britannique que la division aperçut flottant sur les forts. Cette circonstance jointe aux bruits de guerre qui étaient à l'ordre du jour sur les côtes de l'Inde, conduisit l'amiral Linois à prescrire à tous les capitaines d'être toujours en branle-bas et prêts à combattre. Bientôt la situation devint plus critique à la nouvelle des dispositions hostiles de l'Angleterre. Se conformant aux ordres que lui transmit le *Bélier*, parti de France deux mois après lui, l'amiral Linois se dirigea vers l'Ile de France, après avoir mis à la voile la nuit pour dérober à l'ennemi la connaissance de ce mouvement.

Le 15 août 1803, la division mouillait devant le Port-Louis. Le général Decaen descendait à terre, salué par tous les bâtiments de trois cris de : « Vive la République ! » par le vaisseau-amiral de dix-sept coups de canon et par la terre de vingt et un coups. Le débarquement des troupes se fit le lendemain ; des travaux de réparation occupèrent les jours suivants (1). Le 19 septembre, la corvette le *Berceau*, venant de Rochefort, annonça la déclaration de guerre. Cette déclaration fut proclamée, le 20, par le général Decaen après sa réception de capitaine-général. Vingt-quatre heures plus tard, des ordres étaient expédiés à l'amiral Linois en vue d'entreprendre une première croisière ; le vaisseau le *Marengo*, les frégates la *Belle-Poule*, la *Sémillante*, et la corvette le *Berceau* mettaient sous voiles, touchaient à Bourbon où l'on déposa les nouveaux administrateurs de cette colonie et gouvernaient sur Batavia où ils transportaient des troupes envoyées à nos alliés les Hollandais.

Pendant un mois la croisière se poursuivit sans incident. Le 21 novembre 1803, le *Berceau* signala une voile, aussitôt le vaisseau-général et les deux frégates chassèrent dessus. Après deux heures de poursuite, pendant lesquelles le bâtiment ne s'était pas du tout dérangé de la route qu'il tenait au sud-est et qui le faisait rallier les navires français, le pavillon fut amené. La prise était un vaisseau anglais de la Compagnie des Indes, nommé la *Comtesse-de-Sutherland*, venant du Bengale et allant en Chine, chargé d'une cargaison de coton en laine, de riz et de tabac. Dix jours plus tard, les vigies signalaient la terre. On approchait du mouillage de Bencoulen, dans l'île de Sumatra, où la division jetait l'ancre, le 1er décembre 1803, dans la soirée. Le moment était venu de mettre à exécution un plan conçu depuis longtemps et

(1) Journal de bord de la *Sémillante*, 27 et 28 thermidor an XI (15 et 16 août 1803).

sur lequel le général avait gardé le plus profond secret. Il consistait à s'emparer des navires anglais mouillés près de Poolo-Bay, sur la côte de Sumatra, à deux lieues dans le sud-est de Bencoulen, et de détruire les magasins qui formaient sur ce point l'établissement fondé par les Anglais en 1698.

Ce fut au capitaine Motard que l'on confia la mission projetée.

Motard fit embarquer sur la *Sémillante* un pilote et un interprète, et mit à la voile avec la corvette le *Berceau*. En approchant de la côte, il fit rencontre de navires marchands, mais le canot, commandé par l'enseigne Roussin, qu'il envoya pour les prendre, ne put les approcher; ils s'étaient incendiés. Pendant ce temps, Motard avait fait disposer soixante hommes du *Berceau* et cent hommes de la *Sémillante*, afin de descendre à terre sous le commandement du lieutenant Arnaud. La descente se fit en bon ordre sous la protection des deux bâtiments; la corvette tira avant qu'elle ne s'effectuât trois volées dans les broussailles pour les balayer. Le lieutenant Arnand avait ordre de se porter de suite avec les troupes sur les magasins et de s'en emparer. Motard lui avait en outre prescrit de les incendier dans le cas où il ne trouverait pas un moyen d'en retirer les objets précieux et les marchandises qu'ils contenaient.

On s'empara sans difficulté des magasins qui furent brûlés avec l'aide des naturels du pays. A midi, les troupes étaient de retour; l'expédition avait duré une heure et demie et avait frappé l'ennemi d'une perte évaluée à dix ou douze millions de livres tournois (1). Motard n'eut à regretter que la mort d'un officier et d'un soldat.

La croisière s'ouvrait ainsi dans un succès. Jusqu'alors l'amiral était heureusement parvenu à se soustraire aux attaques d'un ennemi très supérieur en forces, et on considérait sa campagne comme un événement extrêmement avantageux. Sa conduite, écrivait le ministre de la marine, avait été marquée au coin de la sagesse et de la prévoyance (2). Mais les opérations qui suivirent devaient singulièrement modifier ces favorables impressions.

Après deux mois de relâche à Batavia, la division française mit sous voiles, le 30 décembre 1804, dans le dessein de se porter à la rencontre du convoi anglais venant de Chine chargé d'opium et de poivre. Avant de la suivre dans l'embuscade qu'elle dressait à la flotte marchande, nous rapporterons l'épisode suivant qui signala son séjour à Batavia ; nous l'emprunterons à un document original resté inconnu jusqu'ici (3).

Le *Marengo* venait d'amariner le navire la *Henriette*, lorsque l'amiral Linois donna à son adjudant, le lieutenant Martel (4), l'ordre de faire transporter à bord la

(1) Journal de bord de la *Sémillante*, 10 et 11 frimaire an XII. — Expédition de Poolo-Bay, 16 décembre 1803. (Arch. de la marine, *Campagnes*).

(2) Lettre du 4 juin 1804.

(3) Dans les *Batailles navales*, t. III, p. 312, le commandant Troude a rapporté cet épisode d'après un Journal ; il n'en avait trouvé le récit dans aucun des écrits de l'époque.

(4) Jean-Baptiste Martel, né à Saint-Pourçain (Allier), le 5 février 1773. Il était fils d'un député à la Convention. Inscrit au quartier du Havre, fait enseigne, puis lieutenant de vaisseau, il servait en cette qualité sur la *Belle-Poule*, lorsqu'on le crut perdu dans les parages de Pulo-Aor. Il décéda à Batavia le 16 juin 1804.

cargaison de la prise. Une fois sa besogne terminée, le lieutenant s'était embarqué dans un canot avec vingt-trois hommes et il s'était efforcé de gagner le vaisseau. Mais la mer était grosse, le vent fraîchissait, on dérivait beaucoup, de sorte qu'en peu d'instants on perdit de vue le vaisseau-amiral, le *Marengo*. Bientôt l'on ne vit plus ni terre ni bâtiments. Lancé ainsi en pleine mer, l'équipage du canot se trouvait mouillé jusqu'aux os et n'ayant rien mangé depuis vingt-quatre heures. Le premier moment d'angoisse passé, le lieutenant résolut de gouverner vers l'établissement hollandais de Palembang, à l'entrée du détroit de Banca, dans l'île de Sumatra.

La nuit se passa à se servir des avirons. Le 13 février au matin, les matelots aperçurent une côte devant eux. Ils y abordèrent et y descendirent dans l'espoir d'y trouver des cocos et de l'eau. Mais ils ne purent y ramasser que des choux palmistes de mauvaise qualité, deux arbres pour faire des mâts et une grosse pierre pour servir d'ancre. Le lendemain, on fit rencontre d'une pirogue malaise, laquelle donna un peu de riz à l'équipage et consentit à le conduire à Bingtang, moyennant cent piastres. Un Malais s'embarqua dans le canon et nos marins débarquèrent dans un port (1) où ils trouvèrent plusieurs bâtiments chinois, des bâtiments malais et une vingtaine de pirates.

Le village était bâti sur pilotis dans la mer et un roi y résidait. Le lieutenant Martel conduit devant ce monarque le trouva sous un hangar, assis sur des pièces de bois,

____

(1) Sans doute le port de Riouv, dans l'île de Bingtang.

mâchant du bétel et ayant « sa cour » à ses pieds. L'entrevue fut favorable ; le roi permit aux Français de faire des provisions ; il leur fit cadeau de trois poules blanches en signe d'amitié et les laissa reprendre la mer.

Les jours suivants, le canot longea un grand nombre d'îles, traversa une large baie à l'aide des avirons, fut pillé par des pirates et aborda de nouveau à un village où un pavillon bleu flottait sur une maison européenne. On crut toucher à Palembang. Mais ce n'était que la maison d'un négociant, duquel on ne put tirer aucun avis utile.

Le 22 février, après avoir nagé toute la nuit, croyant toucher au but, l'équipage aperçut des cases, des bateaux, des ouvrages de fortifications, une batterie élevée sur un tronçon d'arbre, quelques pièces de canon sur des radeaux, enfin un grand nombre de pirogues. C'était un poste en avant de Palembang. Le lendemain, officier et matelots débarquaient au pied du fort hollandais.

Accompagné d'un interprète, le lieutenant Martel fut alors amené dans une case vaste et somptueuse où résidait un des grands du pays. Il surprit le prince entouré de ses familiers, au milieu d'un atelier dans lequel, sans souci de sa dignité, il s'occupait de sa personne à peindre des manches de piques. On fit asseoir l'officier français, on lui offrit du thé, et un gentilhomme indigène, derrière lequel un domestique portait les marques de son haut rang : un bouclier, une pique et un parasol, le conduisit devant le résident européen. Il trouva près du Hollandais l'accueil le plus empressé ; il en obtint même la promesse qu'un navire serait mis à la disposition de l'équipage français pour gagner Batavia.

Malgré son vif désir de quitter ces parages, le lieutenant Martel ne put décliner l'invitation à déjeuner que lui adressa le souverain du royaume de Palembang. Il s'embarqua donc dans une superbe pirogue appartenant à la Compagnie hollandaise et arriva au palais. On l'introduisit dans la salle d'audience, où se tenait le sultan. C'était un vieillard octogénaire, au maintien digne, près duquel six gardes armés de piques et d'espingoles étaient debout. Le sultan lui fit l'accueil le plus flatteur, voulut bien lui dire qu'il ne demandait que l'amitié des Français, et l'assurer que si tout le monde pensait comme lui, la paix universelle existerait sur la terre. Après ce dernier propos que l'abbé de Saint-Pierre n'eût pas désavoué, le roi malais fit servir le déjeuner. La table fut couverte de mets de toute espèce avec une profusion sans exemple, et chaque plat était apporté par une femme qui s'agenouillait en approchant du sultan. Un second service composé de fruits, de thé, de sucreries, d'œufs et de pâtisseries suivit le premier. Puis vinrent les sorbets, et l'on se sépara en se souhaitant de part et d'autre beaucoup de prospérité. Treize jours plus tard, le 11 mars 1804, le canot touchait à Batavia après une absence d'un mois (1).

Ce mois avait été employé par la division française à faire quelques captures et à louvoyer sur le passage des vaisseaux de la Compagnie des Indes. Elle s'était proposé de porter les coups les plus décisifs au commerce anglais

(1) Extrait du journal du lieutenant Martel. (Arch. de la Marine, *Personnel.*)

en interceptant ses convois. Mais l'action qu'elle engagea, loin d'être brillante, sembla indiquer de l'indécision dans le commandement et fut infructueuse. L'affaire du convoi de Chine émut l'opinion publique et fit encourir à l'amiral Linois les plus graves reproches. Elle fit en outre éclater à tous les yeux le désaccord et l'hostilité qui s'étaient manifestés entre l'amiral et le général Decaen, dès les premiers jours de leur départ de France. On verra plus loin en quels termes Decaen rendit compte de l'affaire au ministre.

Le 14 février 1804, après avoir essuyé un très mauvais temps et beaucoup de pluie, la division aux ordres de l'amiral Linois eut connaissance de Pool-Aor à grande distance. Vers neuf heures du matin, le temps s'étant éclairci, les vigies signalèrent vingt-sept voiles dans le nord. C'était le convoi anglais venant de Chine. Il restait alors sous le vent de la division à la distance d'une lieue et demie et il paraissait, dit le commandant Motard, ne craindre aucun engagement. L'intention de l'amiral n'étant de n'attaquer qu'avec une brise décidée, la division laissa arriver au sud-sud-ouest et força de voiles. Le vaisseau le *Marengo*, la *Sémillante* et la *Belle-Poule* formaient une ligne très serrée et courant largue ; les corvettes le *Berceau* et l'*Aventurier* se tenaient à petite distance. L'attaque du convoi commença et toute la division tira sur l'ennemi. Mais après trois quarts d'heure de combat, le feu cessa. Dix-sept vaisseaux avaient reviré sur la division, et celle-ci, craignant d'être enveloppée, d'être prise entre deux feux, manœuvra pour s'écarter des Anglais. Elle laissa ainsi s'échapper une riche proie (1).

Dans cette affaire, où la lenteur de l'attaque et l'incertitude de la manœuvre motivèrent de sévères appréciations, le contre-amiral Linois paraît s'être trompé sur la force des navires escortant le convoi et avoir cru à la supériorité de leur feu. Il craignit un engagement inégal, profita de la fumée qui l'enveloppait et vira lof pour lof, s'éloignant ainsi de l'ennemi qui le poursuivit pendant quelques heures. Il fut prouvé depuis que le convoi n'était pas escorté et que les vaisseaux supposés par l'amiral, bâtiments de guerre, n'étaient que des bâtiments de compagnie n'ayant que quelques canons indispensables et des canons de bois pour faire illusion. Le contre-amiral Linois n'osa pas s'approcher assez près pour reconnaître cet état de choses et, après une démonstration faite de trop loin et pour cela insignifiante, il s'éloigna. « Il a fui, dit plus sévèrement Decaen, devant des vaisseaux marchands. »

« Je fus vivement peiné d'un résultat aussi honteux, ajoute le même général dans une lettre du 10 floréal, et surtout de l'attaque du convoi faite avec si peu de résolution et avec tant de mollesse. Si le c. a. Linois avait attaqué le premier jour, alors l'ennemi n'aurait pas pu faire ses dispositions pour vouloir en imposer à un vaisseau de 74, deux frégates de 50 et 40 canons, et deux corvettes armées chacune de plus de 20 bouches à feu. Mais le

(1) Précis de la campagne de l'Inde, 1803-1804. (Arch. de la Marine, *Campagnes.*) — Journal de bord de la *Sémillante*, 24, 25 et 26 pluviose an XII (14, 15, 16 février 1804).

contre-amiral ne voulut plus combattre parce que le jour allait bientôt finir et les ennemis profitèrent habilement du répit qu'on leur donnait pour se préparer..... Enfin, après avoir temporisé, si le contre-amiral Linois se fût approché audacieusement le plus près possible des vaisseaux protecteurs du convoi, au lieu de les combattre seulement à portée de boulet, il les aurait foudroyés avec ses canons de 36 puisque de fort loin son premier feu avait déjà fait plier le premier..... mais il préféra prendre la fuite et se faire chasser pendant plus de deux heures par des bâtiments marchands, dont une partie des batteries n'étaient armées que de canons de bois (1). »

La réponse du ministre aux rapports du capitaine-général ne se fit pas attendre ; elle était conçue en des termes tels que nous croyons devoir la donner en entier malgré sa longueur.

« C'est avec peine, M. le contre-amiral, que je remplis le devoir de vous informer qu'après avoir pris connaissance la plus exacte de votre correspondance et des faits y relatifs, Sa Majesté a été très désagréablement affectée des circonstances et du résultat de votre affaire du 25 pluviose (14 février 1804) contre la flotte anglaise venant de Chine.

« Sa Majesté a remarqué que vous n'aviez pas eu assez de confiance dans les forces sous votre commandement, en même tems que vous vous étiez exagéré celles du convoi.

« C'était en attaquant de très près que vous eussiez usé

---

(1) *Papiers du général Decaen*, tome XI, fol. 66, 69 et 74.

de tous vos avantages et que vous eussiez prévenu la résistance dont l'ennemi vous a présenté l'appareil lorsqu'il a vu l'indécision que vous portiez dans l'attaque.

« Vous avez combattu pendant quarante minutes selon votre rapport, et vous n'avez pas eu un homme blessé.

« D'un autre côté, celui de l'ennemi annonce qu'il n'a pas eu plus de trois hommes hors de combat.

« A cette manière d'attaquer la résistance ne pouvait qu'être longue ; en la faisant au contraire de très près, pas un de ces vaisseaux de compagnie (et il n'y en avait pas d'autres) n'eût soutenu votre feu pendant 30 minutes, et à peine en eussiez-vous réduit quelqu'un que au lieu de la chasse qu'ils vous ont donné dans votre retraite, ils n'auraient songé qu'à la fuite.

« Vous avez craint d'être environné. C'est une manœuvre audacieuse qui n'était pas probable, mais eût-elle été hasardée par l'ennemi, les frégates étaient là pour deffendre votre arrière et ceux des bâtimens qui vous auraient prêté le côté n'auraient pas résisté longtemps au feu de vos 74 canons combiné avec celui des frégates.

« Cette affaire n'était peut-être pas exempte de danger, mais la gloire ne s'acquiert pas sans courir de chances, et il est des succès qu'on ne peut obtenir que par une grande audace, et on a le droit de l'attendre de vous.

« C'est une fausse opinion que de penser que votre division était la ressource de la marine aux Indes ; S. M. m'a ordonné de vous faire observer que, tant qu'il y aura des bois dans les forêts et des habitants sur les côtes de France, personne ne pourra se croire la ressource de la marine française dans aucuns parages ; avec un vaisseau que vous dites vous-même à demi pourri, deux frégates et une corvette montées en tout par environ 1,200 hommes, vous avez raisonné comme Villars eût pu le faire à Denain ou l'archiduc Charles sur la Mure (1). »

Passant ensuite à une entreprise qui avait marqué le début de la croisière, le ministre continuait :

« Votre affaire de Bancoul elle-même dont l'Empereur a senti tout le mérite, laisse cependant à désirer que vous n'ayez pas levé sur les habitans du pays une forte contribution au profit de vos équipages et de l'État.

« Cela a été une idée déplacée que celle que nous ne sommes pas les ennemis des Indiens, car tout ce qui vit sous la protection de l'Angleterre doit subir les chances de la guerre, et ce n'eût pas été un médiocre avantage que d'être le premier dans cette guerre à faire éprouver à ces Indiens le sentiment de l'insuffisance de cette insolente protection.

« Voilà, M. le contre-amiral, ce que l'Empereur m'a prescrit de vous exprimer sévèrement, il pense que dans cette circonstance vous avez manqué de courage d'esprit, courage qui est le plus estimé dans un chef, mais en même tems S. M. ne m'a pas ordonné moins positivement de vous dire qu'il s'en faut de beaucoup que vous ayez perdu dans son esprit sous le point de vue du courage physique (2). »

Le gouvernement venait d'infliger un blâme très vif à l'amiral Linois. Ce n'était point, ainsi que le disait le ministre, par doute de son courage, mais pour maintenir

---

(1) Lettre du 6 octobre 1804. (Arch. de la Marine.)
(2) Lettre du 6 octobre 1804.

la division qu'on lui avait confiée dans la plus constante activité. L'empereur voulait que l'ennemi fut attaqué sans hésiter partout où on le trouvait en forces inférieures et où on pouvait l'attaquer avec avantage. L'excès de circonspection était une faute, et c'était à cette prudence exagérée qu'on attribuait la source des succès des Anglais. « Tout ce qui dans vos opérations portera le caractère de l'audace, disait-on de nouveau à l'amiral, aura l'approbation de S. M. et vous donnera des droits à ses grâces. Le grand art est de nourrir la guerre par la guerre même, de pourvoir à vos remplacements par vos prises, de subsister par le fruit de vos croisières et d'alimenter autant que possible par leur produit les Isles de France et de la Réunion (1). »

On a vu la *Sémillante* brûler ou enlever sous le feu des batteries ennemies, sept bâtiments anglais richement chargés, et incendier les magasins de la Compagnie anglaise. Elle devait quelques mois après commencer une nouvelle croisière.

Le 20 juin 1804, le contre-amiral Linois mit à la voile de l'Ile de France avec le vaisseau le *Marengo*, les frégates l'*Atalante* et la *Sémillante*, toucha à l'Ile Bourbon, croisa à l'ouvert du canal de Mozambique, puis en vue des îles de Comore et d'Anjouan. Il fit route ensuite vers le nord, amarina deux bâtiments, passa au sud-est de Ceylan et mouilla à Masulipatam sous pavillon anglais. Jusqu'au mois de septembre, il ne rencontra dans le golfe du Bengale que des bâtiments indiens. Mais sous le fort

(1) Lettre du 14 octobre 1805. (Arch. de la Marine.)

de Visigapatam se trouvaient à l'ancre trois bâtiments dont l'un fut reconnu pour vaisseau de guerre. C'était le *Centurion,* de cinquante-six canons. La *Sémillante* et l'*Atalante* le canonnèrent et l'abandonnèrent dans le plus déplorable état; l'un des autres vaisseaux fut pris; le troisième se jeta à la côte. La croisière prit fin en octobre et la division rentra à l'Ile de France avec trois prises (1).

Au moment même où elle laissait tomber l'ancre au retour de sa seconde campagne, les événements qui se déroulaient sur le continent allaient la contraindre de reprendre la mer. On sait que l'Espagne, victime d'une injustifiable agression, s'allia à la France, lui fournit des troupes et trente vaisseaux. Dès qu'il fut informé de ces faits, l'amiral Linois jugea opportun d'en donner avis aux colonies espagnoles de l'Océanie et de prévenir le gouverneur de Manille. Pour remplir cette mission, il jeta les yeux sur le commandant Motard. Voici un extrait des instructions que ce marin reçut :

« Vous irez à Manille, chargé de paquets pour le gouverneur. Ne vous dérangez point de votre route; ne laissez cependant point échapper l'occasion de faire quelques prises avantageuses. La route la plus rapide est celle indiquée par le chevalier Grenier, mais les opinions sont tellement partagées parmi les marins les plus habitués à la navigation de ces mers, que je vous laisse entièrement l'option de la suivre ou celle que prescrit M. d'Après dans son routier. »

Lui ayant ainsi tracé la route qu'il devait tenir, le

(1) Arch. de la Marine, *Campagnes,* 24 décembre 1804.

contre-amiral Linois complétait ses ordres en recommandant à Motard de vendre à Manille les prises amarinées ; de faire entrer la *Sémillante* à Cavite sous la protection des batteries ; de s'informer des nouvelles de l'Inde ; de connaître les mouvements des flottes anglaises ; de s'enquérir des moyens de défense de la colonie, des dispositions des naturels et des ressources en approvisionnements. Enfin il ajoutait en terminant : « Je vous souhaite, capitaine, bonheur et succès et vous exprime le plaisir que j'aurai de vous voir rallier à mon pavillon (1). »

Muni de ces instructions, Motard prit la mer, le 8 mars 1805, par un beau temps, une belle brise de l'est-sud-est, et il fit route vers l'archipel de la Sonde. Le 17 avril suivant, il relevait la pointe ouest de l'île Trompeuse et il en vérifiait la latitude qu'il trouva bien déterminée par les cartes anglaises. Le lendemain, après avoir passé entre les îles Sambourier et Cracatoa, il se trouva vis-à-vis le village d'Anjer, île de Bornéo. Il fit hisser le pavillon français, mettre en panne babord et tirer un coup de canon. Une embarcation s'étant approchée, il remit au patron les dépêches du général Decaen à l'adresse du gouverneur hollandais. Ensuite, continuant sa route, Motard mouillait à l'entrée du détroit de Gaspar le 21 avril, atteignait heureusement Manille après quatre-vingt-quatre jours de traversée et, le 30 mai, laissait tomber l'ancre dans la baie de Cavite.

Pendant qu'il s'occupait à mettre la *Sémillante* en état

______

(1) Arch. de la Marine, *Campagnes,* 1805.

d'entreprendre la croisière des îles Mariannes ou des Larrons, il reçut une dépêche du gouverneur des îles Philippines. Cet officier général lui exposait les circonstances malheureuses dans lesquelles la colonie espagnole se trouvait enveloppée, le manque du numéraire qu'exigeaient les préparatifs de défense, ainsi que l'impossibilité de freter un bâtiment pour demander des secours au vice-roi de la Nouvelle-Espagne. Cependant la présence de la frégate française dans les eaux de l'archipel pouvait rendre au gouvernement espagnol le service le plus important. On proposait au capitaine Motard de se rendre au port d'Acapulco avec la frégate qu'il commandait, de remettre au vice-roi du Mexique des paquets officiels, de lui exposer la détresse des îles Philippines et de lui réclamer des secours pécuniaires, « tels que l'envoi des capitaux immenses existant au Mexique, appartenant au commerce de Cavite et à d'autres fonds publics. » Dans le cas où le capitaine Motard accepterait ce voyage, sans dévier à ses instructions, il rendrait un service bien important au roi d'Espagne, aux îles Philippines, à la nation espagnole en général.

Jugeant l'importance de ce voyage et persuadé que d'y adhérer c'était remplir les intentions d'un gouvernement qui lui avait recommandé d'être utile à la colonie, notre compatriote n'hésita pas à entrer dans les vues du capitaine espagnol. Il lui répondit qu'il serait prêt à prendre la mer le 15 du mois de juillet, et il évaluait la dépense du voyage à 15,930 livres tournois.

Il fut donc décidé qu'il partirait le plus tôt possible pour

Acapulco (1), mais il exprima au gouverneur le désir que l'expédition fut tenue secrète; la conservation de la colonie dépendant en quelque sorte de sa mission.

En effet, les Philippines étaient un objet de convoitise pour les Anglais dont le commerce avec la Chine, déjà très considérable, aurait pris un accroissement immense par la possession de ces îles qui offraient en abondance le riz, le café, le coton et les épices. L'Angleterre désirait d'autant mieux s'en rendre maîtresse qu'elle n'avait aucun établissement dans ces mers, sauf une station dans une petite île où l'on comptait seulement trois cent cinquante hommes de troupes européennes.

La campagne était donc de grande utilité, mais l'heure en était mal choisie; car par un bâtiment américain arrivé à Manille, le 8 juillet, on apprenait la nouvelle de la déclaration de guerre entre l'Angleterre et l'Espagne (2). Néanmoins le capitaine Motard persista dans son projet. Mais l'ennemi, instruit qu'il se rendait au Mexique, envoya à sa poursuite deux frégates et une forte corvette. La *Sémillante* fut attaquée dans la baie de San-Jacinto, ouverte à la pointe septentrionale de l'île de Ticao, par la frégate le *Phaéton*, de quarante-quatre canons et par la corvette le *Harrier*, de vingt-deux (3). Le capitaine Mo-

(1) C'est de ce port que partaient autrefois les galions qui portaient à l'Espagne le riche tribut de ses possessions d'Amérique.

(2) Arch. de la Marine, *Campagnes*. Lettres du capitaine de vaisseau Motard au contre-amiral Linois, sans date (1805).

(3) L'engagement qui suivit arrêta les projets de Motard. Le voyage d'Acapulco fut effectué en 1807 par le capitaine Bourayne, commandant la frégate la *Canonnière*.

tard soutint avec audace une lutte inégale, il combattit pendant trois heures contre des forces presque doubles et obligea l'ennemi à l'abandonner (1).

Voici le récit de cette action tel que le capitaine Motard nous l'a laissé :

« Le 2 thermidor (21 juillet 1805) à midi 1/2 j'apareillai de Cavite avec des vents de S. O. assés bon frais. Mon intention était de suivre la route ordinaire, c'est-à-dire par le sud de Luçon à travers l'archipel pour sortir par le détroit de Saint-Bernardin. Je passai au sud de l'isle Corrigidor, à l'est de l'isle Luban et Mindoro. Le 6, sous cette isle, je chassai une corvette ou corsaire de 18 canons que je jugeai anglaise. A 9 heures du soir j'étois presque à portée de canon de lui, quand un violent orage masqua toutes mes voiles et m'obligea de les amener. Le calme qui lui succéda et qui dura toute la nuit facilita au bâtiment de s'éloigner sans doute par le moyen de ses avirons. Au jour je n'en ai eu aucune connoissance. Le 9, les vents du S. O. presque calmes et les courants violents ne me permettant pas de tenter le passage de Saint-Bernardin, je fus obligé d'aller au mouillage de Saint-Jacinte qui n'offroit d'autre protection en cas d'attaque qu'un petit fort sur la pointe, à côté de l'église, où il y avoit 3 pièces de 12 armées par les naturels pour leur défense contre les Mores.

« Je descendis à terre, et le curé me donna connoissance de leurs foibles moïens, je trouvai des pièces en mauvais état, point de munitions ; d'une vingtaine de

(1) Rapport à l'empereur, 1809. (Arch. de la Marine, *Personnel*.)

fusils pas un ne pouvoit tirer. Il y avoit dans une petite tour 2 pièces de 8 encore plus mauvaises que celles de 12. De retour à mon bord je fis porter à terre de la poudre, des gargousses, des boulets et des ustenciles ; l'armurier s'occupa de remettre autant que possible les fusils en état.

« Aussitôt mon arrivée, j'avais prié le curé de mettre sur les pointes élevées de l'isle des hommes en vigie pour m'avertir en cas qu'ils apperçussent quelques bâtiments.

« Le 14, à 1 heure après-midi, un des hommes en vigie accourut me prévenir qu'il voyait deux gros bâtiments au vent de l'isle ;... l'un fut reconnu pour une forte frégate, l'autre une corvette (brick) de 20 canons, ayant pavillon et flamme anglaises. J'appareillai en coupant mes câbles pour prendre position dans le fond de la baie. Comme j'étois sous voiles, le vent changea, la frégate ne put achever son évolution, et je fus porté sur la plage, près de la batterie, l'avant échoué par 15 pieds d'eau...

« A 2 heures, le brick, qui paraissait avoir une supériorité de marche sur la frégate, se trouva à bonne portée, et j'ordonnai qu'on commençât le feu. Deux minutes après, il répondit par le sien. A 2 heures 6 minutes, la frégate engagea le combat, qui devint très vif. J'avois fait dessendre la majeure partie des hommes de la manœuvre surtout les gabiers aux pièces dans la baterie et elles furent très bien servies. J'avais envoyé un officier, un aspirant et 6 hommes à la petite baterie de la pointe. Elle commença son feu à 2 heures 10 minutes. Il y avait

2 pièces de 12 et 1 de 8 qui pouvoient se diriger sur l'ennemi ; elle nous seconda autant que purent le permettre le mauvais état de l'artillerie et l'inexpérience des insulaires qui la servaient ; pendant le combat je lui envoyai toujours des munitions crainte qu'elle ne se trouvât au dépourvu.

« La frégate anglaise, que la faiblesse du vent laissa par notre travers à peu près à demie portée du canon, ne put doubler la baye qu'après 2 heures 30 minutes. Alors elle se mit sur notre avant qu'elle canonna vivement. A 2 heures 40 minutes l'ennemi vira de bord et se tint à très petite distance, se servant de toute son artillerie et particulièrement de ses canonnades qui nous faisoient beaucoup de mal. Il traversa la baie deux fois en nous combattant de très près, ne faisant voile que pour gouverner et mettant de tems en tems en panne. A 4 heures trois quarts, se trouvant dans la partie du sud, il tint le vent basbord, força de voile et s'éloigna. Nos boulets de chasse le poursuivirent jusqu'à 5 heures précises qu'il se trouva hors de portée ; la baterie quelques minutes après cessa aussi son feu.

« Dans ce combat qui a duré trois heures, à la distance de 3 à 400 toises au plus, contre des forces très supérieures, j'ai été encore heureux de n'avoir que 4 hommes de tués et 10 de blessés, mais je regrette bien particulièrement mon officier de manœuvre mons[r] Gois qui est au nombre de ceux qui ont été emportés (1).

---

(1) François Gois, né à Bayonne le 19 février 1768, était enseigne sur la *Sémillante*, lorsqu'il fut tué dans ce combat (2 août 1805).

« Le lendemain, au point du jour, les bâtiments ennemis reparurent et se bornèrent à m'observer.

« Les 16 et 17 thermidor, je fis faire quelques améliorations à la baterie de la pointe. Je désignai un autre lieu de l'autre côté de la baye pour y faire une batterie dont le feu pouvoit se croiser avec les deux autres. Les naturels, hommes et femmes, y furent occupés, et le curé, dans lequel ils ont une confiance et un dévouement absolu, venoit les encourager par sa présence. Les Manillois, les lascards et Portugois du bord s'y trouvoient aussi employés ainsy que mes ouvriers.

« Ayant appris qu'il y avoit une 2ᵉ frégate en croisière dans ces parages, ce qui augmentoit mon inquiétude, cette raison joint à d'autres motifs me détermina à quitter le plus tôt possible un mouillage où malgré toutes mes précautions je ne pouvois résister aux forces supérieures qui m'environnoient si elles me venoient attaquer. Je mis donc sous voile le 24 au matin.

« Avant mon départ, je ne savois comment reconnoître tous les services que m'avoit rendu le bon pasteur de Saint-Jacinte. Je sçus que quelques fusils et de la poudre étoient les objets qu'il regardoit comme les plus précieux. Je saisis cette occasion pour lui offrir comme une marque de ma reconnoissance douze fusils qui n'étoient pas d'ordonnance et environ 200 livres de poudre que je laissai à la batterie pour servir à la défense des naturels (1). »

(1) Rapport du 2 août 1805. Arch. de la marine, *Campagnes*. — Le journal de bord de la *Sémillante* contient une copie de ce rapport sur le combat de San-Jacinto, du 14 au 15 thermidor an XIII. On trouve en outre dans

Sorti du détroit de San-Bernardino le même jour
12 août, le capitaine Motard éprouva d'autres inquié‐
tudes non moins vives en voyant la tâche difficile et dan‐
gereuse qui lui restait à remplir pour se rendre à l'Ile de
France à contre‐mousson, par une route peu fréquentée,
à travers des mers remplies d'écueils, avec un vaisseau
qui avait une voie d'eau très considérable et un équipage
très fatigué (1). Il dirigea sa route pour prolonger à huit
ou dix lieues de distance les côtes des îles situées au sud
du détroit, ce qu'il effectua heureusement. A la suite de
ces côtes, il continua de courir au sud vers les îles Molu‐
ques, en prenant connaissance des diverses îles situées
sur cette route dans l'espoir d'y trouver quelque endroit
où il pût relâcher en cas de besoin.

En quittant les îles Philippines, il passa à la vue de la
petite île Palmas, des îles Meangis et Salibabo ; il vint
ensuite reconnaître l'île Row, à l'extrémité nord de Gilolo.
De là il gagna la pointe sud du groupe des îles Salibobo,
puis à l'ouest de l'île Sanghir, où il trouva un temps
sombre, une mer très agitée par l'action des courants et
des pluies continuelles. Voyant son équipage fatigué par
cette navigation dangereuse, étant en outre au moment
de manquer de provisions, comptant à son bord vingt-
sept malades, Motard se décida de laisser arriver pour
prendre connaissance d'un mouillage qu'une carte an-

les papiers du général Decaen (tome 59, fol. 247), une lettre écrite par le
capitaine général des Philippines au commandant Motard, pour le féliciter
sur le résultat du combat.

(1) Depuis son départ de Brest, la frégate la *Sémillant* avait parcouru
plus de seize mille lieues.

glaise marquait dans l'île Sanghir. La *Sémillante* se trouvait alors à l'ouvert d'une baie assez vaste qui paraissait saine et où la mer était belle. Le commandant y jeta l'ancre par treize brasses sur un fond de sable et de corail à environ trois cents toises de la terre. Déjà plusieurs pirogues entouraient la frégate et les naturels étaient à bord avec des vivres frais. Le lendemain Motard expédia son canot armé en guerre avec l'enseigne de vaisseau Roussin pour aller faire une reconnaissance le long de la côte et surtout visiter le mouillage de Tabokang, indiqué par les cartes. Les naturels, gens d'humeur pacifique et n'ayant aucune arme, continuèrent de venir à bord avec des provisions, surtout des volailles qu'ils échangeaient pour des boutons de métal, des couteaux, des rasoirs, de petits morceaux de plomb. « Tout l'équipage se déboutonna, dit Motard, pour avoir des poulets. »

Le repos, la nourriture fraîche et plus variée, le temps sec qui succéda aux pluies eurent promptement remis sur pied les malades. La *Sémillante* quitta Sanghir, prolongea la chaîne d'îles qui s'étend au sud jusqu'à la pointe nord-est de l'île Célébes. De là elle se porta vers les Moluques. Elle passa ensuite entre les îles d'Oby et Xulla-Bessey, puis à la pointe occidentale de Buro (ou Bourou), près des îles Saint-Mathieu, de l'île Ombay qu'elle côtoya jusqu'au détroit d'Alloo ou Allor. Sur ce point, Motard, qui ne marchait, dans ces parages couverts de récifs, de bas-fonds et pour ainsi dire inconnus, qu'avec la plus grande prudence, eut un instant d'hésitation. Le détroit d'Aloo conduit à Timor, mais Motard n'en avait aucune connaissance. Ce furent des relations amicales établies avec les habitants de la côte qui l'en informèrent. Il tenta d'y passer et il réussit. Sorti enfin de cet archipel, entre les îles Sandal et Savu, le 26 septembre 1805, il se rendit directement à l'Ile-de-France où il aborda le 31 octobre. Il venait de suivre une route qu'un seul navigateur avait osé tenter avant lui (1).

D'unanimes félicitations l'attendaient. D'abord ce fut le Ministre de la marine qui lui adressa la lettre suivante :

« J'ai reçu, Monsieur, les comptes que vous m'avez rendus de votre voyage à Manille, du combat que vous avez eu à soutenir au mouillage de Saint-Jacinthe, île de Ticao, et de votre retour à l'Ile de France, le 9 brumaire an 14.

« Les détails de votre navigation ont excité tout mon intérêt ; vous avez été à portée de faire des observations qui seront utiles pour les progrès de la géographie, et vous avez sous ce rapport mérité de justes éloges.

« Vous avez repoussé avec succès les forces supérieures qui étaient venues vous attaquer au mouillage de Saint-Jacinthe ; vous avez mis dans toutes les dispositions qui ont précédé et suivi cet engagement une prévoyance, une résolution et une activité qui ont éloigné tous les dangers que vous pouviez avoir à redouter.

« J'ai mis tous ces détails sous les yeux de S. M., qui a bien voulu m'autoriser à vous en témoigner sa satisfaction.

. . . .

(1) Journal de bord de la *Sémillante,* du 1er septembre au 31 octobre 1805. — Rapport à l'empereur, 1809.

« Vous ne pouvez rien faire qui soit plus agréable à S. M. que de tenir le bâtiment qui vous est confié dans la plus constante activité. Vos croisières doivent être prolongées par tous les moyens possibles. Il faut qu'elles offrent le double avantage de détruire le commerce ennemi et de multiplier les ressources de la colonie.

« Les services distingués que vous avez déjà rendus sont pour moi le garant qu'il n'est point de preuves de zèle et de dévouement que je ne doive attendre de vous (1). »

Le zèle et le dévouement, la bravoure et l'audace ne manquaient pas en effet aux habiles officiers qui croisaient dans l'Inde. Ils tiraient de leur frégate le parti le plus avantageux au service de la France et le plus nuisible à l'ennemi. Les croisières étaient bien combinées ; elles portaient l'inquiétude sur une vaste étendue de mer. Le général Decaen, qui rêvait des coups subits et décisifs contre les Anglais, était parfaitement secondé par les capitaines Motard, Bourayne et Epron. Chacun de ces officiers s'était distingué par des actions honorables. De nouveaux combats allaient bientôt leur mériter les plus chaleureux témoignages de satisfaction.

Au printemps de l'année 1806, le capitaine-général de l'Ile-de-France prescrivit de nouvelles croisières. Motard reçut l'ordre d'aller croiser pendant vingt-cinq jours dans les eaux de l'île Malique, de traverser le canal compris entre cette île et les Lacquedives, de relever la pointe de Galles, faire route pour Sumatra, filer ensuite vers le sud

____

(1) Lettre du 27 janvier 1806. (Arch. de la marine).

en vue de la côte d'Achem, visiter les différentes rades fréquentées par les bâtiments de commerce anglais, jusqu'à l'entrée du détroit de la Sonde, enfin revenir aux îles de France et de la Réunion (1).

Appareillée de l'Ile-de-France le 24 avril 1806, la *Sémillante* arriva le 14 du mois suivant à la hauteur de l'île Malique, point de croisière qui lui avait été assigné. Le lendemain elle s'empara du corsaire l'*Isle-de-France*, qui avait été précédemment capturé par une frégate anglaise. Le capitaine Motard, après avoir retiré de ce corsaire quelques objets qui pouvaient être utiles à la *Sémillante*, le fit couler. Le 23, il prit un bâtiment sous pavillon maure : un Arabe s'en disait propriétaire et un Anglais prétendait en être le capitaine ; ils ne purent ni l'un ni l'autre justifier le titre qu'ils prenaient. Ce navire fut brûlé après que le capitaine Motard eut fait embarquer sur la frégate trois mille sacs de riz dont se composait le chargement.

Parvenu, le 11 juin, à la pointe de Galles (île de Ceylan), deuxième point de course que lui assignaient ses instructions, il fit tenir le vent pour s'établir en croisière. Dès la première heure du matin, les vigies aperçurent un bâtiment dans l'ouest-sud-ouest. De suite Motard lui donna chasse sous toutes voiles. N'en étant plus qu'à une demi-portée de canon, il lui envoya sa yole pour l'amariner ; le pavillon anglais avait été amené. C'était l'*Olive*, navire du port de six cents tonneaux venant de la mer Rouge avec une cargaison de fruits secs,

(1) Instructions pour le capitaine de vaisseau Motard, 22 avril 1806. (Arch. de la marine, *Campagnes*, 1806).

de café, de gomme, et trente et une mille piastres en espèces.

Croyant ne devoir point continuer sa croisière dans ces parages ni attendre que l'ennemi l'y vint surprendre, Motard alla se poster à l'ouest de la grande île Nicobar. Pendant quelques jours la *Sémillante* y essuya un temps à grains, de la pluie, un vent par fortes raffales et très variable. La mer étant devenue plus calme, la frégate française donna la chasse à deux bâtiments anglais qui couraient à l'est. C'étaient le *James-Drummond* et la *Fame*, l'un et l'autre du port de sept cents tonneaux, venant de Bombay et allant en Chine avec un chargement de coton et de bois de sandal. Mais le jour même chassée par deux frégates anglaises qui escortaient un convoi de dix voiles, la *Sémillante* se retira promptement de ce point, rallia les deux prises, les escorta au-delà de la latitude d'Achem, et, le 29 juin, relâcha à l'embouchure d'une rivière que les cartes anglaises désignaient sous le nom de Simons-Bows. Après s'y être ravitaillé, le commandant mit sous voiles et fit route pour la rade de Natal (île de Sumatra) qu'il voulait visiter.

Le 8 juillet suivant, la *Sémillante* s'empara d'un corsaire anglais, l'*Actéon*, expédié du Bengale pour aller faire le commerce dans les mers de Java, et d'un autre bâtiment, l'*Actif*, qui naviguait de compagnie avec la lettre de marque. Quelques jours après, la frégate amarinait un autre navire anglais, le *Warren-Hartings*, du port de quatre cents tonneaux, parti de Calcutta pour la côte de Sumatra. Mais depuis quelques temps les brises très fortes et les pluies presque continuelles faisaient éprouver un froid humide très contraire à la santé de l'équipage. Ce changement subit de température avait rendu malade un grand nombre de matelots, malgré la précaution que le commandant avait prise de faire sécher l'entrepont en y gardant jour et nuit des réchauds pleins de feu. Les Européens étaient particulièrement atteints de la fièvre. Au 27 juillet, le chirurgien-major rendait compte au commandant que le nombre des malades était de quarante-neuf. Dans ces circonstances, Motard se décida à mouiller aux îles Corgados, le 1er août, où la chasse et la pêche fournirent à l'équipage une nourriture qui contribua à conserver la santé des uns et à rétablir celle des autres.

La *Sémillante* resta un mois à ce mouillage. Elle remit à la voile le 2 septembre avec ses prises, mais Motard, après avoir tenté en vain d'introduire son convoi dans un des ports de l'Ile de France, jeta l'ancre dans la baie de Saint-Paul de la Réunion le 9 septembre.

La présence de la frégate française attira bientôt sur la côte une division anglaise qui l'y tint bloquée jusqu'au 10 novembre. Ce jour-là, à sept heures du matin, les vigies signalèrent l'ennemi au nombre de quatre voiles : le vaisseau de soixante-quatorze canons, le *Sceptre*, la frégate de cinquante canons la *Cornwalis* portant du vingt-quatre, et deux bricks. Ces navires se présentèrent devant la baie, se dirigeant à toutes voiles sur les bâtiments au mouillage.

« Je m'y trouvois, dit le commandant Motard, avec trois de mes prises et une douzaine d'autres bâtiments du commerce. La faiblesse de mon équipage ne me permettant pas d'appareiller en présence de forces aussi considérables, je résolus de courir les chances (d'un combat) au mouillage. Je m'embossai donc à la tête de la rade en mettant tous les navires entre la terre et moi; les deux forts de la côte, quoiqu'en partie masqués par la rade, se préparèrent aussi et nous attendîmes l'ennemi... Un grain du O. S. O. ayant succédé brusquement à la brise de terre, amena la division dans la baie avec vent sous vergues. A 3 heures 5 minutes, jugeant le vaisseau à ma portée, j'arborai ma couleur en tirant un coup de canon qui fut aussitôt suivi de toute ma volée de babord. Mon feu continua de ce moment sans interruption. Peu d'instans après les premiers coups, le *Sceptre* laissa porter pour m'élonger et me canonna en arrivant. Mon feu était nourri et bien dirigé, le sien, également vif, était moins bon quant à la direction. Cette canonnade dura ainsi à demi-portée jusqu'à 3 heures 25 minutes, que le vaisseau laissa arriver tout-à-coup vent arrière et mit le cap au large. La frégate le *Cornwalis*, qui le suivait, commença son feu hors de portée, prit la place du vaisseau, mais se tint si loin que la croyant à trop grande distance pour que mes boulets lui fissent leur effet, je la laissai brûler sa poudre sans lui répondre; enfin, à 4 heures, les deux bâtiments ennemis qui, une heure auparavant, menaçaient d'écraser la baie, étaient hors de ma portée et rejoignaient les deux bricks qui étaient restés dehors. Leurs bateaux communiquèrent jusqu'au soir et, dans la nuit, nous les perdîmes de vue. Les forts de la côte qui, par la position de l'ennemi, se trouvaient masqués, ne purent employer leurs canons, deux bombes seulement furent lancées. Plusieurs boulets du vaisseau tombèrent dans la ville où ils firent peu de dommage. Quelques bâtiments du commerce furent aussi touchés, mais en général les avaries ont été peu conséquentes. De son côté, la *Sémillante* n'a pas eu plus de mal. Le gréement a peu souffert; quelques coups ont donné dans le bord, mais je n'ai eu personne à regretter, trois hommes seulement ont été légèrement blessés (1). » Motard avait donc forcé les Anglais de renoncer à leur entreprise et de lui céder le passage; il en profita pour se rendre à l'Ile de France, où il mouilla le 2 décembre avec tous les bâtiment réunis sous son escorte, après avoir encore rencontré la frégate anglaise de quarante-quatre canons, la *Dédaigneuse*, laquelle lui avait envoyé une volée en passant.

De sa longue croisière sur les côtes du Bengale, le capitaine Motard amenait huit bâtiments richement chargés; il avait fait éprouver au commerce anglais des pertes évaluées à plus de trois millions et demi de francs. Mais les fatigues d'une campagne de sept mois, les chaleurs et le scorbut avaient couché sur les cadres une bonne partie de son équipage. Aussi Motard comprit-il que, pour le remettre sur pied, une longue relâche, le repos et les vivres frais étaient nécessaires. Il stationna donc à l'Ile de France pendant six mois.

Au mois de juin 1807, le gouverneur général, voulant utiliser de nouveau la frégate la *Sémillante*, donna ordre à Motard d'appareiller et de prendre la mer pour une croisière. La frégate fut d'abord dirigée sur la Réunion

(1) Lettre du commandant Motard, 4 janvier 1807. — Journal de bord de la *Sémillante*, 10 novembre 1806.

pour y débarquer un détachement de troupes. De là, le capitaine Motard fit voiles à l'ouest de l'île de Ceylan, puis vers la grande île Nicobar et louvoya dans le golfe du Bengale. Six mois après, le 1er novembre, il était de retour avec quatre prises estimées cinq cent mille piastres : c'étaient l'*Altéa* du port de huit cent cinq tonneaux, chargé de coton et d'opium ; l'*Experiment*, chargé de bordages ; le *Gill-Well* et l'*Elisabeth*. La croisière avait coûté à l'ennemi quatre millions de francs et rapporté à l'Ile de France plus de deux millions deux cent mille francs (1).

Cependant le général Decaen avait espéré des coups plus décisifs, de plus grands résultats ; il aurait désiré que le capitaine de la *Sémillante* se montrât un peu plus hardi (2). En effet, il écrivait au ministre : « Il serait bien avantageux qu'à ses bonnes qualités cet officier en réunit une essentielle : celle d'être en certains cas plus entreprenant. J'ai déjà eu lieu plusieurs fois de faire cette observation (3). » Une circonspection exagérée était blâmable en de telles circonstances, mais n'y avait-il pas lieu, en même temps, de s'étonner qu'après quatre ans de la navigation la plus périlleuse Motard eût encore sa frégate. Un de ses compagnons, le capitaine Epron, pour avoir eu plus d'audace devait être moins heureux, car en

---

(1) Journal de la *Sémillante,* 1807, et rapport à l'Empereur, 1809. (Arch. de la marine).

(2) Dans les papiers de Decaen, on voit souvent Motard en discussion avec le gouverneur général de l'Ile-de-France. En 1806, ce dernier lui adressa la menace peu déguisée de lui retirer son commandement (tome 75, folio 109).

(3) Lettre du 14 décembre 1807. (Arch. de la marine).

croisant à la hauteur de Ceylan, la *Piémontaise* qu'il montait fut enlevée par une frégate anglaise après un combat où elle avait reçu les avaries les plus graves.

Le capitaine Motard était loin d'ailleurs d'avoir des allures aussi timides. La croisière qu'il entreprit et le combat qu'il soutint au mois de mars 1808 en fourniront une nouvelle preuve.

Ayant mis à la voile dans les derniers jours de février pour gagner le golfe du Bengale, le 5 mars il captura, près de Ceylan, le navire anglais la *Cécilia*, venant de Bombay. Le même jour, il attaqua la frégate la *Terpsichore* de trente-deux canons. Le combat dura une heure et demie, vergue à vergue ; l'issue en eût été infailliblement la reddition de l'ennemi, si son feu, principalement dirigé pour dégréer, n'eût mis la *Sémillante* dans l'impossibilité de manœuvrer au moment décisif, et si le capitaine blessé à la tête et à l'épaule n'eût été mis hors de combat.

Voici le récit de cette affaire d'après le journal du commandant :

« ..... La nuit survenant nous empêcha de bien reconnaître le bâtiment chassé. Cependant tout le monde étant à son poste de combat et tout bien disposé, nous nous dirigeâmes sur lui. A 7 heures moins 5 minutes, il mit en panne ; nous avions un feu à la corne, il en avoit deux à l'échelle de basbord. Je fis serrer les bonnettes, les cacatois, carguer la grand' voile, et à 7 heures précises nous nous trouvâmes à portée de voix. Au même instant le bâtiment éventa. Comme nous allions le heller, je lui fis tirer un coup de canon pour le faire remettre en panne, mais il répondit par un des siens et sa batterie fut aussitôt éclairée; la nôtre l'était, les canonniers suivaient le pointage, j'ordonnai le feu et toute la volée partit sur l'ennemi qui nous envoya la sienne. De ce moment, le combat s'engagea de part et d'autre avec la plus grande vivacité. Les deux bâtiments étaient sous la même voilure, c'est-à-dire tout dehors excepté la grand' voile et la brigandine. L'ennemi était à peu près par notre travers de tribord et au plus à petite portée de pistolet. Le feu continua à cette distance jusqu'à 8 heures quelques minutes, et nous répondions aux « *houras* » de l'ennemi par les cris de : « *Vive l'Empereur* ». Cependant m'apercevant du dommage que nous causait la mitraille des caronnades de notre adversaire, je résolus de m'écarter d'une centaine de toises pour diminuer l'effet de cette arme dont la *Sémillante* n'est pas également pourvue. Mais le vent ayant beaucoup molli, notre distance ne fut prise qu'à 8 heures un quart. Pendant ce temps je faisais tirer le gaillard à mitraille et la batterie à deux boulets ronds : l'extrême proximité des deux bâtiments rendait presque tous les coups assurés. A 8 heures 30 minutes, une folle brise nous masqua, il fallut manœuvrer en conséquence, mais la manœuvre était extrêmement lente, le gréement ayant beaucoup souffert et le pont étant couvert et encombré par les débris. Le feu néanmoins ne perdait rien de sa vivacité; nos positions respectives n'avaient presque pas changé : nous étions seulement un peu dépassés le travers de l'ennemi à 8 heures 40 minutes, et la mollisse du vent et les avaries paraissaient devoir nous laisser longtemps dans cette situation. Au même moment, je tombai blessé à la tête et à l'épaule, et l'on me porta au poste des chirurgiens (1). »

Peu après les deux frégates se quittèrent. La *Sémillante* avait vingt-deux hommes tués ou blessés. Parmi ces derniers, en outre du commandant, on comptait un officier dont nous nous plaisons à recueillir le nom. Charles Baudin, mort amiral, n'était alors qu'enseigne de vaisseau. Il eut dans ce combat le bras droit emporté (2).

« Quand le commandant Motard put sortir de sa chambre, ses premiers pas le conduisirent près de Charles Baudin qu'il félicita sur son courage. Le blessé lui répondit : Commandant, j'aurais donné mon autre bras pour que vous ne fussiez pas blessé, car j'ai la conviction que la frégate anglaise serait à nous. C'était en même temps un témoignage spontané de la valeur du commandant Motard (3). »

Rentré à l'Ile-de-France, la *Sémillante* fut désarmée (4); son capitaine atteint dans sa santé par le climat et par ses blessures, tomba dans un état de faiblesse qui le contraignit à demander son retour en France. La navigation de Motard dans l'Inde avait duré six années, pendant les-

---

(1) Arch. de la marine, *Campagnes*, 1808.

(2) C'est par erreur que les recueils biographiques indiquent que Baudin reçut cette blessure sur la frégate la *Piémontaise*.

(3) *Notice sur l'amiral Roussin*, par Montaut, capitaine de frégate.

(4) Le produit général des captures faites par cette frégate et par la frégate la *Piémontaise*, du mois d'octobre 1807 au mois de mars 1808, s'était élevé à trois millions huit cent cinquante-neuf mille francs. Pendant la même période, Robert Surcouf, commandant le *Revenant*, avait fait cinq prises estimées deux millions quatre cent trente-cinq mille francs. — Arch. de la marine, *Colonies*, Ile-de-France, 1808.

quelles il avait détruit et incendié l'établissement de Bencoulen, pris ou coulé dix-sept bâtiments, parcouru un espace de trente-deux mille lieues, enfin fait triompher le pavillon français dans cinq actions contre des forces supérieures. Ces croisières, d'après l'évaluation qui en fut faite, avaient causé au commerce anglais un dommage de trente millions (1).

Le retour en France du commandant Motard a fait l'objet d'un récit qui ne manque pas d'intérêt. Motard avait pris passage sur sa vieille frégate la *Sémillante*, qui avait changé de nom, se nommait le *Charles* et avait été armée en course. Voici le récit du dernier épisode de la vie maritime de notre compatriote :

« Dans son combat, sous les terres de l'Ile-de-France, la *Sémillante* fut si maltraitée que le gouverneur général Decaen décida que ce qui en restait fût mis en vente à l'encan. Le fameux Robert Surcouf en devint propriétaire et transforma la frégate en corsaire, dont le brave Malouin prit le commandement pour continuer ses courses. Au retour d'une croisière fructueuse, Surcouf se résolut à rentrer en France. Le capitaine Motard prit passage sur le corsaire, avec ce qui lui restait de ses parts de prises : une valeur de 400 mille francs. Dans cette circonstance, la fortune, qui toujours avait été propice au capitaine Motard, lui sourit encore. Depuis l'Ile-de-France, la traversée avait été des plus favorables. Mais en entrant dans la Manche, Surcouf fit rencontre du *Tonnant*, vaisseau de 80 canons, commandé par le capitaine sir John Gore.

_____

(1) *Journal officiel*, 25 février 1809.

La *Sémillante* prit chasse aussitôt, quand survint un gros temps qui donnait au *Tonnant* une grande supériorité de marche sur le corsaire surchargé. Le capitaine Gore, impatient qu'il était d'en finir promptement, couvrit son vaisseau de toile. Au même moment, le capitaine Motard, qui venait d'observer, sur la colonne du baromètre, une chute rapide, avant-coureur certain d'une très prochaine tempête, fit part à Surcouf du phénomène : tous deux furent d'avis de ne garder que les basses voiles. Ce trait d'habileté et de connaissance nautique les sauva d'une perte inévitable. Peu après, la fureur de la tempête éclata et l'ouragan emporta bientôt les voiles et les mâts du *Tonnant*, tandis que le corsaire entrait paisiblement à Saint-Malo avec son riche chargement. Nous devons la connaissance des détails de ce dernier fait au capitaine de vaisseau de la marine anglaise Peter Fisher, qui a vécu au milieu de nous pendant plusieurs années ; il les tenait lui-même de sir John Gore (1). »

Par une lettre du 5 février 1809, le commandant Motard annonça au Ministre de la marine son arrivée le même jour au port de Saint-Malo. Il sollicitait de plus l'autorisation de présenter au Ministre de la marine l'enseigne de vaisseau Baudin (2) qui avait eu le malheur de perdre le bras droit dans la dernière affaire (3).

---

(1) *Journal de Honfleur* du 31 juillet 1864.

(2) Charles Baudin, né à Paris le 21 juillet 1784, mort amiral le 7 juin 1854.

(3) Dans le combat avec la *Terpsichore*, un boulet perdu lui emporta le bras droit et lui laboura le ventre. Dans cette affaire, il y eut huit amputés à bord de la *Sémillante*, l'enseigne Baudin fut le seul qui survécut.

314

Le capitaine de vaisseau Motard reçut le titre de baron
avec dotation pour prix de ses services. Il fut nommé
commandeur de la Légion d'honneur, et le *Journal officiel*
publia un rapport très élogieux. On a lieu de croire que
le commandant de la *Sémillante* se tint pour amplement
récompensé. Cependant, si flatté qu'il fût de prendre rang
dans la noblesse créée en 1806, sa satisfaction aurait été
plus douce d'obtenir du ministre les notes officielles présentées pour sa promotion. Il en sollicita en vain la communication. Le duc Decrès, jugeant la demande impor-
tune, et impatienté de l'insistance du commandant, répondit vivement : « Jamais, il veut avoir l'arbre et le
fruit. »

Après être resté en inactivité plus de deux années, le
capitaine Motard reçut le commandement de l'école
spéciale de marine établie à Toulon. « Pouvait-on, a
écrit l'amiral Jurien de La Gravière, placer de jeunes
élèves sous une meilleure direction ? Pouvait-on leur
offrir un plus digne modèle à suivre ? Instruction solide,
distinction de manières et d'esprit, courage à toute
épreuve, rien ne manquait au baron Motard. Mais bientôt
la marine ne fut plus qu'une armée de réserve. L'empereur prit l'habitude d'y puiser à pleines mains des soldats. Le 11 septembre 1811, le capitaine de vaisseau Motard fut désigné pour commander en qualité de colonel-
major l'équipage des marins de la garde impériale. Il
avait alors quarante ans. Il passa en Allemagne : sa santé
ne lui permit pas d'achever la campagne de Russie (1). »

(1) *Revue des Deux-Mondes*, 1er octobre 1887, p. 646.

Il dut rentrer en France au mois de juin 1812 et fut admis, le 25 septembre 1813, à prendre sa retraite. Il comptait vingt-cinq années de services, dix combats et six blessures.

L'année suivante, un mois environ après l'abdication de l'empereur, le baron Motard exposait, par lettre du 24 mai 1814, que sa santé l'avait forcé à quitter les équipages de la garde, et il demandait l'application en sa faveur de la loi du 10 thermidor an XII, aux termes de laquelle les officiers de la garde jouissaient de la retraite du grade supérieur. La solde de retraite et le titre de contre-amiral devaient en conséquence lui être attribués. Appelé à se prononcer, le ministre jugea que cette grâce pouvait être accordée à la distinction des services du capitaine Motard, et particulièrement à la conduite honorable qu'il avait tenue dans sa longue campagne dans l'Inde. En conséquence, une décision du roi, en date du 5 juillet 1814, fixa sa solde de retraite à trois mille six cents francs et lui conféra le grade de contre-amiral honoraire.

Le baron Motard se retira à Honfleur ; il y vécut dans le repos jusqu'à un âge avancé. Le temps semblait n'avoir point de prises sur cet homme toujours jeune, d'un esprit vif et enjoué, fort recherché dans les salons. La maladie de l'octogénaire surprit douloureusement ses amis habitués à le voir monter à cheval chaque matin et galoper vers Blosseville. Sa mort, arrivée le 26 mai 1852, fut un deuil public dans sa ville natale. A bien des points de vue le baron Motard était le représentant d'une société évanouie. Il avait trente ans quand ce siècle commençait, et il avait traversé plus d'une demeure aristocratique avant d'être le protégé des favoris de Mme Tallien. L'Empire lui avait donné des honneurs et un peu de gloire. La Restauration ne lui avait pas été cruelle. On pourrait dire de lui qu'il était né sous un astre favorable.

A Honfleur, au lendemain de la mort du contre-amiral Motard, une souscription fut ouverte pour élever un monument à sa mémoire. L'exécution en fut confiée à un de ses compatriotes, mais ce ne fut qu'après une attente de dix années que le mausolée sortit des mains du sculpteur. Le monument représente un rocher avec ses divers accidents naturels, des plantes marines et des coquillages. Au pied du rocher, une ancre repose sur les enroulements de son câble. La vie du contre-amiral est sommairement rapportée en bas du rocher. Sur deux facettes de la pierre sont gravés les noms des deux premières campagnes du jeune officier de marine : *Aboukir.* — *Saint-Domingue.* En haut, on lit trois noms : *Sillabar.* — *Sainte-Jacinthe.* — *Saint-Paul,* qui rappellent les combats du capitaine Motard dans les mers de l'Inde. Sur une plaque affichée dans le granit est inscrit :

A

LÉONARD MOTARD

PAR

SES COMPATRIOTES, SES AMIS

ET L'AMIRAL ROUSSIN

QUI FUT SON PREMIER LIEUTENANT

Sur une autre plaque, à droite, est indiquée l'époque de sa naissance, et, du côté opposé, celle de sa mort. Le tout est entouré d'un cordon de granit surmonté d'une grille.

Le capitaine de la *Sémillante* avait eu pour lieutenant le jeune Roussin, devenu amiral de France. Cet officier général, peu de temps avant de mourir, voulut joindre son offrande à celles des concitoyens du baron Motard, en témoignage de la haute estime dont il n'avait jamais cessé d'honorer son premier commandant.

XXI

Pestel *(François-Timothée-Benjamin)*, fils de Louis Pestel, maître constructeur de navires, et de Marguerite-Angélique Fosse, né à Honfleur le 13 décembre 1763. — Aspirant, élève et sous-ingénieur constructeur de 1787 à 1794, à Paris, Brest et Saint-Servan. Ingénieur ordinaire de 1795 à 1803. Ingénieur constructeur, de 1803 à 1816, aux ports de Saint-Servan, Brest, Gênes, la Spezzia et Toulon. Ingénieur directeur du bassin de la Loire, en résidence à Tours, du 12 septembre 1816 au 10 janvier 1818. Sous-directeur des constructions navales à Brest, du 11 janvier 1818 au 25 mars 1823. Directeur des constructions navales à Toulon, en 1823. Décédé dans ce port, en activité de service, le 28 mars 1828. — Chevalier de Saint-Louis en 1819. — Chevalier de la Légion d'honneur en 1821.

Initié dès l'enfance aux pratiques de la construction navale, M. Pestel avait acquis une précoce expérience sur les chantiers de son père. Aussi se fit-il remarquer dans les écoles spéciales de Paris où il demeura durant six années, de 1787 à 1793. A cette époque, il fut envoyé au port de Brest, puis à Saint-Servan. Ce fut là que ses talents de constructeur se révélèrent et le mirent bientôt hors de pair. Il donna les plans d'un grand nombre de bâtiments de différentes espèces qui eurent des succès remarquables à la mer. On ne connaissait pas dans la marine de meilleures frégates que celles dont il était l'auteur.

Il se trouva sur les côtes de Bretagne au plus fort des agitations royalistes, et il eut à vaincre plus d'une fois la mutinerie des ouvriers, leur refus de travailler sur les chantiers, leurs complots à l'effet d'incendier le port de Saint-Malo (1). « L'insurrection est à son comble tant dans les divers atteliers du port qu'à bord des bâtiments de la République. N'ayant ni pain, ni biscuit, ni farines, ni bled, sans espérance de pouvoir s'en procurer, je n'ai donc pas pu en fournir aux ouvriers, et pour appaiser les troubles qui s'élevaient, j'ai cru devoir porter en supplément de solde 4 liv. 5 sols 6 deniers par chaque homme, à raison d'une livre et demie de pain par jour. Ce soulagement a appaisé l'insurrection, mais il arrive des absences si nombreuses que les travaux n'avancent point, et toutes les peines que l'ingénieur prend deviennent inutiles..... Quand l'ingénieur est allé ce matin pour faire travailler au gréement du vaisseau le *Téméraire*, il n'a trouvé personne (2). » Les subsistances étaient rares ; de là venaient le mécontement, la révolte, les soupçons des ouvriers et des marins. M. Pestel n'échappa pas aux dénonciations. On ne porta point contre lui l'accusation ordinaire d'exporter le grain et de l'entasser à l'étranger. Mais, ayant employé à la réparation d'une boutique des rognures provenant de la démolition de navires, on l'ac-

(1) Lettre de l'agent maritime à Port-Malo, du 3 prairial an III.
(2) Arch. de la Marine, *Service général*, 1796.

cusa de dilapider les matériaux de la République (1).
L'affaire donna lieu à des enquêtes dont le résultat fut
tout à l'honneur de M. Pestel. « Je lui rends toute ma
confiance, écrivit le ministre de la marine, et je ne conserve aucun soupçon sur sa conduite. »

En 1800, M. Pestel sauva la gabarre ou flûte la *Salamandre*, à Granville, laquelle, dans une tempête, avait fait
côte sous la pointe du Roc, où elle cassa toute sa mâture
et se creva sur les rochers. Il parvint à relever le bâtiment
et à le conduire dans le port.

En 1805, la frégate la *Félicité* vint couler à l'entrée du
port de Camaret, après avoir touché sur le rocher dit les
Feuillettes, situé dans le goulet de Brest. M. Pestel fut
envoyé par le préfet maritime avec deux officiers des mouvements du port pour aviser aux moyens de relever ce
bâtiment, lequel se trouvait dans une position fort critique, étant presque entièrement submergé. Les moyens
à employer étaient très embarrassants. Il ne craignit
point cependant de prendre la direction du sauvetage,
secondé par les officiers du port. M. Pestel parvint à relever la frégate et la fit conduire dans le bassin de Brest.

L'année suivante, en 1806, il fut envoyé à Gênes pour
y diriger les constructions. Le vaisseau le *Génois*, de
soixante-quatorze canons, exécuté à l'entreprise sur les
plans de M. Sané, avait été lancé à l'eau le 17 août 1805,
peu de temps avant son arrivée. Ce vaisseau était au moment d'entrer en armement lorsque, par un coup de

(1) Arch. de la Marine, *Service général*, 5 frimaire, 10 frimaire an IV ;
15 floréal an III ; 25 fructidor an VI.

vent de sud-ouest qui rendit la mer très houleuse dans le port, il talonna, cassa sa quille et son étambot et coula à fond. M. Pestel parvint à le relever, ce qui lui valut le témoignage de satisfaction qui suit : « On ne peut être plus satisfait que je le suis de M. Pestel, écrivit le duc Decrès. Le succès de l'opération difficile dont il s'est trouvé chargé ne peut qu'accroître ma confiance dans ses talents et son zèle (2 janvier 1805). »

M. Pestel trouva le moyen de lancer les plus gros vaisseaux dans le port de Gênes, où il n'avait pas été établi d'avant-cale. Il parvint à établir une avant-cale flottante qui se plaçait au moment de la mise à l'eau et qui était employée avec le plus grand succès. La mise à l'eau de la frégate la *Danaé* lui valut les nouvelles félicitations de l'amiral Decrès (31 août 1807). Même succès pour la mise à l'eau du vaisseau le *Breslau*, le 3 mai 1808 ; à la suite de cette opération, le préfet maritime demanda pour M. Pestel la décoration de la Légion d'honneur.

Enfin, cet officier supérieur du génie maritime se signala à Brest et à Toulon par des innovations du même genre et qui offraient des avantages précieux. Ses mémoires sur l'artillerie des vaisseaux et sur les changements à apporter à leur installation ne furent pas moins appréciés en 1819. Cette année-là, il fut fait chevalier de Saint-Louis.

Nommé directeur des constructions navales à Toulon en 1823, il décéda presque subitement dans ce port le 28 mars 1828. En annonçant au ministre la mort de M. Pestel, le vice-amiral préfet maritime écrivit : « Le

Roi perd en lui un serviteur dévoué et d'une grande expérience. »

Il avait un frère aîné, *Jean-Louis-Ruben Pestel*, né à
Honfleur le 16 janvier 1760, qui suivit la même carrière
et succéda à leur père comme maître constructeur de
navires. Lorsque la guerre avec l'Angleterre vint anéantir
cette industrie, le gouvernement fit construire quelques
frégates et corvettes dans plusieurs ports de Normandie ;
Honfleur fut compris dans la répartition qui en fut faite.
Louis Pestel entreprit la construction de la frégate la *Cor-
nélie*, de vingt-quatre canons, mise à l'eau en 1794 ; des
corvettes la *Serpente* et le *Brûle-Gueule*, de l'aviso l'*Aventurier*, qui fournit une longue campagne dans les mers de
l'Inde. Plus tard sortirent de ses chantiers, en 1797, trois
chaloupes-canonnières ; en 1800, vingt péniches ; en 1803,
vingt-deux chaloupes-canonnières et vingt-quatre bateaux canonniers ; en 1804, deux corvettes-canonnières
de six canons. A la paix, les constructeurs de Honfleur
continuèrent à travailler pour la marine marchande. On
sait quelle a été la réputation des navires sortis de leurs
mains. Louis Pestel a concouru largement à l'établir et
à la maintenir. Il est décédé à Honfleur le 1er juin 1823.

XXII

Premord. — Ancienne famille très distinguée qui s'était fait un nom dans le commerce maritime, et dont le souvenir est resté cher aux amis des traditions locales.

On donne ordinairement pour auteur à cette famille un Guillaume Premort qui vivait en 1596 ; ce nom figure parmi les bourgeois de Honfleur dès la fin du xvie siècle.

Au siècle suivant, nous connaissons Pierre Premort ou Premord qui fut élu premier échevin le 26 décembre 1686. En 1694 et en 1712, il fut chargé de l'entreprise de la voiture des sels avec M. Ménager, dans un temps où la France n'ayant pas autant de ports ni de canaux qu'aujourd'hui, les risques de la guerre rendaient ce transport par mer fort difficile. Ils perdirent en effet trois navires dans cette entreprise et furent obligés d'avoir recours à des vaisseaux neutres, au moyen desquels ils se mirent en état de ne pas suspendre les engagements qu'ils avaient pris. Lorsque la ferme du transport des sels fut mise en régie, ce fut Pierre Premord qui fut encore chargé du transport et de la réception des sels ; il avait alors douze ou quinze flûtes depuis trois cents jusqu'à cinq cents tonneaux, employées continuellement à faire les voyages de Brouage à Honfleur, et dix à douze allèges pour ceux de Honfleur à Rouen.

Parmi les enfants que ce Pierre Premord laissa de son mariage avec Jacqueline Auber, nous noterons Jacques Premord, conseiller du Roi, pourvu de l'office de premier échevin par lettres données à Versailles le 8 juillet 1704, et qui épousa, en 1707, Marie-Catherine Quillet.

En 1717, Jacques Premord fut chargé des armements de la Compagnie royale du Sénégal, et, en 1725, ce fut lui qui fit la réception et la distribution d'une quantité très considérable de blés que le célèbre traitant Samuel Bernard faisait venir par ordre de la Cour; mais indépendamment de cela, Jacques Premord en fit venir pour son compte, qui remirent l'abondance dans la généralité de Rouen et dans les généralités voisines, d'autant plus promptement que le blé fut donné par lui à un prix qui était inférieur de moitié à celui qu'il coûtait auparavant, et comme les navires qui lui arrivaient étaient en même temps chargés de vivres en viandes salées et autres, il les fit distribuer gratuitement et servir par là au soulagement des familles les plus pauvres de Honfleur pendant près de trois semaines.

Comme son père, Jacques Premord avait acheté ou fait construire plus de quarante navires de toute grandeur qui étaient armés pour les voyages de l'Amérique, de l'Espagne, du Levant, du Portugal, etc. Au commencement de la désastreuse campagne de 1759, une Compagnie qui s'était chargée d'approvisionner les magasins de Québec s'étant trouvée dans l'impossibilité de le faire, Jacques Premord y suppléa par son activité et arma, en quinze jours, un navire sur lequel il fit porter douze cents barils de farine qui arrivèrent heureusement à leur destination.

L'un des enfants de Jacques Premord fut Jean-Baptiste-Jacques Premord, né à Honfleur, le 13 juillet 1718, et décédé en 1794. Il fut mis fort jeune à la tête de l'importante maison d'armement créée par son grand-père et par son père. Comme eux, il s'honora par des services rendus à l'Etat et à sa ville natale.

Ceux rendus à l'Etat furent : le prêt de ses affûts et de ses canons au nombre de trente-deux pièces, qui, de 1756 à 1760, garnirent toute la côte de Honfleur ; le prêt de ses armes qu'il donna, en 1758, au moment où l'on craignait que les Anglais ne fissent une descente et ne s'emparassent de Honfleur ; le prêt de l'un de ses navires lorsqu'on eut besoin de faire des exercices d'embarquement et de débarquement ; le prêt gratuit de sommes d'argent pour la levée des matelots. M. Premord abandonna même le soin de ses propres affaires et de sa maison au moment où la ville craignait d'être assiégée, pour relever, par son exemple, le courage de ses concitoyens et s'occuper de donner ou d'exécuter les ordres dont les officiers généraux l'avaient chargé, par la seule confiance qu'ils avaient en lui.

Les services qu'il rendit à la ville de Honfleur ne sont pas moins certains, car il n'est pas douteux que c'est lui qui, par la vivacité de ses démarches, contribua principalement au succès de la demande en exemption de taille (1757-1766).

M. Premord se mit seul, en effet, à la tête de cette demande ; c'est lui qui fit toutes les recherches des différents titres qui pouvaient contribuer à l'obtenir, qui lui-même fit ou fit faire les différents mémoires et qui abandonna pendant plus d'un an sa maison pour s'occuper uniquement d'une affaire dont on assura que la suite lui avait coûté au moins dix mille livres. Ses concitoyens voulurent lui en marquer leur reconnaissance en accordant à lui et à ses enfants l'exemption des droits d'octroi qui furent établis à la place du tarif qui était destiné auparavant au payement de la taille, mais M. Premord ne voulut point d'une exemption qui eut été à charge à sa ville ; il n'accepta pour toute récompense qu'une fontaine que l'on fit faire dans sa maison et sur laquelle est l'inscription suivante :

OB RESTITUTA

PRISCA URBIS HONEFLEVI

PRIVILEGIA,

INDULGENTIA REGIS

LUDOVICI XV

CURANTE J. B. JACOBO

PREMORD,

E FONTE PUBLICO RIVUM

IN USUM CIVIS OPTIME

MERITI

DEDUCI JUSSERUNT

MAJOR ET AEDILES.

ANNO — DOM. MDCCLVIII.

De plus, dans une délibération du 21 mai 1758, la municipalité arrêta que l'on ferait élever en un lieu éminent un obélisque pour servir éternellement de témoignage des services qu'il avait rendus, mais cette résolution resta sans exécution jusqu'en l'année 1827.

A cette époque, on remplaça l'ancienne fontaine du carrefour Sainte-Catherine par une autre en granit de Réville et on l'orna de deux plaques de fonte, sur l'une desquelles on lit :

CHARTES

CONFIRMÉES

ET FRANCAISES,

RENDUES

A LA VILLE.

MDCCLVII.

On lit sur la face sud :

MONUMENT

DÉCERNÉ

A J.-B.-J. PREMORD,

EN

MDCCLVIII.

ÉRIGÉ

LE 1er MAI

MDCCCXXVII.

Il paraît ainsi qu'en réunissant tous les actes dont on vient de parler, on doit regarder M. Premord « comme un excellent citoyen, chez qui l'honneur, le désintéressement, l'envie d'être utile à son pays étaient les principes les plus constants de toutes les actions » : le duc d'Harcourt et le marquis de Brancas, officiers généraux, que les opérations militaires avaient appelés à Honfleur, en rendaient ce témoignage. On ne saurait donc s'étonner des marques de reconnaissance qui l'honorèrent, lui et sa famille.

Cependant on peut croire que M. Premord, sans être

insensible aux honneurs dont il était l'objet, aurait désiré d'autres distinctions.

Dans les premiers mois de 1759, il présenta au comte de Saint-Florentin un mémoire pour obtenir que le Roi voulût bien lui accorder des lettres de noblesse. Aucun document n'est venu nous apprendre que sa demande ait été accueillie.

M. Premord continua ses armements pour l'Amérique jusqu'à la Révolution; nous savons qu'il fit construire dix-sept navires, dont une flûte d'environ cinq cents tonneaux, lancée à la mer, à Honfleur, en 1760. Mais le déchirement social de 1789 changea les conditions du commerce maritime; il ruina M. Premord. Ce fut le contre-coup des malheurs que les colons des Antilles supportèrent.

M. Premord décéda le 29 germinal an II (18 avril 1794); ses contemporains pensèrent, non sans raison, que les conséquences fatales des événements de ce temps rapprochèrent le terme de sa vie.

Le 9 juin 1753, il avait épousé Marie-Charlotte-Rose Le Chevallier, fille de Gentien Le Chevallier, écuyer, sieur des Acres, bailli de Blangy, conseiller à la Cour des monnaies de Paris, maire de Honfleur, en 1727. De son mariage, M. Premord eut quatre fils : 1° *Jean-Baptiste-Jacques Gentier*, baptisé le 27 février 1754 et décédé le 8 janvier 1777 ; 2° *Guillaume-Pierre-Jean-Baptiste*, baptisé le 21 juin 1755, décédé en juin 1757 ; 3° *Nicolas-Armand*, né le 25 octobre 1757, capitaine de navire en 1791, mort en 1835 ; 4° *Charles-Léonor*, né le 20 juillet 1760, mort à Colwich (Angleterre), en 1837.

Ce dernier fut prêtre, vicaire-général de Strasbourg, puis aumônier de la Communauté bénédictine de Connington-Court. On lui doit plusieurs ouvrages de piété publiés en anglais.

XXIII

Siméon (*Gabriel-Stuart*), capitaine de vaisseau, naquit le 8 novembre 1750 dans le petit village de Saint-Germain-du-Pert, canton d'Isigny. Il était fils de Gabriel Siméon, laboureur, et de Marie Demelun. On conçoit que son père, qui ne prévoyait pas une autre destinée pour son fils que la sienne propre, ait négligé son instruction. Mais il se trouva qu'à quinze ans, quand il fallut choisir un métier, le brave laboureur fut stupéfait d'entendre le jeune Siméon déclarer résolument qu'il voulait être marin et rien que marin. On laissa le jeune homme suivre ses goûts, et un sloop d'Isigny l'amena à Honfleur. C'est dans ce port que Siméon résida pendant vingt-cinq ans, qu'il se maria, qu'il revint entre deux croisières se donner du repos, parce qu'entraîné par un tendre penchant vers la mer, c'était là que s'étaient écoulées les meilleures années de sa jeunesse.

Gabriel Siméon débarqua à Honfleur trois années après la paix de 1763 ; plus de trente navires y étaient en armement, de sorte qu'il trouva de suite à s'embarquer comme novice sur un brick, la *Marie-Rose,* expédié dans le Levant Ce premier voyage dura dix-huit mois, durant lesquels Siméon visita les divers ports de la Méditerranée et les mouillages des côtes de l'Asie-Mineure. Les années suivantes, embarqué sur la *Marie-Françoise,*

capitaine Bunel, et la *Charmante-Thérèse*, capitaine Tré-
guilly, il effectua plusieurs voyages à Terre-Neuve.
En 1772, il fit naufrage sur les côtes d'Espagne avec le
navire l'*Union*, commandé par le capitaine Delomosne.
Il naviguait déjà depuis six années, et il avait passé deux
ans au service dans le port de Brest sur la corvette la
Lunette et le vaisseau le *Boutin*, lorsque l'occasion se
présenta de s'embarquer sur un navire en partance pour
Saint-Domingue, armé à Honfleur par la Compagnie des
Indes. Ce fut de nouveau vers les Antilles que Gabriel
Siméon se dirigea, de 1773 à 1777, sur le *Rolland*, la
Marie-Louise, le *Marquis-de-la-Pailleterie*, l'*Espérance*
et l'*Etourdie*.

Pendant cinq années, en sept voyages successifs, le
capitaine Siméon put admirer l'opulence des colons de
Saint-Domingue, parmi lesquels il retrouva plusieurs de
ses compatriotes, tels que MM. Barabé et Bruneaux,
fixés au Cap-Français, où ils tenaient magasin en la rue
Neuve-du-Marché; M. Delamare-Dubosc, ancien bourgeois de Honfleur, propriétaire de deux habitations au
sud de l'île, dans le quartier de Nipes; François Bertre,
issu d'une famille de commerçants de la rue du Dauphin,
lequel était établi près de l'Anse-à-Veau, paroisse Notre-
Dame-de-Bon-Secours; Olivier Moullin et Louis Quillet
(de Blosseville), qui résidèrent quelques années au Petit-
Goave, furent ruinés par les événements de 1794, et
décédèrent dans l'île.

Vingt-trois années après son premier voyage à Saint-
Domingue, Siméon se trouvant de nouveau au nord de
l'île devait, à loisir, contempler dans la plaine du Cap

les ruines effrayantes que le fer et le feu y avaient accumulées, et voir s'écrouler sous les coups des nègres la splendeur coloniale.

Au commencement de l'année 1778, le roi Louis XVI s'étant déterminé à reconnaître publiquement l'indépendance des Etats-Unis, la lutte éclata avec l'Angleterre. Siméon naviguait au commerce et commandait le brick les *Trois-Amis*, armé au Havre pour la Guadeloupe. A son retour, il fut pris le 18 août 1778 et conduit à Jersey, où il resta prisonnier pendant deux mois. Sorti des prisons anglaises, il commanda de nouveau un navire du commerce; puis ayant passé officier auxiliaire sur la flûte la *Baleine*, armée à destination de l'Inde, il prit part aux brillantes campagnes du bailli de Suffren dans cette partie du monde.

Le premier combat où Siméon reçut ce qu'on est convenu d'appeler le baptême du feu, fut livré le 12 octobre 1781 par la flûte sur laquelle il servait. Lors de la rencontre par l'escadre anglaise du convoi dont la *Baleine* faisait partie, ce bâtiment essuya pendant plus d'une heure sans se rendre le feu des cinq vaisseaux formant la tête de l'escadre, coupa la ligne ennemie et rallia la division française qui lui servait d'escorte. Le lendemain, Suffren félicita le commandant Lescan et son équipage pour la fermeté et l'habileté qu'ils avaient déployées. Deux mois plus tard, le roi élevait Lescan au grade de lieutenant de frégate à demeure (1).

Siméon stationna dans l'Inde pendant trois années.

____

(1) Arch. de la Marine, *Personnel.*

De la *Baleine*, il passa sur la frégate la *Bellone* au mois de mars 1783, puis sur le vaisseau le *Sévère*, de soixante-quatre canons, que commandait un ancien gentilhomme de la maison du duc de Penthièvre, le chevalier de Langle, qui devait périr massacré par les sauvages dans les îles de la mer du Sud, en 1785. Ce fut sur le *Sévère* que Siméon prit part au fameux combat de Goudelour livré, le 20 juin 1783, par l'escadre du bailli de Suffren à l'escadre anglaise de l'amiral Hughes. Il n'y eut peut-être point d'action plus savamment combinée, plus vivement conduite que la bataille de Goudelour; elle mit le sceau à la gloire de Suffren. Avec quinze vaisseaux, l'amiral français maltraita une escadre de dix-huit vaisseaux, laquelle, après une canonnade très vive, lui laissa le champ de bataille.

Le combat de Goudelour fut le dernier de la guerre dite de l'indépendance des États-Unis d'Amérique, commencée au mois de juin 1778. En effet, huit jours après, une frégate anglaise vint apporter la nouvelle que les préliminaires de paix avaient été signés le 20 janvier 1783.

Son séjour dans l'Inde laissa à Siméon d'assez tristes souvenirs. L'entassement d'un millier d'hommes sur des vaisseaux, où les prescriptions les plus simples de l'hygiène étaient le plus souvent fort négligées, engendrait alors les maladies qui remplissaient de soldats et de matelots les hôpitaux des ports et des colonies. En dix mois, Suffren avait perdu six cents hommes; il en avait laissé huit cents aux hôpitaux de Trinquemalay et de Goudoulour. La fièvre avait également fait de grands ravages parmi les équipages. Siméon en fut atteint et on dut le déposer à terre à l'Ile-de-France, au mois de novembre 1783, en compagnie de vingt-deux autres marins frappés par la même épidémie. Son état était grave; il ne fut complètement guéri que deux années plus tard.

Siméon était sous-lieutenant de vaisseau au moment où éclata la Révolution; il pouvait désormais prétendre aux plus hauts grades. Employé d'abord au port de Toulon, puis embarqué sur la frégate la *Cléopâtre*, il reçut l'ordre de passer sur la *Résolue*, armée à Brest au mois d'avril 1791 et qui devait mettre à la voile pour l'Inde. C'était une campagne de plus d'une année que Siméon allait entreprendre dans des mers qui ne lui avaient pas porté bonheur une première fois; elles devaient lui être funestes de nouveau. En effet, il tomba entre les mains des Anglais ainsi que la frégate qu'il montait. Voici en quelles circonstances :

Au commencement de l'année 1791, le roi avait confié le commandement des forces navales en station aux Indes-Orientales à M. de Saint-Félix, commandant la frégate la *Cybèle*. La division placée sous les ordres de cet officier et destinée à servir dans l'Inde comprenait, en outre de ce dernier bâtiment, les frégates la *Résolue* et l'*Atalante*. Des instructions détaillées prévenaient le chef de la division que, conformément aux conventions arrêtées entre les deux cours de Versailles et de Londres, il aurait à surveiller l'arrivée des vaisseaux de guerre anglais dans les mers d'Asie, car leur arrivée constituerait une infraction. D'un autre côté, chacune des frégates devait stationner sur les côtes de Malabar et de Coromandel, pour y protéger le commerce français et y demeurer aussi longtemps que la durée des moussons leur permettrait de le faire. Il était également recommandé au commandant de Saint-Félix d'user de prudence et de circonspection dans les occasions où il pourrait se trouver vis-à-vis des Anglais ; d'allier néanmoins la fermeté à la modération, « l'intention de S. M. étant que le pavillon françois ne le cède à aucun autre, et que ses officiers le fassent respecter. »

Peu de temps après son arrivée à l'Ile-de-France, la frégate la *Résolue*, sur laquelle le lieutenant Siméon était embarqué, eut à subir, de la part des Anglais, une de ces agressions extraordinaires dont nos guerres maritimes offrent plus d'un exemple et qu'elle dut repousser par la force. Les péripéties de ce combat ont été groupées et fixées par M. le commandant Troude (1), dans un récit à la fois exact et dramatique, aussi nous abstiendrons-nous de recommencer à les décrire après lui. Cependant comme on s'accorde à reconnaître que ce combat est du plus grand intérêt, qu'il mécontenta gravement Louis XVI et l'Assemblée nationale, qu'il constitua une violation de neutralité et fit courir à la France le danger d'une rupture avec l'Angleterre, au moment où la situation intérieure était des plus critiques, ces motifs nous conduisent à reproduire en partie le rapport mis sous les yeux du roi.

« Le 18 novembre 1791, à quatre heures et demie du matin, la frégate la *Résolue* appareilla de la rade de Mahé, ayant sous son escorte les navires l'*Indien* et le *Marquis-*

---

(1) Troude, *Batailles navales*.

de-La-Fayette. En passant devant Tallichery, M. de Callamand (1) aperçut trois frégates de S. M. B., et le jour permettant de distinguer les objets, il arbora sa flamme et son pavillon ainsi que les deux navires français, et les frégates anglaises arborèrent également les leurs. A cinq heures et demie du matin, M. de Callamand vit deux des frégates anglaises (2) appareiller et suivre bientôt à toutes voiles la même route que lui : il fit signal de rallier à son convoi, les Anglais tenant toujours la même route que lui. Il régla sa voilure sur celle du *Marquis-de-La-Fayette*, qui marchait le moins bien, en observant de se tenir de l'arrière et très près des deux navires. »

Dans l'après-midi, après un échange de coups de canon à poudre et d'explications entre les officiers français et anglais, « la frégate-commandante anglaise tira plusieurs coups de canon à boulet sur les navires du convoi. Alors M. de Callamand fit tirer un coup de canon à boulet en avant de cette frégate et un autre de l'arrière, puis il se mit exactement par son travers, et après quelques paroles qui ne furent pas entendues, il envoya sa volée de babord, on lui riposta sur le champ et le combat s'engagea. La deuxième frégate anglaise se rapprocha et vira également. Bientôt la *Résolue* perdit son gouvernail, et successivement son pavillon, sa vergue de brigantine furent emportés par le beaupré de la frégate anglaise qui la traversa de l'arrière. Plusieurs canons furent démontés, ses manœuvres désemparées ; le feu se

(1) Lieutenant de vaisseau commandant la *Résolue*.

(2) Le *Phœnix* et la *Persévérance*, faisant partie d'une division aux ordres du commodore Cornwalis.

manifesta à bord en plusieurs endroits, et la frégate ne gouvernant plus, ses gaillards étant abandonnés, le feu des batteries amorti, le bâtiment sans mouvement et ne pouvant plus se défendre contre des forces aussi supérieures, M. de Callamand fit entendre à la frégate-commandante qu'il était rendu. »

Cette défense héroïque coûta à la *Résolue* treize hommes tués et cinquante-trois blessés (1).

La *Résolue* désarma à Brest au mois de mai 1792. Siméon, qui venait d'être promu au grade d'enseigne de vaisseau, passa sur le *Languedoc* que commandait Latouche-Tréville. Sous les ordres de cet officier général, à la fois entreprenant et énergique, il fit la campagne où le pavillon tricolore se montra devant Oneille, Naples et Cagliari. Ses services y furent remarqués. Latouche-Tréville ne crut pas pouvoir lui donner des preuves plus marquantes de son estime et de sa confiance qu'en sollicitant la retenue de Siméon auprès de lui.

L'année suivante, en 1793, notre marin était à Brest à l'époque où les mouvements insurrectionnels s'étaient étendus de la Vendée aux côtes de la Bretagne. Les commissaires de la Convention nationale, envoyés par elle dans les départements maritimes pour pourvoir à tout ce qu'exigeait la sûreté de la République, trouvèrent l'armée navale dans la position la plus critique.

L'obligation de pourvoir d'officiers les cadres des escadres aida Siméon à franchir rapidement le grade d'enseigne. Les épaulettes de lieutenant de vaisseau lui furent

____

(1) Parmi ces derniers, nous remarquons le second pilote de la *Résolue*, Dubuisson, né à Honfleur.

données au mois de novembre 1793 pour récompenser le zèle et l'activité qu'il avait déployés dans le commandement de la goëlette la *Laure* et de la corvette le *Papillon*. Sa conduite à la bataille dite du 13 prairial (1er juin 1794) allait lui faire obtenir le grade de capitaine de vaisseau.

L'armée navale de l'Océan, aux ordres du vice-amiral Villaret-Joyeuse, était sortie de Brest pour aller au-devant d'un convoi attendu des États-Unis d'Amérique. Elle rencontra la flotte anglaise, forte de trente vaisseaux et commandée par l'amiral Howe. Après un premier combat de neuf heures, les armes de la République, dit l'amiral, triomphèrent; l'ennemi en désordre fut écrasé. Mais la fortune de l'armée navale française changea bientôt. Les deux flottes se rejoignirent le 1er juin; un nouveau combat s'engagea; la ligne française fut coupée et, malgré des prodiges de bravoure, la République perdit six vaisseaux, dont l'un, le *Vengeur*, commandant Renaudin, coula bas après une glorieuse défense. Mais le convoi d'Amérique entra dans Brest peu de jours après, et la République, sauvée d'une disette imminente, put en rendre grâce aux vaisseaux que lui avait légués l'infortuné Louis XVI (1).

Le lieutenant Siméon, grâce au sang-froid, à l'énergie et à l'expérience qu'il avait acquis dans de précédentes campagnes, sut se distinguer dans cette malheureuse journée. Avec le *Papillon*, qu'il commandait, il remorqua le vaisseau le *Mucius* démâté de tous ses mâts, le disputa

______

(1) Jurien de La Gravière, *Guerres maritimes*, t. I, p. 54.

pendant cette terrible lutte aux ardeurs de l'ennemi et le retira du feu. L'amiral Villaret-Joyeuse apprécia à sa juste valeur le commandant du *Papillon*, et quand il s'agît de proposer au Comité de Salut public des candidats pour le grade de capitaine de vaisseau, l'amiral désigna Siméon, très bon officier, disait-il, très actif, très intelligent, et que sa conduite et ses talents rendaient digne de la faveur de la commission de la marine (1). En effet, Gabriel Siméon obtint une double récompense; il fut d'abord appelé au commandement de la frégate la *Méduse* par un arrêté du représentant du peuple, Jean Bon-Saint-André; quelques mois plus tard, il recevait le brevet de capitaine de vaisseau (4 avril 1795).

Une première croisière sur la *Méduse* conduisit Siméon aux Açores; il faisait partie d'une division de dix voiles aux ordres du commandant Lecour. Durant les soixante-quatorze jours que dura cette croisière, il captura huit bâtiments chargés de blé, en prit et en brûla six autres. Il fit son retour à Brest avec la division (2).

Il ne fut pas moins heureux dans la mission qu'il remplit l'année suivante. Chargé de passer aux États-Unis d'Amérique, sur sa frégate, la légation française et le nouveau ministre plénipotentiaire, il mit à la voile du port de Brest, le 25 ventôse 1795, et de Rochefort, le 29 germinal suivant. Dans le cours de la traversée, la *Méduse* ne rencontra qu'un bâtiment marchand portugais et deux bâtiments espagnols aussi marchands. Elle arriva

---

(1) Arch. de la Marine, *Notes individuelles*. — *Personnel*, dossier Siméon.
(2) Arch. de la Marine, *Campagnes*, vol. XIX, 1794.

à Rhode-Island, lieu de sa destination, le 14 prairial, où elle débarqua le ministre et la légation. Quittant aussitôt les États-Unis, elle fit voile pour Brest. Dans le cours de sa seconde traversée, la *Méduse* prit et brûla deux bâtiments anglais. Elle était en rade de Camaret le 5 vendémiaire. Le commandant Siméon rendit compte de son voyage, et le ministre lui répondit en ces termes : « Les détails que vous me donnez sur votre campagne ne me laissent aucun doute sur le zèle et l'intelligence avec lesquels vous avez rempli la mission qui vous était confiée, et vous avez acquis de nouveaux droits à la confiance du Gouvernement. »

Mais le Gouvernement, environné de dangers, méditait d'attaquer son ennemi le plus implacable ; il songeait à ruiner, à dévaster les colonies anglaises. Les divisions des contre-amiraux Richery et Thévenard étaient appelées à l'exécution de deux grandes opérations. La première division devait se rendre de Cadix à Saint-Domingue et de là à Terre-Neuve ; la seconde irait la rejoindre en partant de Brest. Des agents du Directoire exécutif furent envoyés aux Antilles.

A cette époque, Siméon commandait la frégate la *Vengeance*. Le Gouvernement décida son départ pour Saint-Domingue. La lettre suivante l'avertit de cette décision :

« Je dois vous prévenir, lui écrivait le Ministre, que vous trouverez à Saint-Domingue une escadre française composée de sept vaisseaux et de trois frégates, indépendamment des deux vaisseaux et de la frégate partis de Rochefort, sous le commandement du chef de division

Thévenard. Ces forces, commandées par le contre-amiral Richery, sont destinées à une expédition particulière. En arrivant dans cette colonie, vous prendrez les ordres des agents du Directoire et de cet officier général sur la destination de laquelle il sera le plus avantageux de vous employer.

« Les dispositions militaires que le Gouvernement a jugé convenable de faire aux Antilles, vous donnent la mesure de l'importance de votre mission. Vous sentez combien il importe que les secours que vous êtes chargé de porter à Saint-Domingue, et sur lesquels les agents particuliers du Directoire et les généraux comptent pour le succès de leurs opérations, parviennent heureusement dans cette colonie (1). »

Siméon était en rade de Berteaume et prêt à prendre la mer avec un convoi et une division composée de la frégate la *Vengeance*, qu'il commandait, de la corvette le *Berceau*, des flûtes l'*Indien*, la *Lourde* et le *Rhinocéros*. Le 19 mai 1796, les dépêches ministérielles lui furent remises, et il partit pour les Antilles. Le 21 juin, il était en vue du Cap-Français, après trente-deux jours d'une traversée heureuse durant laquelle il avait pris et brûlé quatre bâtiments de commerce (2). De Saint-Domingue, Siméon se dirigea vers les établissements anglais de Terre-Neuve, en suivant le chef de l'expédition. Les 9 et 25 août 1796, il soutint deux combats contre des frégates

(1) Lettre du 7 floréal an IV. — Arch. de la Marine. — *Campagnes*. vol. XII.

(2) *Campagnes*, 27 floréal 1796.

anglaises. Il rentra à Brest au mois d'octobre de la même
année.

Le Directoire préparait déjà le projet de Hoche sur
l'Irlande. Le capitaine de vaisseau Siméon, qui venait
d'être désigné pour commander la frégate l'*Immortalité*,
sur laquelle le contre-amiral Bouvet avait arboré son
pavillon, reçut l'ordre de se tenir prêt à prendre part à
l'expédition. L'armée navale chargée d'opérer cette
descente en Irlande appareilla de Brest, le 25 frimaire
an V (15 décembre 1796). Une seule division, celle du
contre-amiral Bouvet, atteignit les côtes d'Irlande, après
s'être trouvée séparée du général en chef. Mais une
tempête obligea cette division à reprendre le large.
La tourmente et le manque de vivres décidèrent le contre-
amiral Bouvet à ne point retourner à la baie de Bantry;
il se détermina à faire son retour à Brest. Il fut destitué
de son commandement et du grade de contre-amiral, par
arrêté du 14 février 1797. Les autres divisions ren-
trèrent à Lorient et à Rochefort, après avoir perdu trois
vaisseaux, une frégate, deux corvettes et quatre flûtes.

Il semble que le capitaine Siméon partagea en partie
la disgrâce du contre-amiral Bouvet qui s'était trop hâté
de rentrer à Brest.

Cependant les événements militaires qui se dérou-
lèrent au commencement de l'année 1798 ramenèrent
forcément le capitaine Siméon au milieu des escadres.
Pendant que Jourdan traversait le Rhin, que Masséna
opérait dans les cantons suisses et que d'autres généraux
occupaient le Piémont, l'amiral Bruix partait de Brest
avec l'armée navale. Au nombre des vingt-quatre vais-

seaux dont celle-ci se composait, on comptait le vaisseau le *Gaulois*, commandé par Siméon. La campagne se poursuivit sur les côtes d'Espagne et d'Italie. Siméon s'y distingua et il reçut publiquement de l'amiral les témoignages d'une estime pleine d'intérêt.

En 1803, le capitaine Siméon, commandant le vaisseau le *Redoutable*, de soixante-quatorze canons, porta à Saint-Domingue les derniers renforts qui parvinrent au général Rochambeau. Le *Redoutable* jeta l'ancre sur la rade de Port-au-Prince, le 30 mars, après une traversée de plus de cinquante jours, et se joignit à la division Bedout. Celle-ci quitta l'île deux mois après, et cingla vers Toulon. Mais Nelson, sorti de Lisbonne, s'était établi en croisière dans la Méditerranée. La nouvelle en parvint heureusement au contre-amiral Bedout, qui fit route aussitôt pour la Corogne, où il arriva le 14 juillet 1803, après une traversée très pénible et très longue.

Nous avons exposé les principaux événements de la carrière de Gabriel Siméon, il ne nous reste plus que deux ou trois dates à indiquer. Il fut nommé au commandement du vaisseau l'*Alliance*, le 24 mars 1804 et promu au grade de capitaine de vaisseau de première classe, le 1er janvier 1809. Pendant les deux années suivantes, il figura sur les contrôles de la marine en qualité de commandant supérieur des dépôts des bataillons de marins formés à Brest. Mis en inactivité en 1815, il fut admis à la retraite à la fin de la même année.

Le capitaine de vaisseau Siméon est décédé le 5 avril 1820, à Plabennec (Finistère). Il avait épousé, en 1774, Anne-Catherine Delamorinière, née à Pennedepie, en 1752. De cette union, il laissa plusieurs enfants, parmi lesquels nous citerons Jean-Louis-Etienne Siméon, né à Honfleur, le 26 décembre 1777, qui suivit la même carrière que son père et fut nommé lieutenant de vaisseau en 1811.

XXIV

Thirat de Chailly (*Charles-Louis*), contre-amiral, est né à Honfleur, le 19 avril 1749 (1). Issu d'une famille bretonne par son père et normande par sa mère, il était le troisième fils de Pierre Thirat, commissaire aux classes, envoyé, en 1740, à Honfleur, où il résida pendant vingt-cinq années, et y mourut, le 13 août 1765, laissant veuve avec quatre enfants et très peu de fortune, sa femme, Marie-Jeanne Massé. Une autre branche de la même famille était fixée à Saint-Servan et portait le nom de Thirat de Fiegalet. Des deux frères de notre marin, l'aîné entra dans le commissariat de la marine ; il demeurait à Fécamp en 1780 ; le second était officier au corps royal du génie, à la même époque. Quant à Charles Thirat, il prit le parti de la mer et il s'embarqua en qualité de mousse sur un navire négrier. Il effectua ainsi plusieurs voyages à la côte d'Afrique. Mais à ce moment le commerce de la Côte devenait de plus en plus difficile ; alors sa famille pensa qu'il serait plus avantageux de faire entrer le jeune mousse dans la Compagnie des Indes. La réalisation de ce projet était facile : en effet, plusieurs armateurs de Honfleur équipaient les vaisseaux

(1) Enseigne de vaisseau en 1776 ; lieutenant de vaisseau en 1781 ; lieutenant-major en 1791 ; capitaine de vaisseau en 1792, contre-amiral le 16 novembre 1793.

de la célèbre Compagnie et il se trouvait que l'un de ses directeurs, M. Le Moyne, allié à la famille Houël de la Pommeraye, faisait de fréquents séjours sous les toits ardoisés du joli manoir de Berville. Ce fut à M. Le Moyne que la mère de notre marin s'adressa par l'entremise d'un ami commun. La démarche ayant été favorablement accueillie, Charles Thirat monta en qualité de novice sur l'un des navires de la Compagnie. Après deux campagnes, il fut nommé second enseigne sur le *Brancas* et il servit au même titre sur la *Marie-Gabrielle*; ces voyages le conduisirent aux Antilles, de l'année 1765 à l'année 1770.

Le moment étant venu d'entrer dans la marine royale, Thirat fut nommé aide-de-port, puis enseigne en résidence à Toulon, du 6 mars 1770 au 18 mai 1778. Cette même année, il fut embarqué sur le vaisseau la *Victoire*, de soixante-quatorze canons, commandé par le capitaine d'Albert de Saint-Hippolyte, et faisant partie d'une escadre aux ordres du chevalier de Fabry.

Sortie de Toulon, le 26 juillet 1778, l'escadre louvoya le long des côtes de la Sicile, dans le canal de Malte, entre les îles Majorque et Minorque, puis sur les côtes de Barbarie. Le 30 août elle se trouvait en rade de Tunis avec deux prises anglaises. Elle quitta Tunis dans la nuit du 4 au 5 septembre pour gagner Malte où elle débarqua ses prisonniers. Retenue au mouillage par le mauvais temps, elle ne remit sous voiles qu'à la fin du mois pour rentrer à Toulon.

Aucun sérieux engagement n'avait marqué la croisière, et Charles Thirat, n'y avait point trouvé l'occasion de fixer sur lui l'attention ; il était d'ailleurs à craindre qu'il ne la rencontrât de longtemps. En effet, en entrant un vaisseau dans le port de Toulon, en 1776, Thirat avait eu la cuisse cassée et il est à présumer que cet accident explique le petit nombre de campagnes auxquelles le contre-amiral prit part pendant ses trente-deux années de services.

Bien que sa santé et ses forces parussent devoir le retenir à terre d'une façon définitive, on trouve Charles Thirat embarqué sur le *Lion* en 1780, sur l'*Emeraude* en 1783, sur l'*Entreprenant* en 1792, en qualité de capitaine de vaisseau. De même qu'un grand nombre de marins sortis du commerce ou des derniers rangs de la flotte, dans un temps où l'émigration et les prisons avaient opéré de larges brèches dans le cadre des officiers, Thirat venait d'atteindre les grades supérieurs. Il y arrivait pour voir de près la désorganisation du personnel et l'insubordination d'équipages auxquels cependant ne manquaient ni l'énergie, ni le courage, ni le dévouement. Nous essaierons de le suivre sur l'*Entreprenant,* vaisseau de soixante-quatorze canons, au commandement duquel il venait d'être appelé.

En 1792, la Convention déclara la guerre au roi de Sardaigne ; elle avait alors dans la Méditerranée, aux ordres du contre-amiral Truguet, officier distingué qui devait devenir ministre de la marine, des forces navales composées de trente bâtiments de guerre, savoir : neuf vaisseaux, six frégates, six corvettes, quatre avisos et cinq navires de moyenne force en station dans le Levant. Quelques jours après les événements du 10 août, au moment où des commissaires-députés se rendaient dans les provinces et aux armées porteurs des pouvoirs les plus étendus, le Conseil exécutif décida qu'en premier lieu des croisières seraient établies sur les côtes de l'Italie, des îles de Corse et de Sardaigne. Le contre-amiral Truguet reçut des instructions en conséquence signées de Roland, Lebrun, Danton, Monge et Clavière (1). Mais l'escadre dont il disposait ayant été reconnue insuffisante, on arrêta qu'une division de quatre vaisseaux serait expédiée de Brest pour la renforcer. Cette division, commandée par le capitaine Latouche-Tréville, dont le pavillon flottait sur le *Languedoc*, comprenait en outre de ce vaisseau le *Vengeur*, l'*Orion* et l'*Entreprenant* ; ce dernier avait pour capitaine Charles Thirat, élevé au grade de capitaine de vaisseau le 28 juillet 1792.

Vers les premiers jours du mois de septembre suivant, la division appareilla de Brest pour se réunir à l'escadre de la Méditerranée. Tandis qu'elle effectuait la traversée de Brest à Toulon, on avait arrêté que les généraux de la République tenteraient la conquête du comté de Nice et de la Savoie. Les ordres expédiés au contre-amiral Truguet prescrivaient une action simultanée de la flotte et de l'armée du Midi, en vue de seconder les opérations du général de Montesquiou par une attaque de diversion dirigée contre Nice. Le contre-amiral devait soit approcher de Nice, l'inquiéter et la canonner, soit croiser au large et la bloquer. La jonction des vaisseaux partis de Brest était d'autant plus à désirer que la flotte russe

____

(1) Arch. de la marine. Mémoire du 18 août 1792. *Campagnes.*

s'avançait, croyait-on, dans l'intention de bombarder Marseille ou d'envahir la Corse (1).

L'escadre sortit de la rade d'Antibes le 27 septembre ; elle était en relâche au golfe Juan lorsqu'elle apprit la prise de Nice, du fort Montalbon et de Villefranche. Ce succès produisit un grand enthousiasme parmi les équipages. En se joignant à eux, les officiers de la division de Brest furent frappés de l'ardeur qui les animait. « Je fus émerveillé de voir le patriotisme qu'on y manifestait (écrivait le contre-amiral Landais), on y parlait de républicanisme qu'avec enthousiasme et tous étaient décorés du bonnet rouge à la boutonnière au lieu de la croix (2). »

Quelques jours après, Nice occupée et l'adjonction faite, le général Anselme ordonna l'embarquement de mille hommes sur les vaisseaux de l'escadre pour effectuer une descente à Oneille, petite principauté sarde sur le golfe de Gênes, à quinze lieues environ de Nice. L'escadre, entrée dans le port de Villefranche le 11 octobre, appareilla le 19 et fit voile vers Oneille, partagée en deux divisions commandées, l'une par Truguet sur le *Tonnant*, l'autre par Latouche-Tréville sur le *Languedoc*. « Pendant le trajet de Villefranche à Oneille, dit l'officier cité ci-dessus, je remarquai que l'armée était généralement partagée en deux bandes dont l'une suivait de près le *Tonnant* et l'autre le *Languedoc*, d'où je jugeai que chacun était patriote suivant son opinion ou son intérêt. »

En arrivant devant Oneille, le contre-amiral Truguet

(1) Mémoire du 15 septembre 1792.
(2) Mémoire du contre-amiral Landais. Arch. de la marine, *Personnel*.

étant encore à une lieue au large, envoya son bateau parlementaire sommer la ville de se rendre : les habitants
avaient été prévenus à l'avance. A peine le bateau était-il
à portée de pistolet du rivage qu'il reçut une décharge de
mousqueterie qui tua ou blessa sept hommes. Truguet
tira une vengeance éclatante de cette violation du droit
des gens. Embossant ses vaisseaux devant la ville, il la
bombarda pendant deux jours et une nuit, y débarqua
ensuite des troupes qui la mirent au pillage. De là il se
dirigea sur Gênes et La Spezzia où l'attendaient de nouveaux ordres (1).

En effet, deux courriers de la Convention firent connaître au commandant en chef la volonté du Comité
exécutif, prescrivant à l'armée de terre et de mer, grossie
de volontaires marseillais et de troupes corses, d'aller
attaquer la Sardaigne et d'annoncer aux habitants que les
Français libres venaient leur offrir leur amitié et les protéger dans l'établissement d'une autre forme de gouvernement.

A ces ordres, datés du 12 octobre 1792, en étaient joints
d'autres de quelques jours postérieurs. Par ces derniers,
le Conseil exécutif arrêtait qu'une division de l'escadre
serait chargée d'aller demander à Naples réparation d'une
injure faite à la République (2).

Ce fut la division du capitaine de vaisseau Latouche-

---

(1) Lettres de l'ordonnateur Bertin, du 25 septembre au 21 novembre 1792.
(Arch. de la marine. *Service général*).

(2) On accusait le général Acton, ministre de la cour de Naples, d'avoir
fait remettre à la Porte un mémoire tendant à empêcher que M. de Semon-
ville fut reçu à Constantinople comme ambassadeur.

Tréville qui fut chargée de cette mission. Elle se composait de quinze bâtiments, savoir : dix vaisseaux : le *Languedoc*, le *Patriote*, le *Duguay-Trouin*, le *Tricolor*, l'*Orion*, le *Léopard*, le *Général*, l'*Entreprenant*, le *Scipion* et le *Thémistocle* ; deux frégates, l'*Hélène* et la *Brune* ; deux bombardes, l'*Iphigénie* et la *Lutine*, et un bâtiment chargé de bombes, l'*Albanaise*.

Pendant qu'on réunissait cette imposante expédition, des instructions détaillées étaient remises au commandant. « Il ira, disaient-elles, mouiller devant Naples, le branle bas fait, la mêche allumée. Il demandera au roi de désavouer la lettre de son ministre et de livrer le général Acton. S'il refuse de désavouer la lettre ou de livrer le général, le capitaine canonnera et bombardera la ville de Naples, en faisant connaître à la population qu'elle peut éviter ce fléau en livrant le roi et ses ministres. Dans le cas où le capitaine Latouche-Tréville serait contraint par l'aveuglement des Napolitains et le refus obstiné du roi à détruire Naples, il dirigera son feu de préférence sur les édifices royaux (1).

Telles étaient alors l'exaltation et la fièvre des esprits que les caractères les plus fermes usaient de ce style que les clubs avaient mis à la mode. Aussi est-ce en termes enflammés que de Latouche-Tréville répondit : « Je suis trop pénétré des sentiments d'indignation que tout républicain doit éprouver en voyant l'insolente audace avec laquelle le vizir d'un petit tyran a osé porter atteinte à la dignité d'un grand peuple pour ne pas donner à la ven-

---

(1) Mémoires des 16 août et 25 octobre 1792. (Arch. de la marine).

geance d'une pareille insulte tout l'éclat qu'elle doit avoir, et pour assurer le succès d'une vengeance qui doit faire respecter à jamais la république françoise par des insectes couronnés (1). »

Le 10 décembre, Latouche-Tréville réunit sa division et sortit de La Spezzia. Le 16, il jetait l'ancre devant Naples, détachait près du roi le citoyen Belleville, et obtenait, à la suite d'un échange de correspondances entre le député français et la cour, le désaveu formel des démarches que l'on annonçait avoir été tentées à Constantinople. Ainsi se trouva terminée la première partie de l'expédition.

Le premier soin du capitaine Latouche, après s'être mis d'accord avec les ministres napolitains, fut de ranger en ligne son escadre, d'assembler les officiers à bord du *Languedoc* et de leur révéler le plan de la campagne qui se préparait. La destination de l'escadre était la Sardaigne, où elle devait joindre son action à celle des vaisseaux du contre-amiral Truguet. En conséquence, le 22 décembre, elle mit sous voiles pour gagner le lieu de rendez-vous au sud-est de l'île.

Le capitaine Latouche s'empressait de s'y rendre lui-même quand un accident faillit avoir pour son vaisseau un effet désastreux. Au moment où l'escadre sortait du golfe de Naples, un coup de vent la dispersa. Le *Languedoc* démâta de la misaine, du grand mât et du mât d'artimon. Ainsi désemparé, crevé de toutes parts, faisant eau, il courut le danger d'être jeté à la côte. Un

____

(1) Lettre datée de Gênes, 10 novembre 1792. (Arch. de la marine).

autre vaisseau de l'escadre, l'*Entreprenant*, commandé par Thirat, ayant eu connaissance de la détresse du *Languedoc*, se porta à son secours, lui donna une remorque, mais elle cassa, et les deux vaisseaux allaient être jetés sur l'île de Caprée quand, par une sorte de miracle, ils entrèrent dans la rade de Naples.

Pendant ce temps, l'amiral Truguet, en conformité d'ordres reçus, s'était rendu avec une petite division à l'entrée du golfe de Cagliari dans le dessein de conquérir la Sardaigne. Nous avons vu que la Convention avait en même temps prescrit au capitaine Latouche-Tréville de venir le rejoindre. L'amiral Truguet, arrivé le premier au rendez-vous, hésita d'abord à tenter une action immédiate. Il fut décidé qu'on attendrait l'arrivée des renforts. Comme il fallait pourtant donner un aliment à la fièvre des patriotes corses et volontaires marseillais, l'amiral envoya le *Léopard* occuper la petite île Saint-Pierre. Ce vaisseau y arriva le 6 janvier 1793. Les habitants reçurent avec joie nos marins, qui plantèrent en leur présence l'arbre de la liberté. A la population rassemblée dans l'église on expliqua les principes de la liberté et de la justice du gouvernement républicain. Si l'on en croit l'ordonnateur Bertin, ces principes furent adoptés avec transport et l'on « changea le nom de l'île en celui d'Ile de la Liberté ». L'entreprise avait heureusement réussi, mais la fin de la campagne devait montrer à quel point la pacification était précaire. Toutefois, l'amiral voulant profiter de l'ardeur des équipages, combina une autre opération avant d'attaquer directement l'île principale dans laquelle on répandait les adresses et les proclamations révolutionnaires. Il ordonna au vaisseau le *Patriote* de débarquer trois à quatre cents hommes dans l'île d'Antioche, d'occuper cette île et d'y établir une redoute. Le coup de main accompli, on devait planter un arbre de la liberté et aider les habitants à se « municipaliser. » Le 15 janvier, le capitaine du *Tricolore* s'embossa de manière à empêcher les troupes sardes de passer d'une île à l'autre. Cinq cents hommes furent mis à terre avec deux canons de campagne et marchèrent sur le village de Calacetta; les habitants vinrent amicalement au-devant d'eux. Deux tours situées à peu de distance de ce village se rendirent. L'île d'Antioche se trouva conquise.

L'issue heureuse de l'affaire en provoqua une autre. Le 23 janvier, l'escadre se rallia sous le pavillon de l'amiral et vint mouiller sur la rade de Cagliari, à deux lieues de la ville, hors de la portée du canon des forts. L'amiral envoya son bateau parlementaire, comme il avait fait à Oneille, offrir au peuple la paix et la liberté, ou plutôt sommer la ville de se rendre. Ce canot fut fusillé et canonné des batteries. Il ne restait plus qu'à tenter de vive force une attaque contre Cagliari.

A ce moment, une partie de la division qui avait opéré devant Naples rejoignit la flotte républicaine. Cette heureuse circonstance permit à l'amiral de combiner de suite le plan qui devait faire tomber la Sardaigne entre nos mains. Les vaisseaux le *Patriote*, le *Centaure*, le *Généreux*, le *Scipion*, l'*Orion* s'embossèrent au sud-est de la ville; ils devaient combattre les batteries des forts et leur feu devait être soutenu par celui de trois frégates et de trois bombardes. Le 27 janvier, on entama le bombardement vers les dix heures du matin. Les forts répondirent avec une telle vigueur qu'il parut douteux que l'on pût réduire la ville. L'amiral, jugeant qu'il devait attendre l'arrivée des volontaires nationaux embarqués à Villefranche, fit cesser le feu.

Le convoi de transports rejoignit l'escadre quelques jours après, en même temps que les vaisseaux le *Languedoc* et l'*Entreprenant*. Un débarquement fut décidé. L'amiral Truguet donna à Latouche-Tréville le commandement des vaisseaux destinés à rester sur la rade et en vue de Cagliari, et au capitaine Trogoff, qui montait le *Duguay-Trouin*, le commandement de la seconde attaque. Les autres vaisseaux et les frégates allèrent mouiller sur la rade de Saint-Elie, au sud-est de la place. A l'aide des troupes de terre on espérait se rendre maître des collines voisines, y établir des mortiers et avoir bientôt raison du feu des bastions.

Le 15 février, par un beau temps, l'*Entreprenant*, le *Scipion* et la frégate l'*Iphigénie* prirent position près de la côte. Le combat s'engagea. L'artillerie des bâtiments eut bien vite fait taire les batteries du lazaret. La division se rapprocha de la ville, suivie par les transports. Dès la veille, le 14 février, les troupes, au nombre de quatre mille trois cents hommes environ, avaient été mises à terre. Elles étaient demeurées rangées en bon ordre sur la plage de la baie de Quartès. Seize pièces de campagne devaient protéger le mouvement en avant, tandis que l'escadre couvrirait les forts de projectiles. A l'heure fixée, les troupes se mirent en marche sur deux colonnes et gagnèrent rapidement le pied du mont Saint-Elie par

une marche de nuit et en suivant deux chemins différents. C'était là une opération périlleuse. Exécutée dans
l'obscurité par des volontaires ardents mais peu aguerris,
elle devait être funeste en cas d'insuccès. Sur l'escadre,
on attendait le signal de l'assaut, mais ce signal n'était
pas donné. Quel ne fut pas l'étonnement des marins
lorsqu'ils apprirent qu'une double fusillade avait éclaté et
que par suite d'une cruelle méprise chacune des colonnes
avait tiré sur l'autre : les assaillants s'étaient enfuis vers
la plage et demandaient à se rembarquer. Mais la mer
étant devenue très forte, ces vaisseaux ne pouvaient
approcher. Les fuyards restèrent donc sur le rivage refu-
sant de recommencer l'attaque, criant à la trahison, re-
poussant même les vivres qu'on leur offrait. Ces soldats
en désordre ne furent heureusement pas poursuivis par
les Sardes. Lorsque le gros temps se fut un peu calmé, il
devint possible d'opérer le rembarquement ; et ce fut au
son de joie de toutes les cloches de Cagliari que l'escadre
de Truguet mit sous voiles pour Villefranche et Toulon.
Cette malheureuse expédition coûta trois à quatre cents
hommes, la perte de deux vaisseaux : le *Vengeur*, qui fit
côte dans la nuit du 12 au 13 décembre 1793, et le
Léopard, de quatre-vingts canons, qui s'échoua dans la
baie de Cagliari et y fut brûlé. Plusieurs frégates et deux
navires de transport furent perdus corps et biens.

« Ma plume se refuse à vous tracer nos malheurs, écrivait le contre-amiral Truguet. Le croirés-vous, général,
l'armée françoise frappée d'une terreur panique et s'étant
fusillée entre elle a pris la fuite sans combattre, sans voir
l'ennemi ;..... elle n'a point été poursuivie, elle n'est

point attaquée où elle est et cependant elle s'obstine à mourir de faim sur le rivage (1). » Quelques jours plus tard, le même officier général disait : « J'espérais pouvoir vous annoncer des succès, mais l'armée de terre à laquelle nous étions associés et que j'avais débarquée au nombre de 4200 hommes a fui honteusement sans avoir combattu et elle a voulu impérieusement être rembarquée après avoir, par une terreur panique, tirer les uns sur les autres, ne voulant jamais revenir sur l'ennemi bien peu dangeureux puisqu'il fuyoit partout. En vérité on ne conçoit rien à un pareil désastre, et l'on ne croira jamais qu'une armée de François a pu fuir honteusement sans avoir voulu combattre après avoir annoncé les meilleures dispositions. L'armée navale a tout fait pour obtenir un succès qui étoit certain sans la lacheté des troupes de débarquement dont la minorité qui était bonne a été entraînée par une majorité lâche et corrompue (2). » L'expédition de Sardaigne, où nous laissâmes quelque chose de notre vieille renommée militaire, avait été compromise par la honteuse fuite des bandes marseillaises et par l'incapacité du contre-amiral Truguet.

Peu de temps après le retour de l'armée navale de la Méditerranée à Toulon, les sections révolutionnaires soulevèrent les ouvriers, provoquèrent un nouveau déchaînement contre les officiers de la marine suspects de connivence avec les ennemis des clubs, répandirent des bruits de trahison et accusèrent les amiraux d'avoir été les orga-

---

(1) Lettre à Latouche-Tréville, 18 février 1793. (Arch. de la Marine).
(2) Lettre du 22 février 1793.

nisateurs secrets de la déroute. Toulon vivait dans le trouble, la confusion et la crainte ; la marine y était dans une complète désorganisation ; les officiers généraux y étaient exposés plus que les autres aux dénonciations ineptes et aux violences. Latouche-Tréville, Brueys, Duchayla et Trogoff unirent leurs efforts pour repousser publiquement les calomnies des sociétés populaires. Ils se rendirent dans les clubs, exposèrent les opérations de l'expédition de Cagliari, firent l'éloge des officiers de l'escadre et crurent ainsi suspendre les arrestations. Mais les esprits restaient surexcités ; d'un autre côté, un mouvement de réaction ne cessait pas d'être en progrès parmi les Toulonnais ; plusieurs d'entre eux communiquaient avec l'amiral anglais Samuel Hood dont les vaisseaux croisaient en vue du port ; la marche des événements faisait prévoir la livraison de la ville aux Anglais.

Sans entrer d'une manière plus approfondie dans les circonstances qui précédèrent et accompagnèrent cette indigne trahison dont les détails, d'ailleurs, sont bien connus, nous rapporterons l'entrevue de l'officier envoyé en députation au nom de la marine restée fidèle.

Le 27 août, les sections sur le point de livrer la ville, et voulant s'assurer la complicité de la flotte, envoyèrent une adresse aux états-majors et aux équipages. L'un des lieutenants du *Thémistocle,* François Falaize, fut chargé d'aller faire connaître aux Toulonnais l'intention de l'armée navale.

« Nous abordâmes au quai qui était couvert de monde. A peine y eus-je mis le pied que j'entendis une multitude infinie crier : « A la lanterne, le ci-devant officier. »

Je m'acheminai aux cris insultans de cette population et j'entrai dans le comité. Je dis : Citoyens, je regarderai ce jour comme le plus beau de ma vie si je suis assez heureux pour vous réconcilier avec l'armée navale et vous conserver fidèle à ma patrie, en lui prouvant par là mon dévouement. Je suis porteur de votre dernière adresse à l'armée. Vous nous dites que l'amiral Saint-Julien a usurpé le commandement. Je vous répondrai que non ; car l'amiral Trogoff a cessé de paroître à son bord depuis plusieurs jours malgré la présence de l'ennemi dans la rade : le premier absent, le second commande de droit. Vous nous dites qu'il nous laisse ignorer que Paris a placé Louis XVII sur le trône ; cela est vrai, nous n'en avons aucune connaissance. Je suis chargé au nom de toute l'armée de vous demander par où vous connoissez ce fait, et si c'est la majeure partie de la France qui l'a élu..... Nous voyons avec la plus grande douleur le parti auquel vous paroissez vous déterminer. Voyez, citoyens, à quoi vous vous exposez en appellant les ennemis dans votre sein ! à perdre un des plus beaux arsenaux de la France ainsi que l'armée navale, sans que vous réussissiez dans votre projet. Les puissances ennemies détruiront le port, emmèneront vos vaisseaux et vous laisseront en horreur à votre patrie. » — Le président me demanda si nous étions décidés, oui ou non, à laisser entrer les Anglais, que pour eux ils y étaient entièrement déterminés et même de faire feu sur nous si nous voulions nous y opposer, qu'il y avoit déjà des troupes anglaises dans la ville : qu'elles y étaient entrées par la porte d'Italie. Je leur répondis que je voyois avec douleur le parti extrême auquel ils s'étoient portés, que pour nous nous étions décidés à périr plutôt que de nous déshonorer en les laissant entrer. A peine eus-je achevé que l'on me dit avec un ton menaçant de me retirer. Je voulus leur répondre mais ils me forcèrent à sortir aux cris insultans de toute la populace qui me suivit jusqu'à ce que je fusse embarqué (1). »

Les Anglais entrèrent dans Toulon; le contre-amiral Trogoff, qui paraît avoir secondé leur dessein et peut-être essayé d'y préparer les esprits, arbora son pavillon sur la *Perle,* appelant à lui l'escadre; douze ou treize vaisseaux hissèrent, de leur côté, le diagonal, ce qui signifiait qu'ils faisaient la paix avec les Toulonnais (2). Les officiers restés fidèles furent obligés de fuir. Aussitôt que l'amiral Hood fut en possession de Toulon, l'on désarma les vaisseaux. Mais comme l'on se défiait extrêmement des marins ponantais et que l'on voulait se débarrasser d'eux, les Anglais les renvoyèrent. C'est ce qui explique que le vaisseau l'*Entreprenant,* que Thirat avait commandé, rentra au port de Brest le 13 octobre 1793.

Tel avait été l'enchaînement des faits dans la Méditerranée, pendant la campagne. Il faut voir maintenant la part que le capitaine Thirat prit à ces opérations.

---

(1) Arch. de la Marine. — *Personnel,* dossier Falaise. — Voyez la note qui suit.

(2) La défection de l'escadre de Toulon a été présentée de différentes manières; la version la plus accréditée accuse vivement le contre-amiral Trogoff, tandis que d'autres récits le réhabilitent. Nous avons suivi l'exposé d'un témoin oculaire et dont il n'a pas été fait usage jusqu'ici.

Nous l'avons laissé quittant Brest, le 5 septembre, et faisant voiles avec la division Latouche-Tréville. L'*Entreprenant* ayant rejoint le pavillon du contre-amiral Truguet dans les eaux de Nice et de Villefranche, il avait contribué, avec sa division, à la reddition de la petite principauté d'Oneille. Il avait ensuite fait l'expédition de Naples. Dans la nuit où le vaisseau-commandant s'était trouvé en détresse sous l'île de Caprée, à l'entrée du golfe de Naples. Thirat s'était rapidement porté au secours du *Languedoc* pour prévenir une catastrophe. Le contre-amiral Latouche voulut bien lui délivrer à cette occasion un certificat constatant que Thirat l'avait secouru de tout son pouvoir.

« C'est, disait-il, pour rendre un hommage éclatant à la vérité et donner en mon nom et à celui de tous mes frères du *Languedoc* un témoignage authentique de notre reconnaissance au citoyen capitaine Thirat du vaisseau l'*Entreprenant* que j'ai remis le présent audit citoyen(1). »

Dès que les avaries du *Languedoc* avaient été réparées, Thirat avait rallié la division qui opérait sur les côtes de la Sardaigne, après avoir donné la chasse à plusieurs bâtiments. Le 7 février, il avait jeté l'ancre devant Cagliari et, le 14, avant l'attaque générale, s'étant embossé sous le lazaret, il avait, par plusieurs bordées heureusement dirigées, imposé silence aux batteries sardes. A la suite de la fâcheuse issue de l'expédition, il avait reçu la mission de transporter à Villefranche une partie des volontaires nationaux. De là il s'était rendu à Toulon. Mais atteint

(1) Arch. de la Marine, *Personnel*.

de fièvres et souffrant d'une ancienne blessure, il avait quitté le commandement de l'*Entreprenant*. Cette circonstance lui avait permis d'échapper à des accusations outrageantes et à une arrestation (1).

C'est à Brest que nous retrouvons Thirat aux années suivantes. Il avait été promu contre-amiral le 10 novembre 1793, et comme jusque-là il avait apporté beaucoup d'ordre et de fermeté dans l'accomplissement de ses fonctions, on lui confia le commandement du port.

Les difficultés n'avaient jamais manqué dans la Bretagne depuis trois années ; les désordres qui s'y étaient manifestés devaient s'y ranimer aussi graves et aussi nombreux. Thirat entrait en charge dans un moment où les Bretons étaient disposés à un soulèvement, où les défections se multipliaient dans la flotte, laquelle venait de subir un échec illustré par un courage héroïque en la journée du 13 prairial (1er juin 1794); dans un temps où les chefs vendéens d'une part et les agents anglais de l'autre préparaient l'expédition de Quiberon.

Mis en demeure de poursuivre sans trève ni merci, et sous la surveillance inquiète de représentants du peuple, les armements précipités que la Convention ordonnait, appelé à siéger dans les jurys militaires, à lutter contre l'esprit public, à réprimer les mutineries, le contre-amiral Thirat devait en outre prévenir les désertions et prendre les mesures propres à repousser les tentatives de débarquement. Mais si de la crainte d'une insurrection

(1) L'*Entreprenant*, parti de Toulon le 16 septembre 1793, mouilla en rade de Brest, le 13 octobre. Deux jours après, l'état-major fut jeté en prison.

dans l'arsenal, ou de l'apparition des flottes anglaises naissaient le souci, l'inquiétude et l'agitation, les entreprises des chouans et leurs brigandages venaient se combiner à ces circonstances pour en accroître l'embarras. Les pages qui suivent donneront une idée de la situation d'une partie de la Bretagne à cette époque.

« Plus nous allons, écrivait-on de Loudéac, le 31 décembre 1794, et plus les chouans nous approchent. Cela commence à passer la plaisanterie. Dans le Morbihan les assassinats se continuent et les habitants de Lorient n'osent plus quitter leur cité. Le 6 de ce mois (26 décembre), le citoyen Dubouilli Duferté juge-de-paix du canton de Quintin, revenant chez luy avec quelques particuliers fut assassiné de huit coups de feu, et le citoyen Lucas, aubergiste de Quintin, qui était avec luy reçut une balle dans le bras. Le 8 (28 décembre), Boishardy, chef des chouans, demanda une entrevue au général Humbert, elle eut lieu dans les landes de Gausson en notre district. On n'a rien sçu du résultat ; tout ce qu'on sçait c'est que Boishardy qui était armé d'une espingole superbe, d'un sabre riche et d'une garniture de pistolets remit ses armes à un de sa suite à l'approche de notre général qui en fit autant. Ils s'embrassèrent et eurent une conférence secrète assez longue. Les uns prétendent qu'ils veulent se rendre attendu qu'il avait écrit précédemment au représentant Boursault. Je le désire très sincèrement mais je ne le crois pas ; c'est pour se ménager le tems d'organiser sa troupe qu'il fait toutes ces démarches et nos généraux en seront la dupe..... Cette guerre de chouans à proprement parler n'est qu'une guerre de religion (1). »

En effet, les chefs du parti royaliste continuaient leurs intrigues et les chouans se disposaient secrètement à la guerre. L'amnistie n'avait produit aucun effet, car les brigandages n'en continuaient pas moins et la hardiesse des bandes allait croissant, c'est ainsi que quelques pelotons de chouans n'hésitèrent pas à tenter de piller Guémenée.

« Le 8 pluviose (27 janvier 1795) au soir, la garde comme à son ordinaire prit poste au Guémené. A 4 heures du matin, la ville fut cernée sans que personne de la garnison s'en aperçut ; il entra même des brigands sans armes en petit nombre qui furent considérés devant être des paysans des environs. La garde descendit à 6 heures quoique l'ordre portât qu'elle ne le feroit qu'à sept, à 6 heures et un quart les brigands commencèrent à entrer en ville. Le citoyen de La Chastre se réveilla, mit seulement son manteau sur ses épaules, alla au milieu des coups de fusils à la caserne des grenadiers, enfonce une fenêtre, les fait lever, à son exemple ils sortent presque nuds au nombre de vingt-sept et enfoncent un peloton de brigands. Ces valeureux soldats de la Liberté furent aussitôt rejoints par quelques autres ; ils mirent en déroute 4 ou 5 pelotons de brigands et parvinrent à s'emparer du drapeau qui était resté chez le commandant. Plusieurs d'entre eux alors étoient blessés, ils se retirèrent alors au

____

(1) Cette lettre et les suivantes sont tirées des Archives de la Marine, *Service général,* 1795.

château qu'un poste de brigands vouloit envahir. Ils y furent attaqués, mais le feu fut si vif qu'il ne prit pas envie aux royalistes de venir faire une seconde attaque. Le feu a duré environ deux heures, un bon tiers de la garnison n'a pas pu se rallier au reste, ils se sont déguisés et ont évité par là une mort certaine. Nous n'avons eu que 3 morts et 7 blessés. On évalue la perte de l'ennemi à 30 hommes tués et une cinquantaine de blessés. J'oubliois de te dire que les brigands se sont emparés de cinq petites pièces de canon et d'une soixantaine de fusils. »

Au vol, au pillage, à l'incendie et à l'assassinat, les chouans ajoutaient d'autres procédés qui excitaient contre eux un redoublement d'irritation.

« Il n'y a pas de jour qui ne soit marqué par quelques nouvelles incursions de ces scélérats. Ils ont été et retourné plus d'une fois dans toutes nos communes ; toutes les archives de nos municipalités sont brulées ; les arbres de la Liberté coupés et abattus et actuellement ils s'amusent à raser les patriotes. Un homme de Moyeux leur demandoit, le 14 de ce mois, pourquoi ils coupoient ainsi les cheveux des républicains. Le chef (qui ne pouvoit être qu'un émigré ou un prêtre forcené) lui répondit : Dans l'ancien régime quand un gentilhomme marquoit les bois, qu'elle étoit son intention ? Le bonhomme dit qu'ordinairement c'étoit pour les abbattre. — Eh bien ! reprend le royaliste, raser est notre marque et quand nous reviendrons, nous les massacrerons.

Le terrible combat de Quiberon, où tant de malheureux émigrés, de paysans et de chouans furent écrasés par les canons de Hoche, n'amena point la pacification du pays, n'y assura pas la tranquillité. Deux mois après en effet, on pouvait redouter un nouveau débarquement, comme le témoigne la lettre suivante que nous citerons en entier (1).

« Voilà donc une seconde affaire de Quiberon qui se prépare ! sur les rapports qui nous sont faits elle sera sérieuse; mais le génie qui veille aux destinées de la république nous en fera sortir victorieux comme de la première. Des Anglais sont toujours en vue de Quiberon. On dit que les premiers arrivés ont été rejoints par de nouvelles forces. Tout ce que nous savons c'est que tout le Morbihan s'est levé en masse pour aller protéger cette descente. Les paysans depuis l'âge de dix jusqu'à soixante ans ont été mis en réquisition par les prêtres catholiques réfractaires et les émigrés rentrés. Les chemins sont obstrués par cette foule de scélérats fanatiques qui marchent vers Quiberon les uns armés de fusils et les autres de fourches et autres instruments aratoires. Mais mon espoir est dans nos braves frères d'armes qui dissiperont ces hordes féroces et liberticides.

« Le 30 du mois dernier (30 août 1795) un détachement de 150 hommes étoit parti de Pontivy pour escorter un convoi qui alloit à Josselin. Rendus au bois de Vincennes ils furent attaqués par sept à huit cens chouans qui se rendoient à Quiberon : ils en tuèrent quatre-vingt, en blessèrent un plus grand nombre et on en conduit soixante à Josselin.

« Le même jour cinq marins étoient partis de Bauv

(1) Elle porte la date du sixième jour complémentaire de l'an III (22 septembre 1795).

pour se rendre à Pontivy ; à moitié chemin ils furent enveloppés et arrêtés par une troupe de chouans qui les conduisit dans un bois voisin. Pendant que les chefs fouilloient les sacs et examinoient les papiers de ces marins, leurs vedettes crièrent qu'elles voyoient les bleus, alors cette horde forte de trois à quatre cens s'embusquèrent derrière les haies selon leur bravoure ordinaire et font une décharge générale sur ce détachement qui ne montoit qu'à 25 chasseurs noirs. Ceux-ci fondent la bayonnette en avant, franchissent les fossés, mettent en déroute ces assassins, en tuant une vingtaine et en amènent quatorze prisonniers à Pontivy.

« Le lendemain trois compagnies de grenadiers sortant de Pontivy pour se rendre à Vannes furent dans la paroisse de Bignon au château de Kerguehennec à une lieue et demie de Locminé surprirent un des quartiers généraux royo-catholiques, ont tué un très-grand nombre des satellites du soi-disant Louis XVIII, et fait beaucoup de prisonniers. On dit qu'ils ont trouvé dans ce manoir des approvisionnements considérables en tout genre, beaucoup d'argent monnoyé et quarante-sept chevaux superbes. J'ai parlé hier soir à un citoyen qui arrivoit de Locminé lequel a vu ces grenadiers. Il nous a rapporté les mêmes faits et nous a assuré que les soldats de la république y avoient fait un butin immense, après quoy ils ont livré aux flammes ce repaire de royalisme et de scélératesse. Encore quelques leçons et les habitans du Morbihan reconnoitront combien les ont trompés ces prêtres perfides et ingrats qui ne reconnoissent l'indulgence de

368

la nation à leur égard, qu'en embrâsant leur patrie des torches du fanatisme.

« Quant à nos assemblées primaires et électorales, tu sens ce qu'elles doivent être dans un pays habité par des contre-révolutionnaires. Les aristocrates, les royalistes étant les plus forts, ont été nommés, et les patriotes de 89 amis constans de la liberté et des lois ont été écartés par l'intrigue et la violence. Juges de ce que seroit devenue la république sans la mesure salutaire des décrets des 5 et 13 fructidor (1)..... Mon ami rappelle-toi la lettre de *Ulm*, et tu verras combien étoit fondé tout ce qu'elle annonçoit.

« Mais nos armées sont restées pures. Qu'ils tremblent les intrigans, les partisans de la tyrannie : leur heure va sonner, la constitution sauvera la France et bientôt si on nomme de vrais républicains pour remplir les places supérieures bientôt, dis-je, les ennemis du bonheur de tout un peuple rentreront dans le néant, et vive la République. »

A la violence des expressions qui anime ces lignes, on reconnaît le fougueux patriote s'étudiant à élever le ton de sa lettre à la hauteur des mesures révolutionnaires qu'il réclame ; on comprend de reste qu'il n'ignore pas que ses informations sont transmises au Comité de Salut public.

Ainsi la guerre civile soulevait encore la Bretagne à la fin du mois de septembre 1795. Aux maux qu'elle traî-

(1) Le premier réglait que le nouveau corps législatif se composerait des deux tiers de la Convention, par le second il était convenu que les assemblées électorales choisiraient les deux tiers à conserver.

nait après elle s'ajoutaient d'autres malheurs : le renchérissement des denrées, la cessation du travail, la disette de pain, la dépréciation des assignats.

A Brest, le discrédit du papier monnaie avait déjà occasionné plusieurs émeutes, lorsque les ouvriers se mutinèrent au mois de novembre 1795. Thirat se joignit à l'ingénieur Sané et au contre-amiral Morard de Galles pour faire cesser une insurrection qui causait les plus vives inquiétudes.

La situation était celle-ci : l'assignat n'avait plus aucun cours dans les cinq départements de la Bretagne : il n'était plus reçu sur le marché de Brest, dans les boutiques des marchands, où il était porté à un tel prix que l'ouvrier n'en pouvait plus placer aucun, de sorte que les deux sous qu'on lui donnait en numéraire faisaient seuls tout son avoir réel. Néanmoins, on continuait à payer le salaire des ouvriers, au pair, avec un papier qui était à peine reçu pour le tiers de sa valeur. Lorsqu'il fut question de payer la solde de vendémiaire, les ouvriers du service des vivres et ceux de la corderie, « toujours prêts à remuer, et qui composés de gens de la campagne étaient sans cesse portés à l'insurrection, » refusèrent les assignats. Il s'en suivit un tumulte et des rixes qui ne cédèrent que devant des ordres énergiques (1).

Ce furent là les dernières mesures dont le contre-amiral Thirat assura en partie l'accomplissement. Il y déploya autant de fermeté qu'il en avait montré pour combattre les désertions multipliées en établissant des consignes sévères mais qui n'avaient pu produire d'effet parce que

(1) Arch. de la Marine, *Service général*, 1794-1795.

la troupe était la première à montrer le mauvais exemple.

Abandonnant, après trente-deux années de services, les fonctions de commandant des armes, il quitta Brest au mois de novembre 1795, quoique sa retraite définitive n'eût pas encore été prononcée. Jusqu'à la liquidation de sa pension, effectuée seulement en 1801, il vécut dans une grande gêne au Parc, près de Saint-Malo, où il s'était retiré, affligé de blessures graves et « ruiné, dit-il, par la chute du papier-monnoye qu'on m'avait donné valeur nominale pour mes appointements. » Si dans ces circonstances fâcheuses il éprouva quelque satisfaction, elle lui vint des amiraux ses collègues. L'un d'eux, le vice-amiral Villaret-Joyeuse, lui adressa la lettre qui suit, au moment où Thirat s'acheminait vers Saint-Malo. Les termes flatteurs dans lesquels elle est conçue forment le meilleur éloge que nous puissions tracer de notre marin.

« De Lorient, ce 25 brumaire an IV.

« Dans quelque rang qu'on te place, mon cher Thirat, mes sentimens pour toi seront invariables. La manière dont tu as exercé ton commandement, le zèle et la fermeté que tu as déployés pendant toute ta gestion te donnent des droits imprescriptibles à l'estime et à l'amitié de tous les honnêtes gens et particulièrement à celle de tes collaborateurs. »

Thirat est décédé à Saint-Servan, rue de Prébécel, le 7 octobre 1812. Il laissait plusieurs enfants de son mariage avec Marie-Henriette Pelegrin. L'un d'eux, Pierre-Louis-Henry-Gabriel-Marie Thirat de Chailly, né à Brest le 19 août 1783 et entré au service en 1792, devint capitaine de vaisseau en 1829.

TABLE DES MATIÈRES

Milton Keynes UK
Ingram Content Group UK Ltd.
UKHW010639030424
440506UK00010B/1366